필로소포스의 책 읽기

Theatrum Philosophicum

필로소포스의
책 읽기

철학의
숲에서
만난
사유들

고명섭 지음

| 머리말 |

니체의 영원회귀와
오디세우스의 침대

1

헝가리 감독 벨라 타르의 〈토리노의 말〉(2012)과 독일 감독 빔 벤더스의 〈퍼펙트 데이즈〉(2024)는 데칼코마니처럼 닮은 영화다. 두 작품은 프리드리히 니체의 '영원회귀'(die ewige Wiederkehr des Gleichen) 사상을 밑그림으로 삼고 있다. 그러나 영원회귀의 밑그림을 덮은 색조는 정반대라 할 정도로 다르다. 하나는 한없이 어두워져 암흑만 남는 절망의 그림이고, 다른 하나는 희미한 여명에서 시작해 환한 빛으로 끝나는 희망의 노래다.

영화에는 암시만 돼 있지만 〈토리노의 말〉이 출발하는 곳은 이탈리아 토리노 광장이다. 니체의 정신 붕괴가 일어난 바로 그 광장이다. 1889년 1월 3일 아침 하숙집을 나온 니체는 광장 저편에서 마부에게 채찍질 당하는 말을 보고 뛰어가 말 모가지를 붙잡고 울다 그대로 쓰러졌다. 〈토리노의 말〉은 이 말, 더 정확히 말하면 이 말을 채찍질하던 마부가 그 뒤 집으로 돌아가 어떻게 됐는지 상상력을 끌어모아 그려 보인다. 마구간에 들어간 말은 다음 날 나오기를 거부한다. 말은 짐을 실어 나를 수 없을 만큼 병들고 늙었다. 집을 떠나지 못하는 마부에게 남은 것은 삶은 감자로 끼니를 때우는 누추한 일상의 반복이다. 마부의 하루하루는 조금씩 어두워지다가 마지막에는 단 한 점의 빛도 머물지 않는 흑암 속으로 사라진다. 영화로 그린 멸망의 묵시록이 〈토리노의 말〉이다. 여기에 구원의 징표 같은 것은 찾으려 해도 찾을 수 없다.

〈퍼펙트 데이즈〉는 니체의 일화와는 직접적으로는 아무 관련이 없다. 말이나 마부가 나오지도 않는다. 하지만 이야기의 진행을 보면 〈토리노의 말〉을 떠올리지 않을 수 없다. 벨라 타르의 영화를 옆에 두고, 마치 흠모하며 배반하듯 그 작품의 흐름을 거꾸로 돌린 것 같은 영화가 〈퍼펙트 데이즈〉다. 이 영화에는 늙은 말이 아니라 작은 청소차가 등장한다. 차는 주인을 거부하지 않는다. 도쿄 시부야에서 공중화장실 청소부로 일하는 히라야마는 매일 아침 청소차를 몰고 화장실 청소를 하러 나간다. 히라야마가 듣는 것은 오래된 카세트테이프에서 흘러나오는 오래된 노래다. 점심때면 낡은 필름 카메라로 햇살이 비치는 나뭇잎을 찍는다. 시간이 남으면 헌책방에 들러 헌책을 사고 잠들기 전에 읽는다. 가장 현대적인 화장실을 갖춘 가장 현대적인 도시에서 히라야마는 낡은 것, 오래된 것과 친숙하게 지낸다. 일상은 끝없이 되풀이되지만, 그 동일성을 뚫고 어느 순간 환한 빛이 차오른다. 히라야마의 엷은 미소처럼 반복의 선율 속에서 기쁨이 자란다.

니체는 알프스 고산 마을 실스마리아의 실바플라나 호숫가를 산책하던 중 영원회귀 계시를 받았다. 우주적 시간 속에서 모든 것이 아무런 차이도 없이 똑같이 되풀이되리라는 영감이 뇌를 뚫고 들어왔다. "오, 사람아! 너의 삶 전체는 마치 모래시계처럼 되풀이하여 다시 거꾸로 세워지고 몇 번이고 되풀이하여 끝날 것이다." 니체는 커다란 바위 옆에서 난데없는 영감을 받고 폭포수 같은 격정의 눈물을 흘렸다. 니체의 영원회귀 사상을 해석하는 방법은 사람마다 제각각이다. 두 영화는 프랑스 철학자 질 들뢰즈가 이야기한 '차이를 만드는 영원회귀'에 귀를 기울이는 듯하다. 똑같은 것이 한치도 다르지 않게 그대로 반복되는 것이 아니라, 반복하되 조금씩 달라지는 반복이 들뢰즈가 말하는 '차이의 반복'이다. 〈토리노의 말〉도 〈퍼펙트 데이즈〉도 모두 동일한 일상의 반복 속에 작은 차이가 나타나고 그 차이가 영화의 리듬을 만든다. 그러나 차이의 방향은 정반대다. 두 영화 가운데 들뢰즈의 생각에 더 가까운 쪽은 빔 벤더스의 작품이다. 벤더스의 영화는 들뢰즈의 영원회귀 바퀴처럼 머뭇거리고 덜컹대면서 돌부리를 넘어 밝음을 향해 나아간다. 반대로 〈토리노의 말〉이 타는 리듬은 죽음의 골짜기를 향해 느린 걸음으로 한없이 돌아 내려가는 몰락의 곡조다. 책 읽기는 '동일한 것의 영원회귀'를 떠올리게 한다. 책이라는 동일한 것을 끝없이 읽고 또 읽는다. 그 반복의 바퀴는 굴러서 어디에 이를까?

2

　호메로스의 〈오디세이아〉는 오디세우스의 귀향을 노래하는 서사시다. 이 오래된 노래가 지금껏 읽히는 것은 거기에 인간 삶의 어떤 원형이 들어 있기 때문이다. 지중해를 떠도는 오디세우스의 방황과 모험은 동일한 것이 되풀이되는 니체의 영원회귀를 바다로 옮겨놓은 듯하다. 트로이를 떠난 오디세우스는 키클롭스의 동굴에 갇히고 키르케의 섬에 묶이고 스킬라의 바위와 카리브디스의 소용돌이를 지나고 칼립소의 기나긴 억류에서 풀려나 마침내 이타카에 도착한다. 그러나 고향에 왔다고 해서 귀향이 끝나는 것은 아니다. 집에는 아내 페넬로페를 차지하려는 거친 사내들이 득실거린다. 페넬로페는 생각을 짜내 사내들의 구혼, 아니 구혼이라는 이름의 강압을 물리친다. 시아버지의 수의를 짓는다는 핑계로 낮에는 옷감을 짜고 밤에는 옷감을 풀어 3년을 버틴다. 그래도 남편이 돌아오지 않자 이번에는 오디세우스의 활을 당겨 과녁을 맞히는 자를 남편으로 맞겠다고 한다. 아무도 오디세우스의 무거운 활을 이기지 못한다. 이때 아테나의 도움을 받아 늙은 거지로 변장한 오디세우스가 집 안에 들어서 약탈자들 앞에 선다. 남의 집을 제집처럼 어지럽히던 무뢰한들은 오디세우스의 화살에 맞아 남김없이 응징당한다.

그러고도 귀향은 끝나지 않는다. 돌아온 오디세우스를 페넬로페는 알아보지 못한다. 거지의 옷을 입은 낯선 사내에게서 20년 전의 오디세우스, 배를 타고 이타카를 떠날 때의 그 젊은 오디세우스를 찾아볼 수 없다. 하지만 이 변장한 사람은 오디세우스만이 쏠 수 있는 활로 약탈자들을 응징하지 않았던가. 몸에는 젊은 날 멧돼지의 엄니에 받혀 생긴 커다란 흉터, 오디세우스의 흉터도 있다. 그걸 확인하고도 페넬로페의 의심은 풀리지 않는다. 이 걸인이 정말 오디세우스인가. 페넬로페는 한 번 더 사내를 시험한다. "이 사람이 오디세우스이고 자기 집에 돌아온 것이라면, 그것을 확인할 방법이 있다. 우리에게는 다른 사람들은 모르고 우리 둘만이 아는 증거가 있다." 페넬로페는 하녀에게 방의 침대를 밖으로 내오라고 명한다. 이때 오디세우스가 끼어든다. "그 침대는 아무리 힘이 센 사람이라고 해도 옮길 수 없소." 왜 오디세우스의 침대는 옮길 수 없는가. 남들이 알지 못하는 비밀이 침대를 묶어놓았기 때문이다. 두 사람이 만나 처음 집을 지을 때, 마당의 올리브나무를 둘러싸 벽을 세우고 지붕을 얹은 뒤, 그 나무를 기둥으로 삼아 침대를 만들었던 것이다. 그러니 오디세우스의 침대는 옮기려 해도 옮길 수 없다.

  살아 있는 나무에 침대를 들였다는 그 사실을 아는 사람은 페넬로페와 오디세우스뿐이다. 오디세우스가 침대의 유래를 하나하나 이야기하자 마침내 의심에서 벗어난 페넬로페는 남편에게 달려가 머리에 입을 맞춘다. 페넬로페가 알아봄으로써 오디세우스는 변장을 벗고 오디세우스가 된다. 옮길 수 없는 침대는 페넬로페의 모든 의혹을 풀어주는 부인할 수 없는 증거다. 모든 것을 의심해도 침대의 비밀을 아는 자의 정체는 의심할 수 없다. 오디세우스의 침대는 앎의 확고함과 확실함을 가리킨다. 책 읽기는 모르는 곳을 돌아다니는 오디세우스의 모험, 끝없이 되풀이되는 니체의 영원회귀를 닮았다. 두려운 난바다를 건너온 오디세우스는 땅에 뿌리 박은 침대에 몸을 누인다. 앎이 선명해지고 정체가 분명해지는 확인과 구원의 순간이다. 괴로워하던 마음이 의심의 손아귀에서 놓여나 가볍게 떠오른다. 책 읽기는 빛을 향해 나아가는, 앎을 향해 올라가는 차이의 반복이다. 〈퍼펙트 데이즈〉의 선율이 우리의 책 읽기를 이끈다.

3

필로소피아(philosophia)가 지혜에 대한 사랑을 뜻하듯, 필로소포스(philosophos)는 지혜에 끌려 지혜를 찾는 자를 뜻한다. 지혜를 찾아가는 길은 많지만, 철학의 숲으로 난 길이야말로 지혜를 찾는 자에게 가장 친숙한 길이다. 숲속의 길은 나무와 나무 사이를 돌아 저쪽으로 나 있다. 사유의 나무들은 제자리에 높이 서서 소리 없이 자란다. 가지와 잎을 뚫고 빛이 들면 숲은 환해진다. 귀를 대면 나무의 혈관을 따라 물 흐르는 소리가 들리는 듯도 하다. 나무가 내는 소리는 나무마다 다르다. 숲속으로 난 길은 영원회귀의 길이다. 그 길 저쪽에서 누군가 걸어온다. 실스 마리아의 호숫가를 산책하던 니체일 수도 있고, 이제 막 집에 도착해 침대를 만져본 오디세우스일 수도 있다. 아니면 플로티노스, 아리스토텔레스…. 철학의 숲에서 만나는 이들은 다 사유의 친구다. 친구들이 해주는 이야기에 귀를 기울인다. 궁금해 못 견딜 것 같으면 조심스레 물어본다. 거기서 들은 이야기를 서둘러 기록한 것들의 모음, 이것도 작은 사유의 숲일지 모른다. 숲은 숲을 키운다. 숲은 잠들지 않는다.

차례

머리말 _ 니체의 영원회귀와 오디세우스의 침대

1장 동일성에도 차이에도 머무르지 마라

취향을 익히지 않으면 가짜 예술에 속는다
《예술의 이유》_ 미셸 옹프레 • 23

"사랑의 명령에 복종할 때 인간은 자유다"
《쿠튀리에 신부에게 보내는 편지》_ 시몬 베유 • 28

나르시시즘 사회는 개인을 고독으로 몰아넣는다
《나르시시즘의 고통》_ 이졸데 카림 • 34

'단독성들의 사회'가 만드는 우울증
《단독성들의 사회》_ 안드레아스 레크비츠 • 39

보들레르-랭보 '견자의 시학'이 연 프랑스 현대 시
《프랑스 현대 시 155편 깊이 읽기 1·2》_ 오생근 • 44

동일성에도 차이에도 머무르지 마라
《지식의 기초》_ 데이비드 니런버그 · 리카도 니런버그 • 50

데리다의 '해체'는 더 나은 세상 향한 '정치적 실천'
《자크 데리다》_ 제임스 K. A. 스미스 • 55

은유학 창시자가 말하는 '은유의 풍요'
《벌거벗은 진리》_ 한스 블루멘베르크 • 61

'전체성의 존재론' 넘어 '타자의 무한성'으로
《레비나스, 타자를 말하다》_ 우치다 다쓰루 • 66

반성적 대화가 '아이히만의 무사유'를 깨뜨린다
《칸트의 정치철학》_ 한나 아렌트 • 72

미궁의 어둠 헤쳐 나간 아렌트 '사유 모험'
《난간 없이 사유하기》_ 한나 아렌트 • 77

예술의 민주주의가 정치적 민주주의를 키운다
《아이스테시스》_ 자크 랑시에르 • 83

'궁핍한 시대'에 시인은 무엇을 찾는가?
《생의 절반》_ 프리드리히 횔덜린 • 88

헤겔의 '역사'는 정의 실현의 무한한 발걸음
《역사는 의미가 있는가》_ 테리 핀카드 • 93

개인 구원에서 사회 구원으로 나아가는 '영성'의 모든 것
《영성이란 무엇인가》_ 필립 셀드레이크 • 98

'신의 초월성'은 '주체의 탈중심화'와 어떻게 만나는가
《초월과 자기-초월》_ 메롤드 웨스트폴 • 101

브뤼노 라투르 유물론에서 끌어낸 낯선 신학
《사변적 은혜》_ 애덤 S. 밀러 • 106

망상적 신앙 넘어 참된 종교로
《이성의 오롯한 한계 안의 종교》_ 이마누엘 칸트 • 111

독일 고전 철학 발흥 밑불 된 야코비 신앙철학
《야코비와 독일 고전철학》_ 남기호 • 116

'유일자' 슈티르너 "국가는 나의 적이다"
《유일자와 그의 소유》_ 막스 슈티르너 • 121

2장 우주는 생각하는 거대한 뇌일까

블랙홀의 끝에서 화이트홀이 탄생한다
《화이트홀》_ 카를로 로벨리 • 129

양자 이론은 대승불교 '공' 사상으로 통한다
《나 없이는 존재하지 않는 세상》_ 카를로 로벨리 • 135

"우리 우주는 거대한 다중 우주의 극히 작은 일부분"
《무한한 가능성들의 우주》_ 로라 머시니 – 호턴 • 140

우주는 생각하는 거대한 뇌일까
《물리학은 어디까지 설명할 수 있는가》_ 자비네 호센펠더 • 145

우주가 수학으로 이루어졌다는 착각
《세계 그 자체》_ 울프 다니엘손 • 150

"생명의 탄생과 인간의 출현은 우주의 명령"
《기계 속의 악마》_ 폴 데이비스 • 156

'라마르크' 되살린 후성유전학
《경험은 어떻게 유전자에 새겨지는가》_ 데이비드 무어 • 161

모든 생명체는 자기생성 하는 닫힌 체계
《자기생성과 인지》_ 움베르토 마투라나 · 프란시스코 바렐라 • 166

과학은 인간 – 자연의 공창조적 활동
《객체란 무엇인가》_ 토머스 네일 • 172

'사이버 세계'를 지상에 불러낸 마법 같은 고전
《사이버네틱스》_ 노버트 위너 • 177

사이버네틱스 창시자의 '인공지능' 경고
《신&골렘 주식회사》_ 노버트 위너 •180

아리스토텔레스 우주론 붕괴시킨 16세기 세계관 혁명
《과학혁명과 세계관의 전환 1·2·3》_ 야마모토 요시타카 •183

지구 품은 더 넓은 페미니즘
《포스트휴먼 페미니즘》_ 로지 브라이도티 •188

'어머니 지구'가 아니라 '연인 지구'를 상상하자
《비판적 에코페미니즘》_ 그레타 가드 •194

"나는 여신보다는 사이보그가 되겠다"
《영장류, 사이보그 그리고 여자》_ 도나 해러웨이 •197

바리데기 신화는 '대극의 합일' 이루는 자아의 드라마
《신화와 정신분석》_ 이창재 •202

"우주는 영원회귀의 생명"
《철학자가 본 우주의 역사》_ 윤구병 •207

3장 영혼이 묻고 철학이 답하다

미셸 푸코의 '진실 말하기'
《자기 자신에 대한 진실 말하기》_ 미셸 푸코 •213

지혜로운 시민이 '좋은 정치' 만든다
《영원한 현재의 철학》_ 조대호 •219

'죽음을 기억하라' 아우렐리우스 명상록
《자기 자신에게 이르는 것들》_ 마르쿠스 아우렐리우스 •224

"정의 없는 나라는 거대한 강도떼와 다를 바 없다"
《신 앞에 선 인간》_ 박승찬 •228

말의 힘으로 공화국을 구할 연설가는 어디에
《위대한 수사학 고전들》_ 한국수사학회 •233

스토아 철학자의 내면에 들끓는 반스토아주의 열정
《세네카 비극 전집 1·2 3》_ 루키우스 안나이우스 세네카 •238

인간의 자유의지를 가로막는 운명의 필연성은 없다
《운명론》_ 마르쿠스 툴리우스 키케로 •242

'영혼'이 '신'에 이르는 여정 그리는 플로티노스 신비철학
《아름다움에 관하여》_ 플로티노스 •247

아리스토텔레스의 광활한 세계로 가는 문
《아리스토텔레스 선집》_ 아리스토텔레스 •252

아리스토텔레스 《시학》은 논리학 저술
《시학》_ 아리스토텔레스 •258

신은 우주를 움직이고 영혼은 몸을 움직인다
《아리스토텔레스의 심리철학》_ 유원기 •263

아리스토텔레스 논리학의 정점
《아리스토텔레스의 분석론 전서》_ 아리스토텔레스 •268

경제학 뿌리는 고대 그리스 '오이코노미아'에 있다
《아리스토텔레스 가정경제학》 •273

아리스토텔레스 '불온 사상'이 키운 토마스 신학
《토마스 아퀴나스》_ 박승찬 • 278

초인을 창조하고자 한 중세 연금술의 야망
《프로메테우스의 야망》_ 윌리엄 뉴먼 • 282

르네상스 문 연 페트라르카 '창작의 비밀'
《나의 비밀》_ 프란체스코 페트라르카 • 287

'탈무드의 뿌리' 유대인의 법전을 읽는다
《미쉬나》(전 6권)_ 권성달 외 번역·주해 • 293

4천 년 전 '1인칭 사실주의' 소설
《최초의 소설 시누헤 이야기》 • 298

4장 영성과 개벽의 정치를 찾아서

"공동체 살리는 '면역'은 약이자 독"
《사회 면역: 팬데믹 시대의 생명정치》_ 로베르토 에스포지토 • 305

잃어버린 자유주의 역사 되찾기
《자유주의의 잃어버린 역사》_ 헬레나 로젠블랫 • 310

반마키아벨리적 마키아벨리즘
《국가이성론》_ 조반니 보테로 • 317

인민의 안전 못 지키는 통치자는 버림받는다
《법의 기초》_ 토머스 홉스 • 322

선출된 공직자의 권력 남용 막으려면
《페더럴리스트 페이퍼스》_ 알렉산더 해밀턴 · 제임스 매디슨 · 존 제이 • 328

"혁명은 역사의 기관차다"
《카를 마르크스와 프리드리히 엥겔스의 저작·기고문·초안》_ 카를 마르크스 · 프리드리히 엥겔스 • 333

가치 다신주의 시대의 정치
《직업으로서의 과학/직업으로서의 정치》_ 막스 베버 • 338

"진정한 정치는 자유주의 너머에 있다"
《로마 가톨릭교와 정치적 형식》_ 카를 슈미트 • 344

샤머니즘이 중국 고대 사상을 낳았다
《중국 사상의 기원》_ 리쩌허우 • 350

"주체 없는 과정이 중국 사유의 특징"
《고요한 변화》_ 프랑수아 줄리앙 • 355

"현대 전쟁은 모방적 인간의 극단적 경쟁 행위"
《클라우제비츠 전쟁론 완성하기》_ 르네 지라르 · 브누아 샹트르 • 360

시간의 안개를 뚫고 붓다의 첫 가르침으로 가다
《인생의 괴로움과 깨달음》_ 강성용 • 365

계사전, 장엄하고 심오한 동북아 우주론
《도올 주역 계사전》_ 김용옥 • 370

동서의 만남이 빚어낸 다산의 독창적 논어 읽기
《다산 논어 1·2》_ 김홍경 • 375

한반도 개벽 사상의 세계화를 향한 치열한 탐색
《개벽사상과 종교공부》_ 박낙청 · 김용옥 · 정지창 · 이은선 외 • 380

민족과 역사에 자신을 묶는 것이 참된 해탈
《만해 한용운, 도올이 부른다 1·2》_ 김용옥 • 385

반시대적 교리에 갇힌 '철학자 예수' 구출하기
《철학자 예수》_ 강남순 • 390

"영성 없는 진보 정치가 민주주의 위기 불렀다"
《영성 없는 진보》_ 김상봉 • 395

미국이 떠받든 지정학 바이블
《강대국 지정학》_ 니컬러스 존 스파이크먼 • 400

"한반도를 분단시킨 건 내 조국 미국이었다"
《한국전쟁의 기원 1·2》_ 브루스 커밍스 • 405

민주주의를 키운 '피'와 '혼'
《전환시대의 논리》_ 리영희 • 410

도서 목록 • 423

1장
동일성에도 차이에도 머무르지 마라

취향을 익히지 않으면
가짜 예술에 속는다

《예술의 이유》_미셸 옹프레

    미셸 옹프레(Michel Onfray)는 플라톤부터 포스트모더니즘까지 거의 모든 기성 철학을 가차 없이 공격하는 프랑스 철학자다. 도발성 강한 언어를 난사하기에 '니체를 따르는 반란의 철학자'로도 불린다. 《예술의 이유》는 이 철학자가 반역의 시선으로 읽어낸 서양 예술사이자 예술 읽기의 길을 안내하는 예술 감상론이다. 옹프레는 서양 예술사를 수많은 도판을 들고 단거리 선수처럼 주파한 뒤 20세기 이후 현대 예술의 허실을 해부한다.

    이 책은 먼저 예술의 고전적 정의를 문제로 삼는다. '미학'이라는 말을 창안한 18세기 독일 철학자 알렉산더 바움가르텐(Alexander Gottlieb Baumgarten, 1714~1762) 이후 '아름다움의 이상을 추구하는 것이 예술이다'라는 등식이 정착됐다. 그런데 정말 아름다움의 구현이 예술의 목표인가? 옹프레는 이런 정식을 부정한다. 예술이 추구하는 것은 아름다움 자체가 아니라 '의

미'다. 예술가는 미의 이상을 구현하는 자가 아니라 작품에 의미를 실어 전달하는 자다. 옹프레가 주목하는 것은 그 '의미'가 작품에 직접 드러나지 않고 여러 상징과 비유를 통해 암시적으로 드러난다는 사실이다. 그러므로 예술 작품을 잘 감상하려면 그 작품이 놓인 시대적 맥락을 헤아려 작품 속의 상징과 비유를 읽어낼 수 있어야 한다. 요컨대 예술 언어에 익숙해져야 한다. 외국어를 모르는 사람에게 그 외국어의 의미가 이해되지 않듯이, 예술 언어를 모르면 작품의 의미는 파악되지 않는다.

이 책은 먼저 그리스 예술과 로마 예술을 비교해 두 예술에서 작품의 '의미'가 어떻게 다른지 이야기한다. 고대 그리스 조각 작품을 보자. 이 조각상들에서 발견되는 공통의 특징은 '젊은 육체의 우아함'이다. 아폴론이든 육상선수든 모두 젊음으로 빛나는 육체를 자랑한다. 그리스인들은 인간 존재의 가장 완벽한 순간을 응고시켜 그것을 작품에 담아내려 했다. 육체가 가장 우아하게 드러나는 때를 잡아 거기에 영원성을 부여하려 한 것이다. 반면에 로마인들은 시간의 흐름 속에서 '진실'을 보았다. 로마 정치가 키케로를 새긴 흉상을 보자. 이 흉상의 키케로는 머리가 빠지고 주름이 잡힌 50대 남자이자 원로원 의원의 의상을 입은 원숙한 인간이다. "키케로의 진실은 시간·경험·전통과 함께 획득한 지혜 속에 있다." 육체의 아름다움이 절정에 이른 순간을 포착하는 그리스 조각과 달리, 로마 조각은 시간의 흐름 속에 형성되는 삶의 참모습을 드러낸다.

이런 대비에서 알 수 있듯, 시대마다 달라지는 '코드'를 찾아 해독하는 것이야말로 예술 이해의 핵심이다. 르네상스 시대 이후 수백 년 동안 서양 예술을 지배한 코드 가운데 하나는 '유사성'이었다. 화가가 대상을 정확히 재현해낼 때 작품의 완성도가 높아진다는 관념이다. 이 시기의 화가들은 인물과 풍경과 정물을 정밀하게 묘사했다. 18세기까지 지속된 유사성의 관념은 19세기 초반 사진이 발명된 뒤로 종말을 고했다. 회화는 대상을 재현한다는 오래된 목표를 사진에 넘기고 다른 목표를 찾았다. 그 결과가 19세기 후반에 등장한 인상주의다. 인상주의는 사물 자체가 아니라 사물을 통해 드러나는 빛, 시시각각으로 바뀌는 빛의 효과를 표현하려 했다. 인상주의와 함께 사물이 사라지기 시작했고, 대상을 보는 화가의 주관적 시선이 중요해졌다. 야수파와 입체파에 이어 등장한 20세기 추상화에서 사물의 구체성은 모두 폐기되고 붓질의 흔적만 남는다. 이렇게 모든 게 폐기된다면 흔적 자체의 폐기는 왜 안 되는가?

이 물음이 결정적인 전환점을 만든다. 그 전환점에 선 것이 마르셀 뒤샹(Marcel Duchamp, 1887~1968)의 〈샘〉(1917)이다. 뒤샹은 남성용 소변기라는 '레디메이드' 제품에 자신의 서명을 새겨 전시대에 올려놓았다. 사실상 아무런 작업도 하지 않은 이 '제품'을 '작품'이라고 부를 수 있는가? 이 물음을 뒤로 남기고 뒤샹의 변기는 미술계의 공인을 받아 예술 작품으로 등록됐다. 기존의 모든 미술 형식을 파괴했다는 점에서 뒤샹의 작업은 일종의 쿠데타였다. "이 성공적인 미학적 쿠데타로 뒤샹은 서양 예술사를 둘로 나누었다." 예술가가 어떤 개념을 품고 있느냐가 중요하지 그것을 어떻게 구현했느냐는 중요하지 않게 된 것이다. 뒤샹 이후로 미술은 '개념의 창출'이 된다. 먼지와 시멘트부터 혈액, 소변, 대변, 심지어 화가의 신체까지 모든 것이 작품의 소재가 된다. 사람의 피로 소시지를 만들어 나누어주고 총으로 자기 몸을 쏘는 행위가 작품이 된다. 예술과 예술 아닌 것의 구분이 사라진다. 그 사태를 음악에서 보여주는 것이 존 케이지의 피아노곡 〈4분 33초〉(1952)다. 이 연주 없는 연주의 4분 33초를 초로 환산하면 273초가 되고, 273초는 영하 273도 곧 절대영도를 가리킨다. 모든 것이 얼어붙는 영점이야말로 예술의 죽음이다.

그러나 뒤샹 이후로도 화가들은 계속 그림을 그렸다. 그런 그림 중에는 뒤샹주의의 파멸을 선고하는 그림도 있다. 프랑스·에스파냐·이탈리아의 세 화가 질 아이요(Gilles Aillaud), 에두아르도 아로요(Eduardo Arroyo), 안토니오 레칼카티(Antonio Recalcati)가 1965년 공동으로 그린 8폭 그림 〈사느냐 죽느냐 또는 마르셀 뒤샹의 비극적 최후〉는 〈샘〉을 포함한 뒤샹의 작품들을 재현하고 그 사이사이에 화가 자신들이 등장해 뒤샹을 심문하고 살해하는 장면을 배치했다. 마지막 그림은 성조기로 덮은 뒤샹의 관을 앤디 워홀(Andy Warhol)을 비롯한 뒤샹 후배들이 운반하는 것으로 끝난다. 뒤샹과 뒤샹주의가 미국식 상업주의 속에서 예술이 됐으나 결국은 자멸로 끝나고 말았다는 얘기다.

현대에 올수록 예술과 사기의 경계선은 흐릿해진다. 옹프레는 미술 시장과 수집가들의 공모 속에서 오늘날 가장 각광받는 예술가가 된 대표적인 경우로 제프 쿤스(Jeff Koons)와 데이미언 허스트(Damien Hirst)를 꼽는다. 여기서 중요한 것이 감식안이다. 칸트는 《판단력 비판》에서 "아름다움은 개념 없이 보편적으로 기쁘게 하는 것"이라고 했다. 따로 익히지 않고도 누구나 즐길 수 있는 것이 예술이라는 얘기다. 옹프레는 단호하게 "칸트는 틀렸다"고 말한다. 훌륭한 작품인지 아닌지를 알아보려면 예술을 감상하는 눈을 길러야 한다. "취향에 대한 교육이 없다면 취향에 대한 판단도 있을 수 없다." 취향다운 취향을 갖출 때 조형미와 메시지가 균형을 이룬 훌륭한 작품을 알아볼 수 있다. 가짜를 가짜로 알아보지 못하면 예술은 죽는다.

"사랑의 명령에 복종할 때 인간은 자유다"

《쿠튀리에 신부에게 보내는 편지》_시몬 베유

시몬 베유(Simone Weil, 1909~1943)는 서른네 해의 짧은 삶을 불꽃처럼 살다 간 프랑스의 여성 철학자다. 베유의 사상은 종교적 신비주의와 정치적 행동주의의 결합 속에서 영글었다는 점에서 통상의 사상들과 사뭇 다른 성격을 지녔다. 《쿠튀리에 신부에게 보내는 편지》는 근년에 들어와 다시 조명받고 있는 베유의 사상 세계를 들여다볼 수 있는 글 모음이다. 제2차 세계대전이 한창이던 1942년부터 1943년 사이에, 그러니까 베유의 삶이 마지막을 향해 가고 있던 시기에 쓴 글들 가운데 종교와 신앙에 대한 베유의 통찰이 담긴 글 여섯 편이 묶였다. 이 글 속에서 베유의 영성적 사유는 당대 유럽 정치에 대한 비판으로 나아가고, 새로운 세계를 향한 열망으로 이어진다.

베유의 삶은 한 편의 강렬한 드라마를 떠올리게 한다. 1909년 파리의 유대인 부모에게서 태어난 베유는 일찍부터 철학에 관심을 보였고 19살에 파리고등사범학교에 입학했다. 당시 고등사범 교장이던 사회학자 셀레스탱 부글레(Celestin Bouglé)는 베유를 가리켜 "아나키스트와 수도승의 혼합"이라고 규정했는데, 이 규정은 미래의 베유를 그대로 예견한 것이라고 할 만하다. 고등사범 3학년 때 베유는 교수 자격시험을 통과해 고등학교 철학 교사로 임용됐다. 철학 교사로 지내던 시기 내내 베유는 노동자 잡지에 글을 쓰고 노동자 시위를 이끌었다. 이런 이유로 '모스쿠테르'(모스크바의 지령을 받는 첩자)라는 비난을 받기도 했다. 그러나 이 시기에 베유는 소련식 공산주의와 거리를 두고 다른 혁명의 길을 찾았다. 1934년에는 공장에 들어가 노동자로 일하기도 했다.

 히틀러가 정권을 잡은 뒤에는 독일을 탈출한 사회주의자들과 가깝게 지냈다. 스탈린의 러시아를 빠져나온 트로츠키가 파리의 베유 집에 머물기도 했다. 1936년 에스파냐 내전이 일어나자 아나키스트 부대에 합류해 군사 작전에 참여했다가 큰 화상을 입기도 했다. 1938년 베유는 "그 어떤 인간 존재보다 더 밀접하고 더 확실하고 더 현실적인 그리스도의 현존"을 보는 신비체험을 했다. 이 체험은 베유의 정치적 실천에 종교적 색조를 입혔고 철학적 사유에 영성의 차원을 얹었다. 제2차 세계대전이 터지고 파리가 독일군에 함락된 뒤 베유는 남프랑스에서 레지스탕스 활동을 하다 1942년 뉴욕을 거쳐 런던의 프랑스 망명정부에 들어가 반나치 활동을 벌였다. 1943년 4월 의식을 잃고 쓰러진 베유는 폐결핵을 앓다가 그해 8월 요양원에서 삶을 마쳤다.

이 책에 실린 베유의 글들은 영성과 정치가 결합해 이룬 독특한 풍경을 보여준다. 특히 책의 제목으로 쓰인 〈쿠튀리에 신부에게 보내는 편지〉는 베유 자신의 종교관을 35가지 항목으로 정리한 것이어서 책 전체의 중심을 이룬다. 이 글에서 베유는 기독교(가톨릭)에 다가가면서도 끝내 "교회 바깥의 그리스도인"으로 남을 수밖에 없는 이유를 분명하게 밝힌다. 여기서 먼저 눈길을 끄는 것이 신을 보는 베유의 명료한 관점이다. "신은 선하다. 신이 불의하고 잔혹한 끔찍한 행위들을 사람들에게 시킬 수 있다고 믿는 건 신과 관련해 가장 큰 오류를 범하는 것이다." 그리스도는 신의 선함과 신의 사랑을 죽음으로써 보여준 사람이다.

그러나 베유가 보기에 기독교의 역사는 그리스도가 밝힌 그 진리를 배반해 온 역사다. 베유는 그 역사의 근원에 유대교와 구약성서가 있다고 말한다. 유대인들의 구약성서는 몇몇 예외를 제외하고는, '선한 신'의 대척점에 있는 '권력의 신'을 숭배한다. 유대인의 신은 다른 민족을 침략하고 학살하는 '전쟁의 신'이다. 구약성서는 우상 숭배를 가장 나쁜 죄로 지목하지만, 베유가 보기에 유대인들이 자신들을 '선택받은 민족'이라고 믿는 것이야말로 우상 숭배고, 그런 민족을 위해 전쟁을 벌이는 신이야말로 우상이다. "히브리인들은 쇠붙이나 나무로 된 우상이 아니라 인종·민족이라는 우상을 섬긴다." 이 우상 숭배가 기독교를 오염시켰다고 베유는 말한다. 기독교를 믿는 자만이, '선민'이라는

정치적 행동주의와 종교적 신비주의를 결합한 철학자 시몬 베유.
"신은 선하다. 신이 불의하고 잔혹한 끔찍한 행위들을
사람들에게 시킬 수 있다고 믿는 건 신과 관련해
가장 큰 오류를 범하는 것이다."

믿음이 기독교를 배타적인 종교로 만들었다는 것이다.

베유는 여기에 또 하나의 '우상 숭배'를 더한다. 기독교가 커 가는 데 모태 노릇을 한 로마 제국이다. 로마 제국은 황제라는 우상, 국가라는 우상을 숭배했는데 이 로마 제국의 우상 숭배가 기독교를 전체주의적 국가 숭배로 이끌었다. 기독교에 침투한 이 두 가지 우상 숭태는 그리스도의 가르침, 곧 모든 경계를 초월하는 보편적 사랑의 가르침과 정면으로 충돌한다. 이 기독교 우상 숭배가 16세기 이후 침략주의·제국주의와 함께 세계 전역으로 퍼져 나가 다른 민족들의 고유한 신앙의 뿌리를 뽑았다. 베유는 권력과 국가를 우상으로 숭배하는 기독교 신앙의 역사적 결과가 당대 유럽을 집어삼킨 히틀러의 나치즘이라고 말한다. 히틀러는 기독교의 우상 숭배가 낳은 자식이다.

그렇다면 기독교는 자신의 거대한 오류에서 벗어날 길이 없는가? 베유는 기독교 안에서 면면히 이어져 내려온 신비주의 신앙에 주목한다. 신비주의 전통이 이야기하는 신은 구약의 유대인이나 기독교 주류가 믿은 권력의 신의 정반대에 있는 신이다. 이 신은 기독교에만 있는 것이 아니고 세계 곳곳의 모든 종교에서 발견된다. 베유는 고대 이집트의 오시리스, 그리스의 디오니소스, 힌두교의 크리슈나, 불교의 붓다, 도교의 도를 신비주의적 영성의 사례로 거론한다. 이 신비주의적 영성의 신앙은 인간이 닿을 수 없는 곳에 숨어 있는, 무한히 선한 신에 대한 신앙이다. 영성은 기독교인과 비기독교인, 신자와 비신자를 가리지 않는다. 베유는 "영성을 완전하게 지닌 사람은 겉보기에 무신론자로 살고 죽더라도 성인"이라고 말한다.

이 신비주의적 영성은 기독교의 진정한 핵심, 곧 그리스도의 사랑으로 통한다. 베유는 '사랑의 광기'라는 말로 그 사랑의 성격을 특별히 강조하기도 한다. 자신을 비우고 경계 없는 사랑에 모든 것을 바친 그리스도야말로 '사랑의 광기' 속에 산 사람이다. 사랑의 광기는 다른 말로 하면 '사랑의 명령에 무조건 복종함'이다. 그런 복종 속에서만 진정한 자유가 있다고 베유는 말한다. 사랑에 복종하는 자유로운 인간은 보편적 선의 실현을 향한 정치적 실천으로 나아간다. 베유 자신의 푸른 화염과도 같은 삶이 영성과 정치가 하나 되는 그 경지를 증언한다.

나르시시즘 사회는
개인을 고독으로 몰아넣는다

《나르시시즘의 고통》_이졸데 카림

    이졸데 카림(Isolde Charim)은 《나와 타자들》이라는 저서로 국내에 이름을 알린 오스트리아의 여성 철학자다. 철학 저술과 언론 활동을 병행하는 카림은 오스트리아의 극우화에 맞서 정치적 저항 운동을 벌이는 실천가로도 활동하고 있다. 《나르시시즘의 고통》(2022)은 우리 시대의 현실을 분석하는 카림의 철학적 사유가 번득이는 저작이다. 이 책에서 카림은 신자유주의적 자본주의 체제가 개인의 나르시시즘적 욕망을 통해 작동함을 밝혀 보인다.

    이 책은 16세기 프랑스 정치철학자 에티엔 드 라 보에시(Étienne de La Boétie, 1530~1563)의 《자발적 예속에 관한 논설》에서 이야기를 시작한다. 어떻게 민중은 폭군의 압제에 자발적으로 복종하는가? 라 보에시는 민중이 압제를 받아들이는 이유를 '기만과 유혹', '습관과 교육' 따위에서 찾았다. 하지만 이런 설명은 폭군이 사라져도 '자발적 복종'은 남는 이유를 설명하지 못한다. 자발적 복종은 '외적 관계'가 아니라 '내적 관계'에 근거를 두고 있다. 이 관계를 밝힌 사람이 17세기 네덜란드 철학자 스피노자(Baruch Spinoza, 1632~1675)다. 스피노자는 《신학정치 논고》에서 "마치 자신의 구원을 위한 것인 양 사람들은 자신의 예속을 위해 투쟁한다"고 썼다. 복종함으로써 구원받는다고 여길 때 사람들은 자발적으로 복종을 받아들인다. 가장 전형적인 경우가 신에 대한 복종이다. 이 신의 이미지가 군주에게 투사될 때 현실의 자발적 복종이 나타난다. 그러니까 자발적 복종의 중심에는 신적인 권위에 대한 개인의 내적 관계가 있다.

20세기 프랑스 철학자 알튀세르(Louis Althusser, 1918~1990)는 이 내적 관계를 '호명'(이름 부름)이라는 말로 설명했다. 신과 같은 권위적 존재, 곧 군주·국가·아버지가 이름을 부른다. 이때 권위적 존재는 대문자 주체가 되고, 부름을 받은 자는 그 대주체의 부름에 응답함으로써, 다시 말해 자발적으로 복종함으로써 작은 주체가 된다. 알튀세르는 이 자발적 복종을 받아들이는 이데올로기의 공식을 이렇게 제시했다. "이데올로기란 개인이 자신의 현실적 실존 조건과 맺는 상상적 관계를 표현한다." 여기서 '현실적 실존 조건'이란 그 자신을 둘러싼 사회적 관계를 말한다. 우리의 존재가 사회적 관계의 톱니바퀴와 같다고 해보자. 톱니바퀴에 지나지 않는 삶을 견디게 해주는 것이 바로 '상상적 관계'다. 상상적 관계 안에서 우리는 자신을 톱니바퀴가 아니라 주체로 여기며, 세계를 '내가 중심에 있는 나의 세계'로 여긴다. 상상적 관계 안에서 내가 주체가 되고 세계가 나의 세계가 됨으로써 나는 자발적으로 그 세계의 부름에 응한다.

그렇다면 오늘날의 지배적인 상상적 관계는 무엇인가? 이 책이 그 물음의 답으로 제시하는 것이 '나르시시즘'이다. 여기서 카림은 프로이트(Sigmund Freud, 1856~1939)의 나르시시즘 개념을 뜯어본다. 프로이트는 나르시시즘을 두 단계로 나누었다. 첫 번째가 유아기의 나르시시즘이다. 이 유아기 나르시시즘은 엄마와 일체를 이루던 시기의 완전한 충족감, 내부와 외부가 따로 없는 상태의 전능감이다. 그러나 아기는 머잖아 이 낙원에서 추방당할 수밖에 없다. 쾌락 원칙만 알던 아이에게 외부 세계의 가혹한 현실 원칙이 밀어닥친다. 아이는 황량한 현실 세계에 버려진다. 그러나 그런 뒤에도 유아기의 전능감과 충족감은 영혼에 흔적을 남긴다.

여기서 두 번째 나르시시즘이 나온다. 현실의 가혹함에 시달리는 주체는 무의식에 남아 있는 그 원초적 충만 상태를 동경한다. 동경은 최초의 나르시시즘을 되찾도록 우리를 몰아댄다. 이때 우리 안에서 생겨나는 것이 '자아 이상'이다. 자아가 어떤 대상에 완전성과 충만성을 투사해 이상으로 삼은 것이 자아 이상이다. 자아 이상은 부모일 수도 있고 부모를 대신하는 사회적 권위일 수도 있다. 원초적 나르시시즘을 회복하려는 주체는 자아 이상을 향해 투쟁한다. 이것이 이차적 나르시시즘의 운동이다.

나르시시즘적 이상은 자아에게 "너는 너의 이상이 되어라"라고 명령한다. 자아는 이상의 부름에 자발적으로 복종한다. 이것이 우리 시대의 보편적 상황이다. 자아 이상은 프로이트가 말하는 '초자아'를 닮았다. 그러나 초자아가 무언가를 금지하는 명령이라면, 자아 이상은 무언가를 하도록 고무하는 명령이다. 초자아의 명령을 받들지 못하면 '양심의 가책'이 따라오지만, 자아 이상의 명령을 실행하는 데 실패하면 열등감과 모욕감이 번진다.

이 대목에서 카림은 신자유주의적 자본주의 질서를 이야기한다. 신자유주의 질서가 과거의 자본주의 질서와 극명하게 다른 점은 모든 것을 경제 논리로 환원한다는 데 있다. 신자유주의에선 인간마저 '인적 자본'이 된다. 그리하여 주체는 자신을 자본으로 삼아 자신을 경영하는 '자기 자신의 기업가'가 되도록 독려받는다. 이 신자유주의 체제에 순응하는 주체가 바로 나르시시즘적 주체다. 신자유주의는 모든 것을 경쟁으로 바꾸어놓고 주체들에게 각자의 독특한 개성을 극한으로 발휘해 그 경쟁에서 최고가 되라고 요구한다. 개성의 극한적 발휘야말로 자아 이상을 실현하는 길이다. 신자유주의 체제는 개인들의 자아 이상을 연료로 삼아 작동한다. 나르시시즘적 주체는 이 자아 이상에 자발적으로 복종해 이 이상을 향해 쉼 없이 나아간다. 나르시시즘은 고통이 된다.

분석은 여기서 멈추지 않는다. 나르시시즘 사회는 주체들이 각자 개별적 자아 이상을 추구하는 사회다. 그 자아 이상은 주체 자신 말고 다른 어디에도 준거가 없는 자기 준거적 이상이다. 나의 정체성을 규정하는 것은 나 자신이다. 이런 사태의 가장 극단적인 형태가 '젠더 정체성의 자기 결정'이다. 내가 어떤 성적 정체성을 지녔는지 사회가 정하는 것이 아니라 내가 스스로 정한다. 사회는 여기에 동의하는 데 머물러야 한다. 성적 정체성을 표시하는 기호가 LGBTQIA+로 끝없이 늘어나는 것이 이 사태를 극명하게 보여준다. 정체성의 이런 자기 결정은 지배적 사회를 위협하는 것이 아니라 지배적 사회를 더 급진화하는 것이라고 카림은 말한다. 신자유주의 개성화 요구를 급진적으로 충족시키는 행위라는 얘기다.

정체성의 자기 결정의 최종 국면은 '나는 나다'라는 동어 반복의 일반화다. 이런 국면에 이르면 진정한 교류도 진정한 사회도 존재할 수 없게 된다. 그 결과는 "깊디깊은 내적 고독 속에 버려진" 개인이다. 고독화는 나르시시즘 사회의 불가피한 흐름이다. 이 책은 이 재앙 같은 미래를 그려 보임으로써 나르시시즘 사회를 넘어설 길을 찾으라고 촉구하고 있다.

'단독성들의 사회'가 만드는 우울증

《단독성들의 사회》_안드레아스 레크비츠

안드레아스 레크비츠(Andreas Reckwitz)는 우리 시대 정치·경제·문화의 변동을 통합적으로 연구함으로써 학문적 독자성을 이룬 독일 사회학자다. 2017년 출간된 《단독성들의 사회》는 레크비츠 저서 가운데 국내에 처음 번역된 책이다. 레크비츠의 넓은 학문적 시야가 잘 드러난 저작이자 날카로운 사회학적 통찰이 빛나는 작품이다.

책머리에서 레크비츠는 자신의 핵심 테제를 이렇게 요약한다. "후기 근대에 들어와 보편성의 사회 논리가 특수성의 사회 논리에 지배권을 내주는 사회적 구조 변경이 일어나고 있다." 레크비츠는 그 특수성의 사회 논리를 '단독성'(Singularität, 특이성)이라는 개념으로 포착한다. 레크비츠가 말하는 단독성이란 보편성에 대립하는, 개별적이고 특수한 것들의 독특성을 뜻한다. 이 단독성이 21세기 서구 사회에서 보편적 현상이 됐으며 지구 전체로 퍼져 나가고 있다는 것이 레크비츠의 진단이다. 단독성은 개인의 취향과 소비에서부터 정치와 경제 영역에 이르기까지 모든 방면에서 발견된다. 이렇게 단독성이 주류가 된 사회를 가리키는 말이 '단독성들의 사회'다.

레크비츠는 단독성의 주류화가 1970년대부터 시작된 '후기 근대'에 벌어진 일이라고 말한다. 후기 근대는 지식 경제와 디지털 기술이 보편화하고 문화자본주의가 경제의 중추로 들어선 시대다. 후기 근대의 문화자본주의는 고전적 근대의 산업자본주의와 극명한 대비를 이룬다. 18세기 후반에 시작된 '산업 근대'는 막스 베버가 이야기한 대로 합리화의 시대, 모든 것을 규격화하고 표준화하고 보편화하는 시대다. 이 합리화를 통해 산업자본주의는 공장식 대량생산으로 전 세계를 지배했고 1950년대에 정점에 이르렀다. 후기 근대는 이 산업 근대가 억눌렀던 단독성의 논리가 보편성의 논리를 제치고 우위를 차지한 시대다.

이 단독성의 논리가 후기 근대에 처음 등장한 것은 아니다. 레크비츠는 근대 사회의 초기부터 단독성의 논리가 존재했다고 말한다. 산업 근대의 발흥과 함께 시작된 낭만주의 운동이 그 논리의 진원이다. 낭만주의자들은 모든 영역에서 단독성을 발견해 촉진하고자 했다. 예술 작품의 독창성을 찬양하고 강한 개성을 드높이며 자기 발현에 몰두했다. 낭만주의자들의 이런 단독성 추구는 산업자본주의의 합리성에 맞서 문화적 저항의 흐름을 형성했다. 이 흐름이 격류로 터진 것이 1960년대와 1970년대의 대항 문화(counterculture)였다고 레크비츠는 말한다. 이 대항 문화가 옹호한 단독성이 문화자본주의의 등장과 더불어 사회의 주류로 들어섰다.

여기서 한 번 더 주목할 것이 단독성과 보편성의 관계다. 후기 근대 사회는 단독성이 주인공이 된 시대이지만, 그렇다고 해서 이 시대에 보편성이 아예 사라지는 것은 아니다. 보편성은 배후로 들어가 전면의 단독성을 떠받치는 인프라스트럭처(infrastructure) 구실을 한다. 익명의 알고리즘으로 사용자의 독특한 움직임을 기록해 연결망을 맞추어주는 오늘날의 디지털 기술이 단독성 배후의 보편성을 여실히 보여준다.

레크비츠의 눈은 이 단독성들의 사회를 이끌어 가는 행위 주체를 분석할 때 한층 날카로워진다. 산업 근대의 사회적 주체는 데이비드 리스먼(David Riesman, 1909~2002)이 '사회에 적응하는 인간'이라고 불렀던 평균적인 사무직 근로자였다. 후기 근대에 이런 유형의 인간은 순응주의에 물든 부정적 인간으로 전락한다. 단독성들의 사회는 사람들에게 상투성에서 벗어나 독특한 개성을 발휘할 것을 기대한다. 단독성은 개인의 소망일 뿐만 아니라 사회의 요청이기도 하다. "후기 근대의 주체는 타인들 앞에서 자신의 특수한 자아를 퍼포먼스로 펼치고, 그리하여 타인들은 자아의 퍼포먼스를 감상하는 관중이 된다." 소셜 미디어가 그런 자아 퍼포먼스가 펼쳐지는 곳 가운데 하나다. 주체는 매력을 사고파는 사회적 시장에서 움직이는데, "이 시장에서는 더 많이 주목받고 더 많이 보여주려는 투쟁이 벌어진다." 더 독특한 것이 더 가치 있는 것으로 평가받는다. 다름과 차이를 찬미하는 사회가 단독성들의 사회다.

 그렇다고 해서 이 사회에 어둠이 없는 것은 아니다. 단독성 사회는 개인의 자율성과 독특성을 한껏 드높이는 사회이지만, 동시에 여러 형태의 위기를 불러내는 사회이기도 하다. 레크비츠는 먼저 '인정의 위기'를 거론한다. 단독성 사회의 주류는 고등교육을 받고 지식·문화 경제 영역에 종사하는 고능력자들이다. 이 신중산 계급은 단독성을 구현할 능력으로 사회적 인정을 받는다. 반면에 전문 지식이 없는 단순 서비스직 종사자들은 사회적 인정의 바깥에서 자기모멸을 경험한다. 위기는 여기서 그치지 않는다. 고능력자들도 전락의 위험을 피하지 못한다. 지식·문화 경제는 승자독식의 시장 구조를 지니고 있어서, 크게 성공한 자와 그렇지 못한 자 사이에 비대칭이 커진다. 고능력자들의 다수가 시장에서 실패함으로써 좌절을 겪는다.

 더구나 이 지식 경제 시장의 법칙은 '매력과 취향에 대한 소비자의 변덕'에 의존한다. 그러므로 대중의 관심을 얻는 데 성공한 자들도 언제든 다시 바닥으로 추락할 수 있다. "항상 매력적인 인격으로 퍼포먼스를 하도록 강제하는" 단독성 경제의 특성이 '과잉 스트레스' 사회를 만든다. 그리하여 우울증이 후기 근대를 상징하는 질병이 된다. 더 주목할 것은 단독성 사회에서 개인들만 단독화하는 것이 아니라 집단도 단독화한다는 사실이다. 바로 그런 이유로 단독성 사회는 정치의 위기도 부른다. 문화적·종교적·정치적 집단이 자신들만의 신념으로 무장해 종교 근본주의나 우익 포퓰리즘으로 내달리는 것이다.

　레크비츠는 단독성 사회의 이런 위기를 '보편의 위기'로 명명한다. 산업 근대가 보편성의 힘으로 단독성을 억압했던 것과 반대로, 보편으로부터 탈주하는 후기 근대는 사회와 문화와 정치를 아우르는 공통 분모의 부재로 고통받는다. 공동의 토대 없이 저마다 독자성과 정당성을 주장하기에 사회가 파편화한다. 그러므로 보편성을 어떻게 재구축할 것인지가 시대의 과제로 등장하지 않을 수 없다. 레크비츠는 '차이를 지향하는 개방적 자유주의' 정치 패러다임을 사회적 불평등과 문화적 비대칭을 억제하는 '규제적 자유주의' 패러다임으로 바꿀 것을 제안한다. 후기 근대의 자유주의가 최소화하려 하는 국가와 제도의 기능을 회복하는 것이 이 규제적 자유주의의 첫걸음이다.

보들레르-랭보 '견자의 시학'이 연 프랑스 현대 시

《프랑스 현대 시 155편 깊이 읽기 1·2》_오생근

　샤를 보들레르 이후 19세기 후반 프랑스 시단은 스테판 말라르메, 폴 베를렌, 아르튀르 랭보 같은 빼어난 시인들을 배출했다. 불문학자 오생근 서울대 명예교수가 쓴《프랑스 현대 시 155편 깊이 읽기》는 보들레르에게서 출발하는 프랑스 현대 시를 소개하고 해설한 두 권으로 된 책이다. 첫 권에는 보들레르부터 랭보까지 19세기 시인들의 시와 해설이 담겼고, 둘째 권에는 프랑시스 잠에서 시작해 폴 발레리와 기욤 아폴리네르를 거쳐 초현실주의 시인(앙드레 브르통, 폴 엘뤼아르, 루이 아라공)을 지나 근년에 타계한 이브 본푸아와 필리프 자코테에 이르기까지 20세기 시인 14명의 시와 해설이 실렸다. 시로 읽는 프랑스 현대 시 역사라고 할 만하다.

　시집《악의 꽃》으로 유명한 보들레르(Charles Baudelaire, 1821~1867)는 언어의 새로움과 안목의 새로움으로 프랑스 시 역사에 현대성의 지평을 연 시인이다. 앞선 낭만주의 시인들이 자연을 찬미함으로써 독자의 가슴에 다가갔다면, 보들레르는 우울과 고통과 광기가 들끓는 인간 자아의 심층을 들여다봄으로써 프랑스 시를 전혀 다른 차원으로 올려놓았다. 특히 시인을 대중의 대척점에 놓았다는 점에서 보들레르는 현대성의 선포자였다. "이해받지 못하는 데 영광이 있다"라는 보들레르의 말은 시인이 추구하는 것이 대중의 환호가 아니라 언어의 모험임을 극명하게 보여준다.

보들레르의 이런 반대중주의가 응축된 시가 〈알바트로스〉다. "흔히 뱃사람들은 장난삼아/ 거대한 바닷새 알바트로스를 잡는다./ 시름없는 항해의 동반자처럼/ 깊은 바다 위를 미끄러져 가는 배를 따라가는 새를." 날 수 있는 새 가운데 가장 큰 새 알바트로스는 날개를 펴 하늘을 날 때면 "창공의 왕자"처럼 자유롭다. 그런 알바트로스도 뱃사람들에게 잡혀서는 커다란 날개를 질질 끄는 우습고 추한 것이 되고 만다. 이 시는 알바트로스의 처지를 빌려 '시인이란 어떤 존재인가'를 이야기하는 시다. 보들레르에게 시인은 지상에 붙들려 놀림감이 된 알바트로스와 같다. 대중에게 이해받지 못하고 희롱당하는 자가 시인이다. 이때의 대중은 산업화·도시화로 지배층이 된 부르주아지를 가리킨다.

눈여겨볼 것은 보들레르가 부르주아 대중을 거부하면서도 동시에 그 대중의 근거지인 도시 문명을 떠나지 않는다는 사실이다. 우울증이 겨울비처럼 내리는 어둡고 속악한 도시의 진창 속

프랑스 상징주의 시인 샤를 보들레르.
"흔히 뱃사람들은 장난삼아 / 거대한 바닷새 알바트로스를 잡는다. / 시름없는 항해의 동반자처럼 / 깊은 바다 위를 미끄러져 가는 배를 따라가는 새를."

에 머무는 자가 보들레르다. 그러나 시인은 도시의 어둠과 더러움에 지지 않는다. 보들레르가 악(mal)이라고 부르는 것은 죄악과 병고와 불행이라는 뜻을 함께 지녔다. 그러므로 '악의 꽃'은 도시의 죄악과 병고와 불행 속에서 피어난 꽃을 뜻한다. 보들레르는 진창 같은 현실을 통해서 현실 너머의 '꽃', 곧 이상과 아름다움을 찾아낸다. 여기서 보들레르의 상징주의가 탄생한다. 상징주의란 현실의 모든 것을 상징으로 삼아 그 상징이 가리키는 것을 시적으로 드러내는 것을 뜻한다. 이를테면 보들레르는 〈상응〉이라는 시에서 '자연'을 '신전'으로 묘사한다. 우리가 거니는 숲은 "상징의 숲"이 된다.

이 보들레르의 상징주의를 이어받은 시인이 말라르메(Stéphane Mallarmé, 1842~1898)다. 말라르메는 〈바다의 미풍〉에서 이렇게 노래한다. "육체는 슬프다. 아! 나는 만 권의 책을 읽었건만./ 떠나자! 저곳으로 떠나자!" 23살 때 쓴 이 시에서 말라르메는 책이라는 문자의 세계를 떠나 바다의 미풍을 타고 보이지 않는 세계를 향해 나아간다. 그 상징주의 시학을 시로써 명료히 그려낸 사람이 베를렌(Paul Verlaine, 1844~1896)이다. 베를렌은 〈시학〉이라는 시에서 이렇게 말한다. "또한 절대로 하지 말아야 할 것은/ 오해의 여지가 없는 말을 골라서 사용하는 일이지./ 불확실한 것이 확실한 것과 결합되는/ 회색빛 노래보다 더 소중한 것은 없다네." 명료성은 상징의 적이다. 상징이 상징으로 살아나려면 명료성을 넘어서야 한다. 그럴 때 필요한 것이 '모순 어법'(oxymoron)

이다. 서로 충돌하는 언어를 병치함으로써 현실에 균열을 내고 그 균열을 통해 '보이지 않는 것'을 보게 해주어야 한다. 상징주의는 언어의 모험이고 정신의 모험이다.

젊은 날 베를렌은 열 살 어린 랭보(Arthur Rimbaud, 1854~1891)와 동성 연인이 돼 브뤼셀과 런던을 돌며 광란의 삶을 살았다. 1872년부터 1873년까지 1년 남짓 계속된 이 동반 여행은 끝없는 다툼으로 이어져 파국으로 끝났다. 절망한 베를렌은 랭보를 권총으로 쏴 손목에 상처를 입혔고, 체포돼 2년을 감옥에서 보냈다. 랭보는 이 광기 어린 반란 중에 쓴 시를 모아 '지옥에서 보낸 한 철'이라는 제목으로 펴냈다. 17살에 첫 시집을 내고 20살에 시 쓰기를 그만둔 랭보의 짧고도 강렬한 창작 이력은 '견자의 시학'을 탄생시켰다. 견자(le voyant)란 보이지 않는 것을 보는 자를 뜻한다. 상징주의가 보들레르에게서 시작됐듯이 견자의 시학도 보들레르에게서 비롯했다. 1871년 랭보는 지인에게 보낸 편지에서 "시인은 견자가 돼야 한다"고 단언했다. 또 이 편지에서 보들레르야말로 보이지 않는 세계를 보고 들리지 않는 세계를 듣는 '최초의 견자'라고 찬양했다. 보이지 않는 것을 보려면, 보이는 현실에 짓눌리지 않고 그 현실을 뚫고 나아가야 한다. 랭보는 견자에게 필요한 것이 '모든 감각의 이성적 착란'이라고 말한다. 광기 어린 그러나 이성을 잃지 않는 '감각의 착란'을 통해 현실을 초월함으로써 미지의 세계를 투시하는 것이다. 이 견자의 시학은 미학적인 것에 그치지 않는다. 랭보는 시로써 당대 부르주아 사회의 모순을 비판하고 제국주의와 식민주의를 탄핵했다.

창작 이력의 마지막에 이르러 랭보는 〈아듀〉라는 작품을 쓴다. "완전히 현대적이어야 한다"라는 유명한 문장이 담긴 시다. 이 말은 유행의 첨단을 달려야 한다는 뜻이 아니라 낡은 것들과 가차 없는 싸움을 벌여야 한다는 뜻이다. 랭보는 "정신의 싸움은 인간의 전투처럼 난폭한 법"이라고 말한다. 현대적이어야 한다는 명령이 미학적 차원을 넘어 도덕적이고 정신적인 차원의 명령임을 암시하는 말이다. 이 명령과 함께 초현실주의를 비롯한 20세기 현대 시가 시작된다. 보들레르가 제출하고 랭보가 확립한 견자의 시학은 이브 본푸아(Yves Bonnefoy, 1923~2016)에 이르기까지 거의 모든 프랑스 시인들을 관통했다.

동일성에도 차이에도 머무르지 마라

《지식의 기초》_데이비드 니런버그 · 리카도 니런버그

　서양의 사유 특성으로 흔히 수학적 사유가 거론된다. 수학의 엄격한 논리적 사유가 서양의 전통 철학을 낳았고 이 철학에 기초해 근대 물리학이 탄생했으며 물리학의 수리적 사유가 모델이 돼 다른 분과 학문들의 과학적 사유를 이끌었다는 것이다.
　요컨대, 수학과 논리학의 사유 형식이 근대 유럽의 세계 지배를 떠받친 정신적 힘이었다. 이 수리 논리적 사유를 '동일성 사유'라고도 부를 수 있는데, 《지식의 기초》는 이 동일성 사유의 역사를 드넓게 조망하는 책이다. 이 책을 함께 쓴 데이비드 니런버그와 리카도 니런버그는 부자 사이다. 미국 시카고대학 교수인 아들 데이비드는 신학과 역사학에 정통한 학자이며, 아버지 리카도는 수학자다. 두 사람은 협업을 통해 3000년에 걸친 서양 '동일성 사유'의 역사를 수학 · 철학 · 종교 · 역사 · 과학 · 문학을 관통해 개관한다.

저자들이 동일성 사유에 승리의 월계관을 씌워주려고 이 사유를 검토하는 것은 아니다. 오히려 이 사유가 가져온 파괴적 결과에 주목함으로써 동일성 사유의 완고한 틀을 깨뜨리는 데 이 책의 목표가 있다. 바꿔 말하면, 서양 사유의 바탕에 깔린 '동일성의 사유 문법'을 해부함으로써 그 무의식을 의식화하고, 그리하여 동일성의 사유 문법에 함몰됐을 때 빚어지는 사태를 보여주는 것이 이 책의 관심사다. 이런 생각을 저자들이 처음 한 것은 아니다.

이 책은 서양 사유의 문법을 깊숙이 탐사한 사람으로 《서구의 몰락》을 쓴 독일 문화철학자 오스발트 슈펭글러(Oswald Spengler, 1880~1936)를 거명한다. 슈펭글러가 그 책을 출간한 것은 제1차 세계대전이 막 끝나던 시점이었다. 수백만 명의 젊은이들이 무참히 죽어 간 그 전쟁에서 슈펭글러는 서양의 몰락을 보았는데, 그 몰락의 원인으로 슈펭글러가 지목한 것이 '이성의 독재'였다. 이성의 독재란 다른 말로 하면 '수학의 독재'인데, 수학의 엄격한 논리적 사유가 서구의 정신을 지배하고 그 정신이 유럽 문명을 일으켜 끝내 세계대전이라는 참화를 낳았다는 것이다. 슈펭글러는 근대 유럽 문명의 정신을 '파우스트적 영혼'에 빗대기도 했다. 파우스트가 악마에게 영혼을 팔아 지식을 얻었듯이 유럽 문명도 영혼을 내주고 수학을 얻었으며, 그 수학이 유럽에 영광을 안겨줌과 동시에 유럽을 파멸로 이끌고 간다는 진단이었다. 이런 생각은 슈펭글러만 한 것이 아니었다. 동시대의 오스트리아 소설가 로베르트 무질(Robert Musil, 1880~1942)은 소설《특성 없는 남자》에서 수학이 "인간을 지상의 주인으로 만드는 동시에 기계들의 노예로 만들기도 하는 악마적 지식의 원천"이라고 썼다.

슈펭글러와 무질이 비판한 수학이야말로 동일성 사유의 기원이자 전형이다. 수학은 수의 동일성에서 시작해 모든 것을 동일성의 관계로 풀어냄으로써 우주의 비밀을 해명한다. '2+2=4'라는 정식을 보자. 2라는 수가 동일성을 잃고 1이나 3이 되면 이 정식은 무너진다. 또 이 정식 자체가 '2+2'와 '4'가 동일하다는 것을 뜻한다.

수학은 불변하는 동일자들의 관계를 통해서 세계의 영원한 질서를 찾아낸다. 이 수학적 동일성 사유는 기원전 6세기 그리스의 피타고라스 학파에서 확립됐으며, 파르메니데스를 거쳐 플라톤-아리스토텔레스의 사유로 이어졌다. 플라톤은 지상의 변화무쌍한 세계를 부정하고 그 원본이 되는 천상의 영원한 동일자 세계를 상정했고, 아리스토텔레스는 이 우주 운행의 맨 처음에 놓인 제일원인 곧 '부동의 원동자'라는 원초적 동일자를 사유의 출발점으로 삼았다. 이 플라톤-아리스토텔레스 사유가 서양의 종교·철학 사유를 지배했고 그 사유에서 근대 과학이 탄생했다. 슈펭글러 시대의 많은 지식인들이 이 수학적 동일성 사유를 극복하지 않으면 인류의 파멸은 피할 수 없다고 보았다. 현상학의 창시자 에드문트 후설(Edmund Husserl)은《유럽 학문의 위기와 선험적 현상학》에서 갈릴레이 이후 수학적 이성이 패권을 장악해 유럽 학문을 위기로 몰아넣었다고 비판했다.

그러나 슈펭글러 시대에 동일성 사유에 대한 비판만 있었던 것은 아니다. 저자들이 주목하는 것은 그 시대에 '사유 문법'을 둘러싸고 거대한 세계관의 전쟁이 벌어지고 있었다는 사실이다. 수학자들 가운데 다수는 슈펭글러식 동일성 비판 혹은 이성 비판이야말로 서양을 위기로 몰아넣는다고 보았다. 고틀로프 프레게(Gottlob Frege)와 버트런드 러셀(Bertrand Russell)이 대표적이다. 두 사람은 논리와 이성이 지나쳐서가 아니라 부족한 탓에 이 모든 재난이 닥쳤다고 보았다. 세계관의 충돌은 이론 싸움에 그치지 않았다. 이 책은 수리물리학자이자 사회주의자였던 프리드리히 아들러(Friedrich Adler)가 1916년 오스트리아 총리를 암살한 사건을 사례로 든다. 아들러는 아인슈타인의 상대성 이론 등장과 함께 우주가 새로운 수학적 질서에 놓이게 됐다는 사실이 자신의 정치적 암살 행위를 정당화한다고 주장했다. 반대의 경우도 있다. 논리실증주의의 지도자였던 모리츠 슐리크(Moritz Schlick)가 1936년 뮌헨대학에서 옛 제자에게 살해당한 사건이 그것이다. 법정에서 그 제자는 슐리크의 논리주의 사상이 자신의 도덕적 판단력과 자제력을 빼앗았다고 주장했다.

이 책이 동일성 사유를 집요하게 비판하고 있는 것은 사실이지만, 그렇다고 해서 동일성의 반대편에 선 차이(다름)를 무작정 찬양하는 것은 아니다. 동일성의 사유든 차이의 사유든 극단에

치우치면 온전한 사유에 이를 수 없다는 것이 저자들 주장의 핵심이다. 그런 생각을 이 책은 프랑스 시인 폴 발레리의 시를 빌려 이야기한다. 1940년 발레리는 이렇게 썼다. "모든 다른 것은 같다. 모든 같은 것은 다르다./ 너의 정신 안에서 이 두 가지 원리 사이를 오가라. 그러면 너는 이 두 원리가 모순되지 않음을 알게 될 것이다." 이 시를 두고 저자들은 "동일성과 차이 사이의 선택에서 경탄스러운 비독단적 가능성을 보여주었다"고 평한다. 이 책은 그런 비독단적 태도를 음악 연주에 견주어 설명하기도 한다. 협주곡이 성공하려면 악기마다 고유한 소리를 내야 한다. 다시 말해 동일성을 지켜야 한다. 동시에 악기들은 다른 악기들의 소리에 민감하게 감응하고 거기에 맞춰야 한다. 곧, 자기를 열고 차이를, 다름을 받아들여야 한다. 이 둘이 함께할 때 음악은 온전해진다. 동일성과 차이의 이 동시성을 아는 것이야말로 앎의 기초이며 지혜에 이르는 길이다.

데리다의 '해체'는
더 나은 세상 향한 '정치적 실천'

《자크 데리다》_제임스 K. A. 스미스

　프랑스 철학자 자크 데리다(Jacques Derrida, 1930~2004)는 20세기 탈근대 철학의 기수이자 해체주의 운동을 일으킨 철학의 횃불이었다. 그러나 데리다의 철학은 그 언어의 새로움과 사유의 급진성 때문에 수많은 오해와 반감을 부르기도 했다. 미국 캘빈대학 철학 교수 제임스 K. A. 스미스가 쓴《자크 데리다》는 이 철학자에게 들러붙은 온갖 '신화'를 걷어냄으로써 그 참모습에 다가가는 데리다 안내서다. 이 책을 통해 데리다는 '타자'의 존재를 동력으로 삼아 사유를 밀고 나간 타자의 철학자이자 윤리적이고 정치적인 관심을 시종일관 견지한 실천적 사상가로 드러난다.

　이 책은 '데리다 신화'의 양상을 극명하게 보여주는 어떤 사건에서 이야기를 시작한다. '케임브리지 사건'이라고 불리는 이 사건은 1992년 영국 케임브리지대학에서 데리다에게 명예 박사학위를 주자는 제안이 나온 뒤 일어났다. 반대자들이 나서 전체 교수들에게 학위 수여 찬반을 물어야 한다고 요구한 것이다. 전례를 찾을 수 없는 요구였다. 논란은 삽시간에 케임브리지를 달구었다. 반대자들이 보기에 데리다는 인간 이성을 위협하는 '철학의 괴물'이었다. 괴물을 퇴치해야 한다는 열의에 들뜬 교수들은 자신들의 주장을 뒷받침하는 전단을 배포하고 다른 교수들에게 지지 서명을 요청했다. 이 전단 속에서 데리다는 "모든 학문 분과가 기초하고 있는 증거와 논증을 폐기하는" 자, "올바른 해석과 잘못된 해석의 구별 불가능성"을 주장하는 자, "사실과 허구, 관찰과 상상, 증거와 편견의 구별을 부정함으로써 학문과 과학기술과 의학을 완전히 헛소리로 만드는" 자로 묘사됐다. 반발은 데리다가 학위를 받고 난 뒤에도 가라앉지 않았다. 케임브리지 외부의 비판자들까지 가세해 데리다가 "이성과 진리와 객관성의 적"이며, 데리다의 이론이 인간을 허무주의로 이끈다고 목소리를 높였다. 데리다는 학문에 침투한 "악, 전염병, 퇴폐"로 낙인찍혔다.

 데리다 철학 비판자들의 이런 극단적 주장은 '데리다 신화'가 얼마나 강고한지 보여주는 사례다. 이런 신화에 갇힌 데리다를 탈신화화하려면 데리다 철학을 요약하는 '해체'라는 말에 대한 오해부터 바로잡아야 한다고 저자는 말한다. 이 책은 '부정의 길'을 채택해 데리다가 말하는 '해체'가 '무엇이 아닌지'를 이야기하는 데서 탈신화화 작업을 시작한다.

프랑스 해체주의 철학자 자크 데리다.
타자의 존재에 대한 사유야말로 데리다 해체 철학의 토대를 이룬다.
해체의 철학은 인멸된 타자를 되살려내는 철학이다.
그러기에 부정의 철학이 아니라 긍정의 철학이다.

첫째, '해체'는 어떤 방법을 가리키는 말이 아니다. 해체는 부검의가 시신을 해부하듯이 텍스트를 해부하는 절차나 기술이 아니다. 더 나아가 해체는 주체의 능동적 행위도 아니다. 데리다의 말로 표현하면, 해체는 텍스트 안에서 스스로 일어난다. 독자가 텍스트를 붙잡고 그 구조를 해부하는 것이 아니라, 텍스트 안에서 텍스트가 스스로 자신을 드러내는 것이 데리다가 말하는 해체다. "그것은 자신을 해체한다." 텍스트 안에 잠복해 있는 자기 모순이 그 텍스트의 구조를 스스로 허문다는 말이다. 그러므로 해석자는 외부에서 텍스트에 해부의 칼을 들이미는 주체가 아니라, 텍스트가 스스로 해체되는 것을 지켜보는 목격자이거나 기껏해야 텍스트의 자기 해체를 돕는 산파일 뿐이다.

둘째, 해체는 망치로 조각상을 부수듯 대상을 때려 부수는 '파괴'가 아니다. 해체(deconstruction)라는 말에는 분해(de)와 합성(con)이라는 뜻이 동시에 들어 있다. 해체는 분해하여 재구성하는 것이지 그냥 부서뜨려 없애는 것이 아니다.

셋째, 해체는 허무주의적인 것이 아니다. '케임브리지 사건'에서 반대자들은 데리다의 이론이 허무주의, 곧 극단적 상대주의를 퍼뜨린다고 주장했다. 데리다가 '진리는 없고 모든 것이 허용된다'고 설교한다는 주장이다. 그러나 데리다는 그런 비판을 단호히 거부한다. "나는 진리가 없다고 말한 적이 없으며 상대주의라는 단어를 사용한 적도 없다." 해체는 상대주의도 아니고 허무주의도 아니다. 해체는 이제껏 진리로 군림해 온 것들이 진리가 아님을 폭로할 뿐이다.

이런 부정의 길을 거친 뒤 이 책은 "해체란 무엇인가"라는 물음에 다시 긍정의 어법으로 답한다. 해체란 텍스트가 어떻게 '타자'를 배제하는지에 주의를 기울임으로써 그 보이지 않는 타자를 보이게 해주는 것이다. 그렇다면 '해체'가 목표로 삼는 것은 무엇인가? 배제된 타자의 부름에 응답하도록 인간의 제도와 실천을 재구성하는 것이 해체의 목표다. 데리다의 말을 그대로 옮기면 "해체는 부름에 대한 응답이다." 텍스트 밑에 짓눌린 타자의 목소리를 되살려내는 것이 해체가 하는 일이다.

텍스트는 타자를 텍스트 밖으로 밀어냄으로써만 완결된다. 그러나 그렇게 밀어내더라도 타자는 여전히 텍스트 안에 흔적을 남긴다. 텍스트는 자기모순을 품고 있을 수밖에 없다. 그 모순을 드러내는 것이 해체다. 이 해체를 통해 텍스트가 배제했던 타자가 타자로서 제 모습을 보이게 된다. 이를테면, 서구 중심주의 담론이 배제한 비서구가 데리다가 말하는 타자의 전형이다. 그런 타자는 텍스트 안에 엎드린 채 독자에게 자신의 존재를 보라고 말을 건넨다. 이 타자의 부름에 응답하는 것이 해체가 목표로 삼는 것이다. 그러므로 해체는 처음부터 윤리적이고 정치적인 기획일 수밖에 없다. 그리하여 데리다의 해체 기획은 지배 담론과 지배 질서에 억압당하는 자들의 해방 운동, 곧 탈식민주의·페미니즘·반인종주의 같은 정치적 운동으로 쉽게 옮겨 갈 수 있다.

타자의 존재에 대한 사유야말로 해체 철학의 토대를 이룬다. 이 책은 데리다 자신의 실존적 조건이 그 타자 사유를 이끌었음을 알려준다. 데리다는 프랑스 식민지 알제리에서 유대인으로 태어났다. 알제리계 유대인이라는 이 이중의 타자성 때문에 데리다는 프랑스계 학교에서 추방당했고 프랑스 시민권을 박탈당하기도 했다. 이 타자의 경험이 모든 동일성 담론의 내적 모순을 드러내는 '해체'의 사유를 감행하도록 한 것이다. 해체의 철학은 인멸된 타자를 되살려내는 철학이다. 그러기에 해체의 철학은 부정의 철학이 아니라 긍정의 철학이라고 이 책은 말한다. 유대인-타자였던 데리다는 생전에 팔레스타인인들의 투쟁에 동참한 바 있다. 그 데리다가 살아 있다면, 이스라엘이 저지르는 가자 학살을 자신의 타자 철학의 이름으로 규탄할 것이다.

은유학 창시자가 말하는 '은유의 풍요'

《벌거벗은 진리》_한스 블루멘베르크

　한스 블루멘베르크(Hans Blumenberg, 1920~1996)는 '은유학'(Metaphorologie)이라는 독특한 이론을 창안한 독일 철학자다. 은둔의 철학자로도 불리는 블루멘베르크는 생의 후반기를 칩거 상태에서 보내며 수많은 글을 썼는데, 그 글들이 사후에 책으로 잇따라 출간됐다. 그런 이유로 생전에 출간한 책보다 사후에 나온 책이 더 많다. 《벌거벗은 진리》(2019)도 블루멘베르크의 유고를 편집한 책이다. 프리드리히 니체, 지크문트 프로이트, 프란츠 카프카를 비롯해 여러 철학자·문인의 사상을 탐사해 진리와 은유의 관계에 대한 자신의 생각을 전달하는 매개체로 삼는다. 독문학자 임홍배 서울대 교수가 번역하고 상세한 역자 해제를 달았다.

　이 책의 내용을 이해하려면 블루멘베르크가 생전에 출간한 책 《은유학을 위한 패러다임들》에서 제출한 '은유학'이라는 것이 무엇을 뜻하는지 먼저 알아 둘 필요가 있다. 은유학은 한마디로 줄여 '은유'(Metapher)의 적극적 기능을 규명하는 학문이다. 통상의 학문은 '개념'을 통해 대상을 파악해 탐구한다. 그러므로 개념으로 파악되지 않는 것은 학문의 영역에 쉽게 들어오지 못한다. 그러기에 학문적 탐구는 은유를 단순한 수사적 기법으로 간주하거나 명확한 개념적 인식에 이르지 못한 불완전한 이해의 표현이라고 본다.

블루멘베르크의 은유학은 개념을 앞세우는 학문의 이런 태도에 반기를 든다. 블루멘베르크가 보기에, 은유는 개념이 형성되기 이전의 사고 과정뿐만 아니라 개념으로는 접근할 수 없는 한계 영역까지 표현할 수 있다. 은유야말로 개념으로 설명되거나 입증될 수는 없지만 인간이 맞닥뜨리는 근본적인 문제들에 접근할 수 있는 통로를 내준다. 개념적 사고가 미치지 못하는 은유의 영역은 새로운 의미 지평을 열어줌으로써 이론적 탐구의 기반이 된다.

블루멘베르크가 은유학에서 특히 주목하는 것이 '절대적 은유'다. 절대적 은유란 일상적 은유와 달리, 최종적인 답변이 불가능한 물음에 답하는 은유를 말한다. 예를 들어 세계란 무엇인가, 삶이란 무엇인가, 존재란 무엇인가와 같은 인간 삶의 근본을 묻는 물음은 최종적인 답, 곧 최종적 진리를 찾을 수 없는 물음이지만, 이런 물음을 물음으로써 우리는 삶의 의미와 방향을 찾을 수 있다. 이렇게 개념으로써 명확하게 답할 수 없는 근원적인 것을 가리키는 은유가 절대적 은유다.

  이 책 《벌거벗은 진리》는 이 절대적 은유 가운데 하나인 '벌거벗은 진리'라는 은유를 두루 살피는 작업이다. '벌거벗은 진리'라는 말은 모든 은폐의 베일이 벗겨진 완전하고도 투명한 진리를 가리킨다. 근대 과학은 진리의 마지막 베일을 벗겨 그 최종 상태에 다가갈 수 있다는 희망에서 출발했다. 17세기 영국 철학자 프랜시스 베이컨(Francis Bacon)이 이런 희망을 일찍이 명확히 밝힌 사람이다. "진리는 벌거벗은 것이고 대낮의 햇볕과 같아서 세상의 가면이나 위장 또는 개선 행렬 따위를 필요로 하지 않는다." 이런 근대 과학의 정신은 계몽주의를 거치며 모든 학문에서 대세를 장악하는 듯했으나, 19세기 후반 실증주의에 대한 회의가 고개를 들면서 흔들리기 시작했다.

  이 시기에 등장한 니체(Friedrich Nietzsche)는 벌거벗은 진리를 향한 인간의 욕망을 파헤쳐 그 내면을 들여다보았다. 니체는 고대 이집트의 '베일에 가린 여신상' 전설을 사례로 들어 자신의 생각을 펼친다. 그 전설을 시로 쓴 사람이 독일 시인 프리드리히 실러(Friedrich Schiller)인데, 실러가 쓴 담시 〈자이스의 베일에 가린 여신상〉의 내용은 다음과 같다. 이집트 자이스라는 곳에 여신 이시스의 신상이 베일에 가린 채 모셔져 있다. 그 신전에는 이런 글귀가 새겨져 있다. "나는 존재하고 있고 존재했고 장차 존재할 모든 것이니, 어떤 인간도 나를 가린 베일을 벗기지 못했노라." 어느 날 앎의 욕망에 불타는 청년이 밤중에 몰래 신전에 들어가 베일을 벗겼다가 삶의 모든 기쁨을 잃고 죽음을 맞는다.

이 전설을 염두에 두고 니체는 진리의 베일을 벗겨내려는 욕망을 이렇게 비판한다. "이 고약한 취향, 진리를 향한 의지, 어떤 대가를 치르더라도 진리를 손에 넣겠다는 의지에 우리는 넌더리가 났다. 그런 무모한 짓을 하기에 우리는 경험이 너무 풍부하고, 진지하고, 쾌활하고, 불에 데였고, 너무 심오하다. (…) 우리는 진리에서 베일을 벗겨내더라도 여전히 진리가 진리로 남아 있을 거라고 믿지 않는다." 진리를 벌거벗기겠다는 과학의 의지에 대한 비판이다. 블루멘베르크는 "자이스의 여신상에서 베일을 벗겨내는 것은 니체가 보기에, 벌거벗은 진리에 대한 사랑이 광기로 치달은 사태를 나타내는 은유"라고 말한다. 이런 광기는 삶 자체를 파괴하고, 더 나아가 진리 자체를 파괴한다.

니체는 '적나라한 진리'는 결코 우리를 만족시키지 않는다는 말도 한다. "사물의 베일을 벗기는 인식은 우리를 사물의 깊은 곳으로 인도하지 않고 단지 또 다른 표면으로 인도할 뿐이다. (…) 벌거벗은 진리는 우리를 실망시킨다." 이런 니체의 주장을 받아들여 블루멘베르크는 진리라는 것이 본디 삶 자체의 매력을 해명하는 수단의 하나에 불과한데도 과학이 '아름다운 가능성들의 베일'을 벗겨내려고 고집함으로써 결국 삶의 무한한 매력에 부응하지 못한다고 말한다. 삶의 생동하는 매력은 진리를 탐하는 과학의 손아귀에 장악되지 않는다는 것이다.

삶의 가장 심오한 영역과 세계의 비밀스런 영역은 과학적 개념의 영역이 아니라 절대적 은유의 영역, 다시 말해 절대적 은유로써만 접근할 수 있는 영역이다. "완벽한 개념적 정합성만을 진리의 유일한 척도로 앞세우는 개념적 사고는 개념으로 재단될 수 없고 은유로 표현될 수밖에 없는 삶 자체의 풍요를 외면하는 폐쇄성을 면할 수 없다"는 역자의 말은 블루멘베르크의 핵심 주장을 요약한다.

'전체성의 존재론' 넘어 '타자의 무한성'으로

《레비나스, 타자를 말하다》_ 우치다 다쓰루

　우치다 다쓰루(內田樹)는 철학·정치·종교·교육·예술을 아울러 전방위 저술 활동을 하는 일본 사상가다. 우치다의 철학적 작업은 20세기 프랑스 철학자 에마뉘엘 레비나스(Emmanuel Levinas, 1906~1995)의 철학을 바탕으로 삼는다. 《레비나스, 타자를 말하다》는 레비나스 제자를 자임하는 우치다가 '스승'의 철학에 대해 말하는 3부작 가운데 하나다. 이 책에서 우치다는 정신분석학자 자크 라캉(Jacques Lacan, 1902~1981)의 사유를 원용해 레비나스의 '타자 철학'을 재해석한다.

　러시아 제국이 통치하던 리투아니아의 유대인 집안에서 태어난 레비나스는 1923년 프랑스로 유학해 스트라스부르대학에서 철학 박사학위를 받았다. 학업 시절인 1928년에는 1년여 동안 독일에서 후설과 하이데거의 현상학을 공부하기도 했다. 여러 언어에 능통했던 레비나스는 프랑스 국적을 얻고 프랑스어로 저술 활동을 시작했다. 제2차 세계대전이 일어나자 프랑스군에 들어갔다가 독일군 포로가 돼 5년 동안 수용소에서 지냈다. 레비나스가 포로수용소에서 독서와 집필을 하는 사이, 리투아니아의 레비나스 가족은 모두 홀로코스트 희생자가 됐다. 레비나스는 전쟁이 끝나고서야 그 사실을 알았다.

이후 레비나스는 전체주의 폭력의 근원을 살핌으로써 그 폭력을 넘어설 길을 찾는 데 철학적 사유를 바쳤는데, 그 사유가 응집된 저작이 주저 《전체성과 무한》(1961)이다. 이 책에서 레비나스는 서구 철학의 존재론을 전체주의의 근원으로 지목한다. 데카르트의 '사유하는 주체'를 중심으로 하는 서구의 전통 존재론은 그 '사유하는 나' 바깥의 모든 것을 나의 인식으로 포섭하고 흡수한다. 서구 존재론은 내가 만든 전체 체계 안으로 모든 타자를 포획하는 전체성의 철학이다. 전체성의 철학은 타자의 타자성을 인멸하는 동일성의 철학이다. 이 동일성의 존재론이 전체주의 폭력을 산출했다. 레비나스는 이 존재론에 맞서 '형이상학'을 대안으로 제시한다. 이때의 형이상학은 '절대적인 것'을 향해 열린 사유를 뜻한다. 존재론이 끊임없이 나로 돌아오는 자기회귀적 사유라면 형이상학은 나의 한계를 넘어 내가 잡을 수 없는 것으로 나아가는 자기 초월적 사유다. 형이상학이 사유하는 타자는 무한을 간직한 존재다. 이 무한을 사유함으로써 인간은 자기 동일성에서 풀려나 타자와 윤리적으로 만날 수 있다.

이 책에서 우치다가 주목하는 것은 레비나스 철학 언어의 '난

타자의 윤리학을 사유한 철학자 에마뉘엘 레비나스.
"나는 내가 받은 박해에 관해서조차 유책입니다."

해함'이다. 왜 레비나스는 그토록 난해하게 쓰는가? 우치다는 이 문제를 레비나스 사유의 근본적 곤경과 결부해 이해한다. 우리의 모든 언어는 존재자를 포섭하는 언어여서 그 언어를 그대로 쓰면 존재론의 한계에 갇히고 만다. 이를테면 "신이란 무엇인가" 하고 묻고 그 답을 찾는 작업은 '신'을 존재론의 언어로 잡아들이는 일이 될 수밖에 없다. 그런 곤경을 피하는 방법으로 레비나스가 고안한 것이 '전언 철회'라는 서술 방식이다. 어떤 규정을 제시한 뒤 곧바로 그것을 부정하는 것이 '전언 철회'다. '리얼리티 없는 리얼리티', '관계 없는 관계', '포착 가능하면서도 모든 포착을 벗어나는 것' 같은 레비나스의 말이 전언 철회를 여실히 보여준다. 이렇게 무언가를 제시했다가 바로 거두어들임으로써 진술은 흔적을 남기고 흔적은 수수께끼가 된다. 수수께끼는 독자에게 수수께끼를 풀고자 하는 욕망을 불러일으킨다. 그 욕망을 가리켜 레비나스는 형이상학적 욕망이라고 부른다.

레비나스 철학에서 '형이상학적 욕망'은 '존재론적 욕구'와 대비된다. 레비나스가 쓰는 '욕망'(désir)과 '욕구'(besoin)는 라캉 이론에서 유래한 말이다. 욕구는 배고픔 같은 인간의 원초적인 갈구를 뜻한다. 반면에 욕망은 욕구를 충족시켜도 해결되지 않는 근원적 결핍을 가리킨다. 아무리 먹어도 가시지 않는 허기가 욕망이다. 욕망은 충족되지 않은 결핍이기에 무한한 운동이 된다. 레비나스는 욕구를 존재론과 연결하고 욕망을 형이상학과 연결한다. 존재론적 욕구는 모든 타자를 포식함으로써 즉각적 충족을 바란다. 반면에 형이상학적 욕망은 충족될 수 없는 결핍 속에 끝없이 나를 넘어 나아간다.

이 형이상학적 욕망이 지향하는 것이 '절대적으로 외부적인 것' 곧 무한성이며, 그 무한성을 내장한 자가 바로 '타자'다. 절대자-신이 타자의 가장 극명한 경우다. 신은 인간과는 절대적으로 다른 차원에 있다. 우치다는 레비나스가 말하는 신을 구약성서 속 아브라함과 욥을 비교함으로써 명확히 드러낸다. 창세기 22장에서 신이 아브라함을 부르자 아브라함은 "예, 제가 있습니다" 하고 대답한다. 신은 아브라함에게 아들 이삭을 데려가 희생 제물로 바치라고 말한다. 아브라함은 묵묵히 명령을 따른다. 반면에 욥은 자신에게 닥친 끔찍한 고난 앞에서 "내가 그분의 거처에 갈 수만 있다면 내 사정을 내놓고 할 말을 다 했을 텐데" 하고 탄식한다. 욥은 신과 인간 사이에 공통의 법이 있고 그 법에 따라 정의를 따질 수 있다고 생각한다. 그러나 절대자와 인간 사이에는 공통의 법이 없다. 신은 인간이 헤아릴 수 있는 것 너머의 무한성이다. 그 무한성의 부름에 응답하는 가운데 '주체'가 탄생한다. 레비나스의 주체는 존재자 전체를 장악하는 끈대적 주체가 아니라 무한을 향해 나를 여는 윤리적 주체다.

신의 무한성을 지상에서 떠올리게 하는 것이 '타자'다. 우치다는 그 타자를 '죽은 자'로 해석할 때 가장 실감 나게 이해할 수 있다고 말한다. 죽은 자야말로 결코 닿을 수 없는 '절대적 외부자'다. 우치다는 레비나스가 타자의 사례로 드는 '과부 · 고아 ·

이방인'이 절멸수용소에서 죽어 간 사람들을 가리킨다고 말한다. 그렇게 해석할 때 "나는 내가 받은 박해에 관해서조차 유책입니다"라는 레비나스의 말이 이해된다. 자신이 포로수용소에서 박해받은 것은 맞지만 가족과 동족이 학살당할 때 아무것도 하지 못했다는 것, 그러므로 그 죽음에 책임이 있다는 것이다. 그렇다면 살아남은 자들에게는 '죽지 못하는 그 죽은 자들'을 애도하고 죽은 자들이 죽을 수 있도록 해주어야 할 의무가 있다. 레비나스가 애도 의무를 수행하는 길은 무엇이었을까? 홀로코스트를 낳은 전체성의 존재론을 넘어 타자의 무한성을 사유하는 철학하기가 그 길이었으리라.

반성적 대화가
'아이히만의 무사유'를 깨뜨린다

―

《칸트의 정치철학》_ 한나 아렌트

　한나 아렌트(Hannah Arendt, 1906~1975)는 20세기를 대표하는 정치철학자 가운데 한 사람이다. 아렌트의 정치철학 저작은 여러 종 있지만 《칸트의 정치철학》은 그중에서도 아렌트의 정치적 사유의 마지막을 이루는 저작이다.

　《칸트의 정치철학》은 아렌트의 '정치적 판단 이론'을 담은 책이지만 저자가 직접 완성한 저작은 아니다. 아렌트는 애초 자신의 철학적 사유를 총괄하는 저작을 '정신의 삶'이라는 제목으로 기획하고 '사유'(Thinking), '의지'(Willing), '판단'(Judging)을 주제로 삼아 3부작으로 써낼 계획이었다. 그러나 아렌트의 갑작스러운 죽음으로 이 기획은 미완으로 끝나고 말았다. 원고가 완성돼 있었던 '사유'와 '의지'는 아렌트 사후에 책으로 출간됐지만, 제3부를 이룰 '판단'은 집필을 시작도 하지 못한 상태였다. 다행히도 아렌트의 '판단 이론'의 윤곽을 알려주는 다른 원고들이 남아 있었는데, 1970년 아렌트가 뉴욕의 뉴스쿨 대학원에서 행한 '칸트 정치철학 강의'와 '칸트 판단력 비판 세미나'의 노트였다. 아렌트의 조교를 지낸 로널드 베이너가 이 두 강의 원고를 엮고 자신의 긴 해설 논문을 덧붙여 1982년에 펴낸 것이 《칸트의 정치철학》이다.

아렌트가 처음부터 정치철학에 관심이 깊었던 것은 아니다. 대학을 졸업할 때까지 아렌트의 관심 영역은 형이상학과 신학이었다. 정치는 아렌트의 외부에서 운명처럼 덮쳤다. 1933년 나치가 독일을 장악한 뒤 아렌트는 시오니즘 운동가들을 돕다가 붙잡혀 구류를 산 뒤 독일을 탈출해 파리로 망명했다. 1940년 독일이 파리를 점령하자 수용소에 갇혔던 아렌트는 가까스로 탈출해 미국으로 다시 망명했다. 애초에 유대인 의식이 강하지 않았던 아렌트는 이 폭력적 사건들을 겪으며 유대인으로서 자의식을 확립했고 정치적 문제에 관심을 기울이기 시작했다. 아렌트의 첫 번째 주저 《전체주의의 기원》(1951)은 정치의 파괴가 전체주의를 낳았으며 전체주의는 정치를 다시 회복함으로써만 극복할 수 있다는 주장을 담았다.

아렌트에게 정치에 대한 사유를 더 깊게 할 계기를 준 것은 1961년 나치 전범 아돌프 아이히만 재판이었다. 이 재판을 참관하고 쓴 것이 《예루살렘의 아이히만》이다. 아렌트는 미증유의 대학살을 집행한 아이히만에게서 '악의 평범성'을 보았고, 그 악의 바탕에서 '무사유'(thoughtlessness)를 발견했다. 사유하지 않음, 더 정확히 말하면 반성적으로 사유하지 않음이야말로 악을 산출한 정신의 바탕이었던 것이다. 아이히만 사건을 계기로 하여 아렌트는 철학적 사유와 정치적 사유를 종합하는 저작을 쓰겠다는 계획을 세웠는데 그 결과가 《정신의 삶》이 될 터였다. 아렌트는 철학적 사유, 실천적 의지, 정치적 판단을 하나로 꿰려고 삶의 마지막 순간까지 분투했다.

《칸트의 정치철학》에서 아렌트는 칸트의 제3 비판서 《판단력 비판》을 정치적 판단에 대한 사유의 장으로 삼는다. 아렌트가 '강의'의 첫 시간에 이야기하는 대로 "칸트는 정치철학 책을 쓴 적이 없다." 《판단력 비판》은 미학에 관한 저작이다. 아렌트는 이 미학에 관한 저작이야말로 칸트 정치철학이 숨어 있는 곳이라고 말한다. 어떻게 미학이 정치학이 될 수 있는가? 핵심은 미학적 판단이 정치적 판단과 아주 유사하다는 데 있다. 칸트가 말하는 '취미 판단'이라는 것은 '이것은 아름답다, 혹은 아름답지 않다' 같은 판단이나 '이것은 쾌감을 준다, 혹은 불쾌감을 준다' 같은 판단을 가리킨다. 이런 미적인 판단은 '참과 거짓'을 가르는 진리 판단과는 성격이 다르다. 미학적 판단은 '추함과 아름다움', '쾌감과 불쾌감'을 가르는 판단이다. 그런 판단에는 '진리냐 아니냐' 하는 물음이 끼어들 여지가 없다.

이런 미적 판단은 인간의 '복수성'을 전제로 한다. 생각이 다른 여러 사람과 어울리는 가운데 그 사람들의 동의를 구하려고 제시하는 것이 미적 판단이다. 이때 미적 판단은 논리적 추론을 통해 나오는 결론이 아니다. 다시 말해 수학처럼 정답이 정해져 있지 않다. 그래서 미적 판단에서는 다른 사람들의 동의에 호소하는 것 말고 다른 설득 수단이 없다. 그런데 다른 사람의 동의를 얻으려면 무언가 공동의 지반이 있어야 한다. 이것을 칸트는 '공통감각'(common sense)이라고 불렀다. 이 공통감각은 공동체의 사람들이 공유하는 감각이기에 '공동체 감각'이라고도 한다. 이 공동의 감각이 있기에 사람들은 미학적 문제를 놓고 소통할 수 있다. 이 공동의 감각에 호소하여 동의를 얻어냄으로써 미적인 판단은 보편성을 얻는다. 바로 이런 미적 판단의 소통 방식이 정치 영역에서 의견들 곧 정치적 판단들의 유통 방식과 유사하다는 것이 아렌트의 생각이다.

  그러나 다수의 동의가 곧바로 그 정치적 판단의 옳음을 보장하지는 않는다. 그렇다면 판단의 옳음과 그름을 판별하는 근거는 어디서 찾을 수 있을까? 이 강의에서 아렌트는 답을 명료히 밝히지 않는다. 대신에 《정신의 삶》 제1부 '사유'에서 아렌트가 얘기하는 '소크라테스의 자기 대화'를 통해, 올바른 판단에 이르는 길을 찾아볼 수 있다. 소크라테스는 홀로 있을 때 자기 자신과 대화하는 사람으로 유명했다. 이 '자기와 자기의 대화'는 다른 말로 하면 반성적 대화다. 자신의 행위나 생각에 대해 또 다른 자기가 판단하고 비평하는 것인데, 이때 이 제2의 자기를 구성하는 것이 다른 사람들의 관점이다. 상상력을 동원해 다른 사람들의 관점을 끌어들여 제2의 자기를 확장하고 그 확장된 자기를 통해 제1의 자기와 대화하는 것이다. 바로 이런 성찰적 대화를 통해 보편적으로 통하는 옳은 생각이 형성된다. 예루살렘의 아이히만이 끔찍한 학살을 아무 생각 없이 실행한 것은 '내적 대화를 통해 옳은 생각에 이르는 반성적 사유'를 차단하고 상부의 명령을 진리로 받아들인 결과였다. 무사유를 깨뜨리는 것은 반성적 사유이고, 반성적 사유는 공동체의 여러 관점을 비판적으로 검토함으로써 형성되는 것이다.

미궁의 어둠 헤쳐 나간
아렌트 '사유 모험'

《난간 없이 사유하기》_ 한나 아렌트

　정치철학자 한나 아렌트는 《전체주의의 기원》《인간의 조건》《예루살렘의 아이히만》을 비롯해 생전에 단행본으로 출간한 여러 저작 말고도 수많은 글을 남겼다. 이 글들은 그때그때의 상황에 맞춰 생산된 것들인데, 아렌트의 제자 제롬 콘이 이 글들을 시대순으로 엮어 두 권으로 펴냈다. 그 하나가 아렌트 학문 인생 전반기에 산출한 것들을 모은 《이해의 에세이 1930~1954》(2005)이고, 두 번째가 2018년에 출간된 《난간 없이 사유하기》다. 여기에는 1953년부터 1975년까지 인생 후반기에 아렌트가 내놓은 논문·강연·대담 42편이 실려 있다. 앞의 책은 2012년에 한국어로 번역됐으며, 2023년에 두 번째 책이 우리말로 옮겨져 나왔다. 아렌트의 독창적인 사유의 흐름을 살필 수 있는 저작이다.

　이 두 번째 책의 원서 부제는 '이해의 에세이 1953~1975'다. 그러므로 이 두 책은 '이해의 에세이'라는 큰 제목으로 묶을 수 있다. '이해'가 아렌트에게 그만큼 중요한 일이었다는 뜻일 터인데, 그런 사실을 이 두 번째 책에 실린 1972년 학술회의('한나 아렌트에 대한 한나 아렌트')에서 확인할 수 있다. 회의에 참석한 아렌트는 이렇게 고백한다. "저는 아무 일 안 하고도 아주 잘 살아갈 수 있어요. 하지만 무슨 일이 벌어지든 최소한 그것을 이해하려 하지 않고서는 살아갈 수 없어요." 아렌트는 행동하는 사람이기 이전에 사태를 관찰하고 숙고하여 이해하는 사람이었다. 이해를 향한 집요한 노력이 아렌트 인생을 관통했다.

이 학술회의는 아렌트 저작을 중심에 놓고 저자와 직접 토론하는 것이었던 만큼, 아렌트 사상의 쟁점이 다수 등장한다. 그중 먼저 논의되는 것이 아렌트 후기 인생을 논란 속에 몰아넣은 《예루살렘의 아이히만》(1963)이 일으킨 쟁점이다. 그 책에서 아렌트는 유대인 집단학살 실행자 아이히만의 정신적 특징을 '악의 평범성'이라는 말로 요약했다. 그러나 이 말은 무수한 오해와 오독을 낳았다. 참석자 한 사람이 "당신은 어떻게 아이히만이 우리 각자 안에 존재하는지 야무지게 지적했다"고 하자, 아렌트는 "전혀 그렇지 않다"고 반박한다. "저는 항상 '우리 각자 안에 있는 아이히만'이라는 표현이 싫었습니다. 이건 사실이 아닙니다. 그 반대, 즉 아이히만이 누구에게도 없다는 말만큼이나 사실이 아닙니다." 이 말을 할 때 아렌트가 염두에 두는 것은 자신의 정치철학 토대라 할 '인간의 복수성'이다. 인간은 언제나 특수한 개별자로 존재하기에 모든 인간을 뭉뚱그려서 '우리 안에 아이히만이 있다'는 식으로 말하는 것은 인간을 추상화하는 일이다. 그런 추상화가 사유를 오류로 이끈다.

'악의 평범성'이라는 말이 빚은 오해에 관한 해명은 《히틀러 평전》을 쓴 독일 언론인 요아힘 페스트와 한 대담에서 찾아볼 수 있다. 아렌트는 아이히만이 지녔던 '악의 평범성'을 이렇게 설명한다. "아이히만은 꽤 지성적이었지만 (…) 담벼락에 대고 말하는 것처럼 말이 안 될 정도로 어리석은 사람이었어요. 이것이 제가 말하는 평범성의 의미입니다. 거기에는 뭔가 깊은 구석이라고는 아예 없어요. 악마와 같은 것도 없고요!" 아렌트가 말하는 '평범성'(banality)은 보통 '너무 흔해서 누구에게나 찾아볼 수 있는 진부성'으로 이해된다. 하지만 핵심은 다른 데 있다. 아이히만의 악은 아무런 뿌리도 깊이도 없는 악, 그래서 따분할 정도로 시시한 악이었다는 뜻이다.

그러면 그토록 평범한 악이 어떻게 그토록 가공할 악이 됐는가? 아렌트는 그 이유를 무사유, 곧 '사유 능력 없음'에서 찾는다. 사유할 능력이 없다는 것은 간략히 말하면 상상력이 없다는 뜻이다. 아렌트가 말하는 상상력이란 나를 뛰어넘어 타인의 처지에서 생각할 수 있는 능력이다. 아이히만은 홀로코스트의 행정적 집행자로서 자신이 하는 일의 끔찍함을 죽음 앞의 유대인 처지에서 생각하지 못했다. 아렌트는 아이히만이 보여준 악이 아무런 깊이도 근원도 없기에 지구 표면을 무한정 뻗어나갈 수 있다고 말한다. 그렇다면 그 악은 가자를 죽음의 수용소로 만든 지금의 이스라엘 땅에도 있을 것이다.

아렌트 정치사상의 또 다른 쟁점인 '권력과 폭력의 관계'도 이 학술회의에서 거론된다. 아렌트는 권력과 폭력을 엄격하게 구분한다. 그런 구분에 의구심을 드러내는 참석자들을 향해 아렌트는 '일인 대 모두'의 비유를 들어 이야기한다. 권력의 극한이 '일인에게 맞서는 모두'라면, 폭력의 극한은 '모두에게 맞서는 일인'이라는 것이다. 모두가 한 사람에게 반대한다면, 그 한 사람을 제압하는 데는 어떤 폭력도 필요하지 않다. 반대로 한 사람이 기관총을 들고 모든 사람을 굴복시키는 상황이 폭력의 극한이다. 폭력의 극한은 권력의 종말이다.

아렌트가 주장하는 '권력'은 인간의 복수성을 전제로 하여 그 인간들이 의견을 제출하고 공론을 모아 가는 과정에서 나온다. 정치란 이 권력 현상을 가리키는 말이다. 인간이 모두 똑같다면 권력 현상은 생길 수 없다. 자신의 의견을 관철하려는 욕구, 곧 지배욕도 생길 수 없다. 여기서 아렌트는 마르크스(Karl Marx)를 거론한다. 마르크스에게는 권력에 대한 이해가 없었고, 정치에 대한 이해가 없었다. 마르크스는 인간을 추상적인 단수로만 생각했다. 그래서 사회가 변혁되면 인간이 변혁돼 정치는 사라지고 '사물의 관리'라는 행정 업무만 남을 것이라고 예견했다. 그러나 인간들은 복수로 존재하기에 세상이 아무리 바뀌어도 의견의 차이가 있고 이 의견의 차이를 바탕에 두고 권력 현상이 일어난다. 또 권력 현상이 일어나는 한 정치는 계속된다.

20세기 정치철학자 한나 아렌트.
"아이히만은 꽤 지성적이었지만 … 담벼락에 대고 말하는 것처럼 말이 안 될 정도로 어리석은 사람이었어요. 이것이 제가 말하는 평범성의 의미입니다."

이 회의 말미에 아렌트는 '난간 없이 사유하기'라는 비유를 꺼낸다. "우리는 난간을 잃어버렸습니다." 전체주의 광기가 서구 전통을 붕괴시킴으로써 종교도 도덕도 역사 법칙도 믿을 수 없게 된 상태에 처했다는 얘기다. 그러니 굴러떨어질 위험을 무릅쓰고 사유의 계단을 올라야 한다. 아렌트는 19세기 정치사상가 토크빌(Alexis de Tocqueville)을 인용한다. "과거가 미래에 빛을 던지기를 멈췄을 때 인간의 마음은 어둠 속을 방황한다." 아렌트의 일생은 아리아드네의 실이 끊어진 채로 그 어둠의 미궁을 헤쳐 나가는 모험, 난간 없이 오르는 사유의 모험이었다.

예술의 민주주의가
정치적 민주주의를 키운다

《아이스테시스》_자크 랑시에르

　자크 랑시에르(Jacques Ranciere, 1940~)는 68혁명 이후 스승 루이 알튀세르의 마르크스주의 이데올로기론에 반기를 들고 독자적 사유 영역을 개척한 프랑스 철학자다. 랑시에르의 사유는 '차이의 철학'으로 대표되는 포스트모더니즘 담론을 가로질러 새로운 보편성의 정립을 지향한다. 그런 점에서 같은 알튀세르 제자로서 '진리 사건의 철학'을 수립한 알랭 바디우(Alain Badiou)와 함께 현대 프랑스 철학의 최전선을 지키는 철학자라고 할 만하다. 《아이스테시스》(2011)는 랑시에르의 철학 저작 중에서 미학 분야를 대표하는 책이다. 《감각계의 분할》 《미학 안의 불편함》 《문학의 정치》를 비롯한 미학 관련 저작의 이론적 바탕이 되는 것이 이 책이다.
　랑시에르 사유의 고유한 특징은 감각(감성)과 정치가 하나로 얽혀 있다는 데 있다. '감각'의 영역이야말로 가장 근본적인 정치적 사건이 일어나는 곳이다. 이때 감각이란 쉽게 말하면 '보임'과 '들림'을 뜻한다. 어떤 사람의 목소리는 크게 들리고 그 존재가 뚜렷이 나타나는 데 반해, 다른 어떤 사람의 목소리는 들리지 않고 그 존재가 보이지 않는다. 이렇게 눈에 보이는 것과 보이지 않는 것, 귀에 들리는 것과 들리지 않는 것의 '나뉨'을 랑시에르는 '감각계의 분할'이라고 부른다.

그 불평등한 분할이 문제다. 정치란 아무리 목소리를 내도 소음으로밖에 여겨지지 않는 사람들, 다시 말해 사회적으로 배제된 '몫 없는 자들'이 자신의 존재를 드러내고 목소리를 들리게 함으로써 그 감각계의 분할을 바꾸는 일이다. 그것이 랑시에르가 말하는 정치다. 랑시에르는 그 정치(politique)를 치안(police)에 맞세운다. 통상의 '정치'는 기성의 감각 질서 안에서 그 질서를 다스리는 '치안'일 뿐이다. 참된 정치는 그 질서를 변혁하는 데 있다.

랑시에르의 '미학'은 바로 이 감각 혹은 감성의 질서를 겨냥하는 학문이다. 미학을 처음 정립한 18세기 독일 철학자 알렉산더 바움가르텐은 그 말을 '감각적 인식의 학문'이라는 뜻으로 사용했다. 미학은 '아름다움'의 본질을 해명하는 학문이기 이전에 '감각적 인식'을 탐구하는 학문이다. 이때 미학(aesthetica)의 어원이 되는 말이 이 책의 제목으로 쓰인 그리스어 '아이스테시스'(aisthesis)다. 아이스테시스는 '시각·청각을 비롯한 오감과 그 오감을 통한 지각'을 뜻한다. 아이스테시스를 앞세움으로써 랑시에르는 미학의 바탕으로 돌아가려고 한다.

이 책은 구성에서부터 종래의 미학 책과 뚜렷이 구별된다. 미학 저작이 대체로 근본 개념에서 시작해 논리적으로 사유를 펼쳐 나가는 것과 달리, 이 책은 18세기 후반부터 20세기 중반까지 200년 동안 벌어진 예술적 사건 가운데 열네 가지를 뽑아 배열하는 방식으로 이루어져 있다. 이를테면 목과 사지가 떨어져 나간 고대 그리스 헤라클레스 조각상을 해석하는 예술사학자 빙켈만의 평론, 누더기를 걸친 거지 아이들을 주인공으로 삼은 에스파냐 화가 무리요의 그림에 관한 철학자 헤겔의 강의, 평범한 사내 쥘리앵 소렐의 욕망과 파멸을 그린 스탕달 소설 《적과 흑》의 한 대목이 여기에 등장한다.

각각의 에피소드는 예술 영역에서 '모더니티' 곧 근대성이 창출되는 순간을 보여준다. 랑시에르는 이 에피소드를 '무대'(scene)라는 이름으로 부른다. 그 무대에 소설, 시, 회화, 조각, 디자인, 무용, 체조, 사진, 영화, 연극 같은 거의 모든 예술 분야의 사건들이 오른다. 이렇게 무대로 책을 꾸밈으로써 랑시에르는 '근대성'이라는 개념을 단일한 기원에서부터 설명하는 기존의 미학 체계에서 벗어난다. 근대성은 하나의 뿌리에서 나온 나무가 아니라 여러 기원을 지닌 요소들의 네트워크라는 얘기다.

그렇다고 해서 이 책이 '보편적 근대성' 같은 것은 없다고 주장하는 것은 아니다. 랑시에르의 관심은 그 사건들이 연결돼 드러나는 보편적 지평을 눈에 보이게 하는 데 쏠려 있다. 그 지평을 가리키는 랑시에르의 말이 '평등'이다. 평등이야말로 미학적 근대성의 지표 혹은 토대다. 이때 평등은 그동안 배제되거나 무시돼 왔던 것들이 자신의 존재를 주장하며 작품의 중심으로 들어서는 데서 발견된다. 사지가 떨어져 나간 조각상은 과거라면 예술 작품으로 받아들여질 수 없었다. 이가 들끓는 거리의 가난한 아이들도 과거의 회화에서는 주인공이 될 수 없었다.

이 대목에서 랑시에르는 예술 작품의 '상징주의'에 특별히 주목한다. 상징이란 사물들에 깃든 어떤 정신적인 것을 가리킨다. 상징의 눈으로 보면 아무리 사소한 사물도 본질적인 의미를 지닌 것으로 나타난다. 스피노자 철학은 이 상징주의를 설명하는 좋은 도구다. 스피노자에게 자연은 곧 신이다. 이 우주에 있는 모든 사물은 그 자체로 신의 몸이고 신의 활동이다. 그러므로 가장 보잘것없는 것도 신의 표현이 된다. 그렇게 보면 모든 사물은 근원적으로 평등하다.

그리하여 근대의 미학 체제에서는 "우주를 구성하는 모든 것, 곧 천상의 시스티나 성모에서부터 플랑드르 술주정뱅이에 이르기까지 모든 것"이 예술의 주인공이 될 수 있다. "상징주의 시학은 평등주의 시학이다." 이런 상징주의적 평등주의를 시로 쓴 사람이 월트 휘트먼(Walt Whitman)이다. 휘트먼은 〈풀잎〉이라는 시에서 이렇게 노래한다. "하찮은 풀잎은 별들의 노고만큼 가치를 지녔다." 이 평등주의를 가리키는 다른 말이 '미학적 민주주의'다. 새로운 근대성의 예술 체제에서 사물들은 저마다 동등한 권리로 자신의 존재를 주장한다.

그렇다면 미학적 민주주의는 정치적 민주주의와 어떤 관련이 있는가? 랑시에르는 미학적 민주주의와 정치적 민주주의가 곧바로 일치하는 것은 아니지만 근본적인 차원에서 서로 연결된다고 말한다. 그 근본 관계를 보여준 사람이 독일 시인 실러다. 실러는 18세기 말 프랑스혁명이 실패로 끝난 뒤, 미학 혁명 없는 정치 혁명은 불완전할 수밖에 없음을 절감했다. 실러는 '인간의 미적 교육'을 주창했다. 예술을 통해 인간의 감성을 훈련함으로써 민주주의적 인간을 키울 수 있으리라고 본 것이다. 랑시에르는 미학에 깃든 그 정치성을 '메타 정치'라고 부른다. 예술은 정치를 넘어선 근원적 정치를 품고 있다.

'궁핍한 시대'에 시인은 무엇을 찾는가?

《생의 절반》_프리드리히 횔덜린

프리드리히 횔덜린(Friedrich Hölderlin, 1770~1843)은 19세기 낭만주의를 대표하는 시인이자 20세기 독일 현대 시의 선구자로 불린다. 옛 신들이 떠나고 새로운 신들은 오지 않은 '궁핍한 시대'를 노래한 영성의 시인이기도 하다. 《생의 절반》은 이 시인이 평생에 걸쳐 쓴 시와 산문을 가려 뽑아 묶은 선집이다. 박술(독일 힐데스하임대학 철학박사) 씨가 편집·번역하고 상세한 해제를 달았다.

횔덜린은 일흔세 해 삶의 절반을 광기의 어둠 속에서 보낸 불행한 시인이다. 튀빙겐신학교에서 헤겔·셸링과 함께 공부한 횔덜린은 성직자가 되기를 바란 어머니의 뜻을 거스르고 시인의 길을 걸었다. 1796년 프랑크푸르트 은행가 야코프 공타르 집안의 가정교사로 들어가 그 집 안주인 주제테와 사랑에 빠졌는데, 그 불행한 사랑은 횔덜린의 삶과 문학에 지울 수 없는 화인을 남겼다. 가정교사로 전전하던 횔덜린은 1802년 주제테의 와병과 죽음에 큰 충격을 받았다. 이때 처음 정신에 깊은 균열이 났고, 다시 3년 뒤 두 번째 발작으로 일상의 삶과 영원히 이별했다. 광증이 정신을 침범해 오던 그 몇 년 동안 횔덜린의 시적 상상력은 최고조에 이르러 수많은 작품으로 영글었다. 그러나 횔덜린의 '유례없이 독특한 언어'는 당대의 눈을 스쳐 지나갔고 20세기에 들어와서야 재발견됐다. 제1차 세계대전 직전 문헌학자 노르베르트 폰 헬링라트가 횔덜린의 숨은 원고를 발굴해 네 권짜리 전집을 펴냈고, 이후 횔덜린 불길이 독일 전역에서 타올랐다.

  횔덜린의 문학은 통상 1800년을 기준으로 삼아 전기와 후기로 나뉜다. 그러나 역자는 시기를 더 세분화해 1797년까지를 초기로, 1798년부터 1801년까지를 중기로, 1802년부터 1806년까지를 후기로, 다시 1807년 이후를 최후기로 나눈다. 이 선집의 특징은 완성된 작품보다 미완성 작품들에 더 주목한다는 데 있다. 특히 횔덜린이 초기에 쓴 철학·시학 단편들은 다른 선집에서는 볼 수 없는 글이다. 횔덜린 연구자들은 헤겔과 셸링이 철학자로 성장하는 데 횔덜린이 상당한 지적 자극을 주었다고 보는데, 1775년에 쓴 〈존재와 판단〉이라는 '철학 단편'에서 그 흔적을 찾아볼 수 있다. 이 글에서 횔덜린은 절대자로부터 주체와 객체가 분리돼 나오는 과정을 서술하는데, 마치 헤겔의 《정신현상학》 초안을 보는 듯하다. 횔덜린의 시학은 이 분리된 주체와 객체가 다시 하나로 합일할 수 있는 길을 찾는 것이라고 할 수 있다. 분리의 고통에서 합일의 기쁨으로 나아가는 길이 횔덜린 시의 길이다.

횔덜린의 대표작으로 꼽히는 〈빵과 포도주〉는 이런 사유가 시어로 구현된 작품이라고 할 수 있다. 역자는 횔덜린의 이 작품을 동시대 낭만주의 시인 노발리스(Novalis, 1772~1801)의 대표작 〈밤의 찬가〉와 비교한다. 거의 비슷한 시기(1800년경)에 쓰인 두 시는 "그리스 신화의 세계와 그리스도교적 세계를 아우르는 역사철학적 구상"을 품고 있다는 점에서 쌍둥이처럼 닮았다. 시의 배경이 밤이라는 것도 같다. 그러나 닮은 점만큼이나 다른 점도 있다. 노발리스의 〈밤의 찬가〉가 연인(조피 폰 퀸)의 이른 죽음이라는 커다란 상실을 노래한다면, 횔덜린의 〈빵과 포도주〉는 예고 없이 찾아오고 떠나는 시적 영감을 주제로 삼는다. 노발리스에게 죽음은 연인과 다시 만나는 통로다. 죽음은 단순한 사라짐이 아니라 잃어버린 것을 되찾는 재회의 약속이다. 노발리스는 '죽음을 향한 그리움'으로 시를 끝낸다.

그러나 횔덜린의 시는 신들이 떠난 이 황량한 세계 자체에 더 관심이 있다. "비록 신들은 살아 있으나, 머리 위 저 멀리 다른 세상에 살고 있다." 이 구절에 이어 유명한 시구 "이렇게 가난한 시대에 시인을 어디에 쓰려는가?"가 나온다. 흔히 "궁핍한 시대에 무엇을 위한 시인인가?"라고 번역되는 그 시구다. 여기서 '궁핍한 시대'란 신들이 떠나버린 시대를 뜻한다. 시인의 쓸모는 그 떠나버린 신의 말씀을 받아내 대지의 백성에게 전해주는 데 있다. 시인의 그런 운명을 이야기하는 시가 또 다른 작품 〈마치 축제일처럼〉이다. 이 시에 그려진 시인의 임무는 "아버지가 내리는 빛의 줄기"를 잡아 "민중을 향한 노래 안에 감추어 넘겨주는 것"이다. 하지만 이 시는 "내 재앙이로다" 하는 불길한 말과 함께 미완성으로 끝난다.

이 미완성 시의 육필 원고 여백에 따로 쓴 것이 〈생의 절반〉이라는 시다. 2연으로 된 이 시의 두 번째 연에서 횔덜린은 "가엾어라, 겨울이 오면/ 나는 어디에서 꽃들을, 또/ 햇볕을, 그리고 어느/ 대지의 그림자를 취하면 좋으랴?" 하고 탄식하는데, 마치 자기 생의 후반부를 예고하는 듯하다. 이후 횔덜린은 두 번의 충격적인 사건을 겪고 1806년 튀빙겐의 정신병원에 강제로 입원했다가 8개월 뒤 치료 불가 판정을 받고 퇴원한다. 이때 횔덜린을 받아준 사람이 목수 에른스트 치머였다. 횔덜린 소설 《휘페리온》에 감명받은 치머는 그 불운한 시인을 자기 집으로 들인다. 횔덜린은 죽을 때까지 36년 동안 그 집 작은 탑 2층 방에 머물렀다.

이렇게 광기의 난바다에서 표류하던 시기에도 횔덜린의 시적 정신은 계속 타올라 마지막까지 수많은 시를 생산했다. 그 최후기 시 가운데 48편이 살아남아 탑에 갇힌 광인의 내면을 전한다. 횔덜린의 그 시들은 2층 탑에서 바라본 풍경을 계절의 변화에 따라 묘사하는데, 시 안에는 3인칭 현재의 이미지만 존재한다. "나도 너도 없고 이름도 시간도 없는" 이 환상의 공간에서 이미지가 흘러간다. 이런 기이한 시적 세계가 20세기 아방가르드 시에 영감을 주었고, 게오르크 트라클(Georg Trakl), 파울 첼란(Paul Celan) 같은 당대 최고의 시인들이 횔덜린의 이미지 속에서 시어를 길어 올렸다.

    이 유폐의 시기에 횔덜린은 '스카르넬리'라는 낯선 필명을 사용했다. 더 눈길을 끄는 것은 스카르넬리라는 서명이 달린 그 시들에 '상상 속의 날짜'를 써 놓았다는 사실이다. 가장 이른 것이 1648년이고 가장 늦은 것이 1940년이다. 횔덜린은 스카르넬리의 가면을 쓰고서 과거와 미래를 자유롭게 오갔던 것이다. 탑에 갇힌 시인은 자신의 시가 재발견되는 미래를 보았던 걸까. 1940년이면 철학자 마르틴 하이데거(Martin Heidegger)가 횔덜린의 시를 철학적 언어로 한창 재해석하던 때다. 이 재해석을 통해 횔덜린은 궁핍한 시대를 넘어 새로운 미래를 예언하는 사상가로 떠오른다.

헤겔의 '역사'는
정의 실현의 무한한 발걸음

《역사는 의미가 있는가》_테리 핀카드

테리 핀카드(Terry Pinkard, 미국 조지타운대학 교수)는 독일 철학자 헤겔(Georg Hegel, 1770~1831)의 삶과 사상을 그린 방대한 전기《헤겔》로 국내에 알려진 학자다. 미국 철학계에서 헤겔 철학의 부흥을 이끈 주역 가운데 한 사람으로 꼽힌다.《역사는 의미가 있는가》(2017)는 헤겔의 역사철학을 새로운 눈으로 판독하는 핀카드의 최근 저작이다. 이 책에서 핀카드는 '자유의 실현'이라는 헤겔의 역사관을 '정의의 실현'이라는 관점으로 재해석한다.

핀카드는 헤겔 철학에 대한 게으른 해석이 빚어내는 오해를 바로잡는 데서 논의를 시작한다. 헤겔이 정립-반정립-종합의 운동이라는 도식으로 역사를 해석했다는 것이 흔한 오해 가운데 하나다. 이를테면 고대 페르시아라는 정립에 대한 반정립이 그리스였고, 그 정립과 반정립의 종합이 로마 제국이었다는 것이 대표적이다. 핀카드는 헤겔이 그런 식으로 역사를 서술한 적이 없다고 잘라 말한다. 또 다른 오해는 역사가 결정론적 필연성에 따라 끝없이 진보하며 그 진보가 헤겔 당대에 완성에 이르렀다는 해석이다. 핀카드는 이런 해석도 단호히 부정한다. 미리 결정된 도식을 따르는 그런 역사는 없다.

헤겔의 철학이 관념론으로 불리는 것은 세계사의 흐름을 정신(Geist)의 눈으로 보았기 때문이다. 정신이 세계사를 관통하며 주재하고 있다. 그런데 헤겔이 말하는 그 정신은 인간의 삶과 동떨어진 초월적 정신이 아니다. 정신은 '인간의 집합적 마음 상태'를 가리키는 것이지 다른 것이 아니다. 핀카드는 이 점을 되풀이하여 강조한다. 전체 인류의 마음이야말로 헤겔이 말하는 '정신'이다. 이 집합적 정신은 아무렇게나 흘러가는 것이 아니라, 주어진 경로에 의존하여 나아간다. 그러므로 세계사에 필연성이 있다면, 그 필연성은 인류의 정신이 길에 의존해 길을 내가는 것을 부르는 이름일 뿐이다. 역사는 인간과 무관한 절대정신의 무조건적 자기실현 과정이 아니다.

동시에 핀카드는 인간이라는 존재가 '이성'과 '동물'의 통일체, 곧 '이성적 동물'임을 특별히 강조한다. 이때의 이성은 '자기의식'(self-consciousness)을 지니고서 자기 자신을 성찰할 수 있는 능력을 뜻한다. 인간은 동물로서 '자연의 요구'에 따라 살아야 하는 자연적 생명체이자, 법과 윤리 같은 규범적인 것을 인식하고 그 규범에 따라 사는 규범적 생명체이기도 하다. 헤겔은 이런 이중적 특수성을 지닌 인간을 두고 "서로 모순되는 두 세계에서 살아야 하는 양서류와 같은 동물"이라고 말한 바 있다. 인간은 자연적 생명체이자 규범적 생명체로서 내적 모순을 지닌 채 긴장 속에서 살아갈 수밖에 없다. 이 긴장 속에서 인류가 집합적으로 만들어 가는 것이 역사다.

헤겔은 그 역사의 최종 목적이 자유의 실현이라고 말했다. 그런데 여기서 핀카드는 '목적'(end)을 '유한한 목적'과 '무한한 목적'으로 나누어 볼 것을 제안한다. 유한한 목적이란 한번 달성되면 끝이 나는 목적이다. 음식을 먹고 배가 부르면 그것으로 일단 상황은 끝난다. 우리 삶은 이런 수많은 유한한 목적으로 이루어져 있다. 그러나 무한한 목적은 한 번의 행동으로 달성될 수 없다. "무한한 목적에는 본질적으로 한계가 없다. 이 무한한 목적이 효과를 내려면 부단한 지속적 활동이 요구된다."

헤겔이 역사의 목적으로 제시한 '자유의 실현'이 바로 그런 '무한한 목적' 가운데 하나다. 자유의 실현은 끝이 나지 않는 과정이다. 이런 말을 할 때 핀카드가 염두에 두는 것이 프랜시스 후쿠야마(Francis Fukuyama)의 '역사의 종말' 담론이다. 자유민주주의가 소련 공산주의에 승리를 거둠으로써 역사가 종말 곧 목적에 이르렀다는 후쿠야마의 주장은 자유를 '유한한 목적'으로 이해한 데 따른 것이다. 자유의 실현은 끝이 없고, 그러므로 역사의 진행도 끝이 없다.

헤겔은 이 자유가 1789년 프랑스혁명이라는 대전환과 함께 역사의 목적으로 등장했다고 말한다. 그러면 자유는 어떻게 역사의 목적이 됐는가? 핀카드의 헤겔 해석을 따르면, 자유는 '정신'이 처음부터 설정한 목표가 아니라 역사의 경로를 거쳐 뒤늦게 확립된 목표다. 헤겔의 역사철학은 그 자유의 출발점으로 고대 그리스를 지목한다. 아테네 시민들이야말로 '자유의 개념'을 발명해낸 사람들이었다. 그러나 그 자유가 단순한 개념의 차원을 넘어 '이념' 곧 보편적 이상의 차원으로 올라선 것은 프랑스혁명이라는 거대한 변화 이후의 일이다. 헤겔은 자유의 이념을 불러온 프랑스혁명을 이렇게 찬양했다. "그것은 영광스러운 새벽이었다. 모든 사유하는 존재들이 이 신기원을 축하하는 데 동참했다."

그러면 왜 자유는 프랑스혁명에 이르러서야 '이념'으로 등장할 수 있었을까? 근대 이전 사람들에게는 '자유에 대한 반성적 인식'이 없었기 때문이라고 핀카드는 말한다. '자유에 대한 반성적 인식'은 '정의의 관념'에서 나온다. 소수의 자유는 정의롭지 못하며 참된 자유가 아니라는 것이 정의의 관념이다. 고대 그리스에서 자유로운 시민은 성인 남성뿐이었다. 더구나 그 남성 시민들이 자유로운 정치적·사회적 삶을 사는 데는 생산 활동을 전담하는 노예의 존재가 필수적이었다. 시민의 자유는 노예의 부자유에 토대를 두고 있었다. 고대 그리스인들은 이 모순을 자각하지 못했다. 근대에 들어와서야 '자유가 소수의 자유가 아닌 만인의 자유일 때에만 진정으로 자유의 이념에 부합한다'는 반성적 인식이 분명해졌다. 이런 반성적 인식을 끌어낸 것이 바로 정의의 요구였다.

그 정의의 요구에는 종결이 없다. 핀카드는 노예를 가혹하게 부리며 스스로 '자유의 땅'이라고 부른 헤겔 시대 북아메리카의 자기모순을 거론한다. 모순은 거기서 그치지 않았다. 헤겔 사후 유럽 제국주의가 비서구를 식민지로 만들어 예속시킨 것도 자유의 이념에 대한 배반이었다. 이런 모순에 맞서 정의의 요구가 터져 나오는 것은 필연이다. 정의의 실현은 자유의 보편적 구현이라는 최종 목적을 향한 무한한 과정이다. 더구나 자유가 만인이 시민으로서 기본권을 누리며 자기 자신으로 참답게 존재함까지 포함한다면, 이런 자유를 향한 정의의 발걸음은 끝이 날 수 없다. 헤겔의 역사철학이 이야기하는 것이 바로 이런 무한한 목적으로서 정의의 실현이라고 이 책은 말한다.

개인 구원에서 사회 구원으로 나아가는 '영성'의 모든 것

《영성이란 무엇인가》_필립 셸드레이크

《영성이란 무엇인가》는 종교의 영향력이 줄어드는 세속화 시대에 새로이 주목받은 '영성'(spirituality)에 관해 폭넓게 알려주는 영성학 개론서다. 저자 필립 셸드레이크(Philip Sheldrake, 미국 오블레이트신학대학원 교수)는 21세기 영성 연구 분야를 선도하는 인물로 꼽힌다.

이 책은 영성을 '인간 정신이 최대한의 잠재력을 얻기 위한 비전을 구체화한 삶의 방식과 수행'이라고 정의하고 시작한다. "그런 의미에서 영성이란 말은 종교적이든 세속적이든 인생의 의미와 행위에 대한 염원을 담고 있다." 이런 정의에 따라 이 책은 종교적 영성부터 세속적 영성까지 영성의 모든 양상을 소개한다.

저자는 영성을 네 가지 유형으로 나누는데, 금욕적 영성, 신비적 영성, 능동적-실용적 영성, 예언적-비판적 영성이 그것이다. 이 책의 본문은 이 네 가지 영성에 대한 설명으로 이루어져 있다. 저자는 영성이 개인적인 차원에서 사회적인 차원으로 확장해 간다고 보는데, 네 유형의 영성 가운데 사회적 차원을 대표하는 것이 예언적-비판적 영성이다. 이 영성은 사회 변혁을 단순히 정치적 과제로만 보지 않고 영적 과제로 본다. 역사적으로 보면 13세기 아시시의 프란치스코가 펼친 청빈 운동, 16세기 종교개혁 기간에 사회 질서를 급진적으로 비판한 재세례파의 운동이 이런 유형의 영성에 해당한다.

특히 20세기 예언적-비판적 영성은 정치적 성격을 강하게 띠었는데, 나치에 저항해 순교한 디트리히 본회퍼(Dietrich Bonhoeffer)가 그런 정치적 영성의 전형이다. 본회퍼는 1943년 게슈타포에 체포돼 투옥된 뒤에도 외부의 사람들에게 영적 지혜를 주는 수많은 편지를 썼다. 저자는 현대의 예언적-비판적 영성의 가장 주목할 만한 사례로 1960년대에 라틴아메리카에서 시작된 '해방 영성'을 꼽는다. 해방 영성은 "부당한 사회 구조에 대한 비판과 투쟁을 바탕으로 한 폭넓은 성찰과 실천"을 담고 있으며 "사회 정의를 종교적 영성의 필수 요소로" 끌어올렸다.

이 해방 영성을 앞에서 이끈 사람이 페루의 신학자 구스타보 구티에레스(Gustavo Gutiérrez)다. 가난한 집에서 태어나 가톨릭 사제가 된 구티에레스는 페루 수도 리마의 빈민가 교구에 살면서 가난한 이들과 함께하는 사목 활동을 펼쳤다. 또 구티에레스는 "전통적 영성이 지닌 엘리트주의와 과도한 내면성의 경향"을 비판했다. 구티에레스의 책 《욥에 관하여》는 구약성서의 욥을 "무고한 자가 받는 고통의 전형적인 사례"로 재해석했다. 저자는 '페미니즘 영성'도 해방 영성에서 갈라져 나온 가지로 이해한다. 페미니즘 영성은 가부장제가 여성과 남성에게 두루 끼치는 부정적인 영향에 대한 비판을 대안적 삶과 통합하고자 한다.

결론에서 저자는 영적인 삶의 방식이 "우리가 결코 잡을 수 없는 전체성과 완전함을 향해 뻗어나간다"고 말한다. 이런 영적인 추구에는 역설적 성격이 있다. "모든 것의 전체성을 추구하려면 더 많은 것을 축적하려는 욕망을 버려야 하기 때문이다." 그런 이유로 영성 추구는 소비주의 문화에 대항하는 역할을 한다. 16세기 에스파냐의 가톨릭 사제 '십자가의 요한'이 남긴 말은 영성의 이 역설을 간명하게 보여준다. "모든 것에서 만족에 이르려면 어떤 것에도 만족하지 않음을 욕망하라."

'신의 초월성'은 '주체의 탈중심화'와 어떻게 만나는가

《초월과 자기-초월》_메롤드 웨스트폴

19세기 이후 서구 사상의 큰 흐름 가운데 하나가 세속화 곧 탈기독교화다. 마르크스·니체·프로이트 같은 이들이 탈기독교화를 이끈 대표적인 사상가들이다. 이 '의심의 대가들'이 이끈 세속화 운동은 20세기 후반에 이르러 탈근대주의(포스트모더니즘)를 낳았다. 탈근대주의의 핵심은 인간 중심주의 또는 주체 중심주의 비판이다. 흥미로운 것은 이런 세속화 운동의 극단에서 역으로 종교적 영성의 복권 운동이 일어나고 있다는 사실이다. 이 운동의 선두에 선 사람 중에 미국 철학자 메롤드 웨스트폴(Merold Westphal)이 있다. 종교철학에 관한 여러 저서를 쓴 웨스트폴은 탈근대 사상과 기독교 신학의 새로운 종합의 길을 열고 있는데,《초월과 자기-초월》(2004)은 그런 종합의 길을 잘 보여주는 저작이다.

이 책에서 웨스트폴이 주목하는 포스트모더니즘의 핵심은 '탈중심화'다. 탈중심화란 개인적·집단적 주체를 중심에 놓는 근대주의에서 벗어나 주체를 타자에게 개방하는 것을 뜻한다. 웨스트폴은 이 탈중심화가 기독교 신앙과 다시 만날 길이 있다고 말한다. 이런 만남이 실현되려면 기독교의 '유신론'을 재구성해야 하는데, 이 책은 그 발판을 철학자 마르틴 하이데거의 '존재-신학 비판'에서 찾는다. 하이데거는 전통 기독교의 유신론을 '존재-신학'이라고 명명하고 이 신학을 정면으로 거부했다. 하이데거가 말하는 '존재-신학'은 이 세계 전체의 궁극 원인을 신으로 상정하는 신학을 말한다. 신을 모든 것의 원인이 되는 '최고 원인'으로 보는 이런 신학은 인과 관계에 따라 사물의 근원을 파악할 수 있다고 보는 과학적 사고방식과 다르지 않다.

웨스트폴은 하이데거가 비판하는 이 '존재-신학'의 대표적인 경우로 스피노자와 헤겔의 범신론을 든다. 스피노자는 '신 즉 자연'(deus sive natura)이라는 명제로 신을 정의했고, 헤겔은 '신 즉 정신'(Gott oder Geist)이라는 명제로 신을 이해했다. 스피노자에게 신은 자연과 다르지 않다. 다시 말해 신은 자연을 초월하지 않는다. 자연 만물이 곧 신이다. 마찬가지로 헤겔에게는 정신이 곧 신이다. 헤겔의 정신은 역사 속에서 스스로 자기를 전개하고 실현한다. 이런 신들은 이 세계 자체와 다르지 않기에 인간에게 투명하게 알려져 있고, 그런 만큼 이 신들에게는 '초월적 신비'가 없다.

웨스트폴 신학의 핵심은 신이 신다우려면 '초월적'이어야 한다는 데 있다. 웨스트폴은 신의 초월성을 찾아 6세기 신비주의자 위-디오니시오스, 교부철학자 아우구스티누스, 중세 신학자 토마스 아퀴나스의 고전적 유신론으로 돌아간다. 세 사람의 신학에 '존재-신학'의 면모가 없는 것은 아니지만, 더 두드러지는 것은 '신의 초월성'에 대한 사유다. 위-디오니시오스(pseudo-Dionysius)의 신학은 흔히 '부정신학'이라고 불린다. 부정신학이란 신은 인간의 통상적인 개념적 이해를 초월해 있기에, 그런 이해를 부정하는 방식으로만 신에게 다가갈 수 있다는 신학이다. 이런 부정신학적 태도는 아우구스티누스에게서도 나타난다. 아우구스티누스(Augustinus)는 "우리는 당신을 파악할 수 없습니다"라고 고백한다. 신은 인간의 이해로는 파악할 수 없고 규정할 수 없다. 이렇게 신의 인식 불가능성을 고백함으로써 아우구스티누스의 신학은 '신의 초월성'을 보존한다.

토마스 아퀴나스(Thomas Aquinas)의 경우도 다르지 않다. 다만 아퀴나스는 초월적 신을 긍정적인 진술로 표현하는 것이 가능하다고 보았는데, 그 방법이 '유비적 서술'이다. 이때 '유비'(analogy)라는 말이 가리키는 것은 신과 피조물 사이의 유사성이다. 신은 인간을 포함한 피조물을 한없이 초월하지만, 동시에 둘 사이에는 닮음도 있다. 그러므로 인간의 언어로 신을 표현하는 것이 아주 불가능하지는 않다. 이를테면 '사랑'이라는 개념은 신의 사랑을 이해할 수 있는 통로 구실을 해준다. 그러나 그런 개념적 이해는 어디까지나 제한된 이해일 뿐이며, 신은 여전히 우리의 이해를 넘어선 초월적이고 신비적인 신으로 남아 있다. 위-디오니시오스·아우구스티누스·아퀴나스의 '초월'을 웨스트폴은 '인식론적 초월'이라고 부른다. 신은 인간 인식 너머에 있다.

이어 웨스트폴은 20세기 철학자 에마뉘엘 레비나스를 통해 '윤리적 초월'을 이야기한다. 레비나스는 신의 초월성 자체를 이야기하기보다는 그 현세적 형태인 '타자의 초월성'을 파고든 사람이다. '과부·고아·이방인' 같은 이웃이야말로 동일성의 그물로 포획할 수 없는 초월적 타자다. 이 타자의 부름에 응답하는 것이 우리의 윤리적 책임이다. 이 타자의 초월성을 천상으로 옮겨놓을 때 우리가 만나게 되는 것이 철학자 쇠렌 키르케고르(Søren Kierkegaard, 1813~1855)가 생각한 신이라고 웨스트폴은 말한다. 타자를 사랑하는 것이 우리의 윤리적 과제이듯이, 키르케고르에게는 신을 사랑하는 것이 종교적 과제였다.

키르케고르는 《사랑의 역사》에서 신약성서 '마태오 복음'에 나오는 구절을 인용한다. 가장 큰 계명이 무엇이냐는 물음에 예수는 이렇게 답한다. "네 마음을 다하고 목숨을 다하고 뜻을 다하여 너희 하느님을 사랑하여라. 이것이 가장 크고 첫째가는 계명이다." 이 말에 이어 곧바로 예수는 다음 말을 덧붙인다. "둘째는 이와 같다. 네 이웃을 네 몸같이 사랑하여라." 웨스트폴은 둘째 계명이 덜 중요하기 때문에 둘째인 것이 아니라 첫째 계명에 의존하기 때문에 둘째라고 말한다. "이웃에 대한 그리고 이웃을 위한 나의 책임의 가장 깊은 근거는 신의 명령이다." 이때 이웃에 대한 사랑은 위에서 아래로 내려주는 시혜적 사랑이 아니다. 웨스트폴은 키르케고르가 쓴 일기의 한 구절을 끌어들인다. "무한한 낮아짐과 은총, 감사함에서 비롯된 분투, 이것이 그리스도교다."

사랑의 핵심은 '나를 낮춤'에 있다. 이 낮춤이 바로 탈근대주의가 이야기하는 '주체의 탈중심화'와 통한다. 나를 낮추어야만 자기중심성에서 벗어날 수 있다. 이 벗어남이 이 책의 제목에 등장하는 '자기 초월'이다. 신의 초월을 받아들이고 그 초월적 신에게 헌신하는 것이야말로 인간이 자기를 초월해 타자에게로 나아가는 길이라는 것이다. 이로써 신의 초월성을 핵심으로 하는 기독교의 유신론이 포스트모더니즘의 '탈중심화'와 만나게 된다.

브뤼노 라투르 유물론에서 끌어낸 낯선 신학

《사변적 은혜》_애덤 S. 밀러

21세기 철학계의 새로운 흐름으로 유물론의 귀환과 함께 신학의 귀환을 꼽을 수 있다. 특이한 것은 유물론이 오랫동안 대척 관계에 있던 신학과 결합해 '유물론적 신학'이라고 부를 만한 풍경을 만들어내고 있다는 사실이다. 미국 종교철학자 애덤 밀러(Adam Miller)가 쓴 《사변적 은혜》(2013)는 신유물론 철학의 대부인 프랑스 철학자 브뤼노 라투르(Bruno Latour, 1947~2022)의 형이상학을 바탕으로 삼아 새로운 신학의 구성을 시도하는 작품이다. 특히 이 책은 그동안 기독교적 개념으로 이해돼 온 '은혜'(grace, charis)를 전통 신학의 틀에서 끌어내 라투르의 신유물론적 구도 속에서 재해석하고 있다.

밀러가 구사하는 서술 방식의 특징은 라투르 사상을 충실히 따라가면서 그 사상에서 밀러 자신의 신학적·종교적 명제를 끄집어낸다는 데 있다. 라투르의 철학 이론은 '행위자-네트워크 이론'이라고 부르는데, 여기서 '행위자'(actor)는 신유물론에서 흔히 '객체'로 호명하는 것을 가리키는 말이다. 라투르가 객체를 행위자로 부르는 것은 이 객체가 전통적인 객체와 달리 능동적으로 활동하기 때문이다. 객체 곧 행위자는 인간과 비인간을 아우르며 생물과 무생물을 포괄한다. 자연 세계의 모든 것이 능동적 행위자다. 이 객체들은 언제나 다른 객체들과 연결돼 네트워크를 형성하는 방식으로 존재한다. 네트워크는 거시와 미시를 가리지 않고 모든 차원을 망라한다. 원자들은 아원자들의 네트워크이며, 인간은 세포들의 네트워크다. 지구도 인간과 비인간의 거대한 네트워크다. 네트워크로 이루어진 객체는 또 다른 네트워크에 참여해 더 큰 객체를 이룬다. 네트워크는 무한소에서 무한대로 무한히 이어진다. 객체들은 이 네트워크에 참여함으로써 객체가 된다. 동시에 객체는 네트워크에 참여하더라도 자신의 '고유성'을 완전히 잃어버리지는 않는다. 다시 말해 어떤 네트워크도 객체를 모조리 흡수할 수 없다. 이것이 라투르 철학의 토대가 되는 '비환원 원리'다.

  라투르는 그 비환원 원리를 처음으로 깨달은 순간을 직접 밝힌 바 있는데, 이 책은 그 깨달음의 체험을 바울이 다마스쿠스로 가던 길에 예수를 만나 회심한 사건에 견준다. 그 사건이 일어난 때가 라투르가 25살 때인 1972년이었다. 당시 라투르는 환원주의에 깊이 빠져 있었다. 환원주의란 모든 것을 환원할 수 있는 단 하나의 초월적인 일자나 근본적인 원리를 상정하는 것을 말한다. 이를테면 기독교는 세계를 무에서 창조한 유일신을 상정하고, 천문학자는 우주 전체를 출현시킨 빅뱅이라는 기원을 상정하며, 철학자는 모든 현상을 하나로 꿰뚫어 설명할 수 있는 근본 원리를 상정한다. 모든 것을 단 하나의 원리·기원·일자로 되돌리는 사고방식이 환원주의다. 그런데 1972년 겨울 어느 날 디종에서 그레이로 가던 길에 라투르는 그 환원주의가 틀렸으며, 모든 것을 빨아들이는 그런 일자는 없다는 것을 깨닫고 눈이 열렸다. 거기서 얻어낸 것이 '비환원의 원리'다. 어떤 객체도 완전히 사라지지 않으며 모든 것을 통일하고 장악하는 초월자는 없다. 후에 라투르는 이 비환원의 원리를 '행위자-네트워크 이론'에 적용한다. 객체는 네트워크에 참여하지만, 네트워크로 해소되지 않는다.

라투르의 이 비환원 원리에서 밀러는 '저항'(resistance)과 '이용 가능성'(availability)이라는 아이디어를 이끌어낸다. '이용 가능성'이란 객체가 다른 객체들에게 자신을 이용하도록 내어주는 것을 말한다. 객체는 네트워크에 연결돼 그 네트워크의 일원으로 쓰인다. 동시에 객체는 자신을 네트워크에 내어주더라도 네트워크에 흡수돼 사라지지 않고 그 자신으로 남아 있다. 이렇게 네트워크의 환원에 맞서는 것이 '저항'이다. 객체는 네트워크에 자신을 내어주면서 동시에 그 네트워크에 저항한다. 모든 객체는 '저항'과 '이용 가능성'이 결합된 '저항적 이용 가능성'이라는 '이중 구속' 상태에 있다. 이 이중 구속 상태가 모든 객체의 본질적 상태다. 객체들의 네트워크는 각각의 객체가 이 이중 구속 상태에서 팽팽한 힘겨루기를 함으로써 그 네트워크를 유지한다. 인체를 사례로 들어보자. 인체는 외부의 음식을 섭취함으로써 자신을 유지한다. 그러나 음식을 이루는 객체들은 인체 안에 들어와서도 완전히 사라지지 않는다. 또 인체를 구성하는 세포들도 각자가 자신을 내어주기만 하는 것이 아니라 인체라는 네트워크에 저항해 자신을 지키기도 한다. 이 이중 구속의 긴장 속에서 인체가 인체로서 유지된다.

밀러는 '저항적 이용 가능성'이라는 객체의 이 본질적 조건에서 '은혜'를 발견한다. 은혜란 객체가 자신을 다른 객체에게 무상으로 내어주는 것을 말한다. 객체가 자신을 내어주지 않는다면 네트워크는 존립할 수 없다. 마찬가지로 그 네트워크는 다른 더 큰 네트워크에 자신을 내어줌으로써 은혜를 베푼다. 이 은혜와 짝을 이루는 것이 '고난'이다. 객체가 자신을 다른 객체에 내어주기에, '은혜를 베풂'은 '고난을 겪음'이 된다. 동시에 이 객체는 언제나 다른 객체를 자기 유지에 이용하는데, 그때마다 그 다른 객체의 저항을 견뎌내야 한다. 이렇게 저항에 부닥쳐 그 저항을 견디는 것이 또한 고난이다. 나를 넘겨주는 것도 고난이고 저항을 견디는 것도 고난이다. "존재한다는 것은 고난을 견디는 것이다." 객체로 이루어진 네트워크 세계는 모든 수준에서 은혜와 고난으로 점철돼 있다.

그렇다면 '죄'란 무엇인가? 밀러는 죄란 '저항적 이용 가능성에 대한 거부'라고 말한다. 자신을 내어주는 것도 거부하고 타자의 저항도 거부하는 것이 바로 죄다. 다른 어떤 것에도 영향받지 않고 홀로 자유로운 주권자로 있으려는 의지야말로 죄다. 이 의지를 꺾어 죄에서 벗어나게 하는 것이 종교가 하는 일이라고 밀러는 말한다. 밀러의 그 종교에는 모든 것 위에서 모든 것을 지배하는 초월신이 없다. 그러나 이 책은 초월적인 유일신은 존재하지 않지만 다른 모습의 신은 존재할 수 있다고 말한다. 그 신은 객체들의 세계 안에서 다른 객체들처럼 은혜를 베풀고 고난을 겪는 신이다. 밀러는 우리 각자는 다른 객체들의 은혜 없이는 스스로 설 수 없을 만큼 약한 존재임을 강조한다. 신은 그 약함 속에서 자신을 드러낸다. 그런 신과 함께 우리는 서로 은혜를 베풀고 고난을 겪으며 존재한다고 밀러의 낯선 신학은 말한다.

망상적 신앙 넘어 참된 종교로

《이성의 오롯한 한계 안의 종교》_ 이마누엘 칸트

　근대 서양 철학의 최고봉으로 꼽히는 이마누엘 칸트(Immanuel Kant, 1724~1804)는 종교철학 분야에서도 불후의 저작을 남겼다. 《이성의 오롯한 한계 안의 종교》(1793)가 그것이다. 이 저작은 이성을 통해 종교 비판을 수행했다는 점에서 《순수이성비판》 《실천이성비판》 《판단력비판》에 이은 제4 비판서로도 불린다. 칸트의 '철학적 종교론'이 오롯이 담긴 이 저작이 한국칸트학회가 기획한 '칸트 전집'의 하나로 나왔다. 김진 울산대 명예교수가 책 전체를 옮기고 상세한 해제를 달았다.

　칸트가 이 저작을 집필하던 1790년대 초반은 프로이센 계몽주의의 자유로운 정신이 큰 위기에 부닥친 시기였다. 프리드리히 빌헬름 2세(재위 1786~1797)는 선왕 프리드리히 2세의 계몽 정책을 폐기하고 종교와 도덕에 관한 저술의 검열을 강화했다. 1792년 칸트는 〈철학적 종교론〉을 네 편으로 짜 월간지에 싣기 시작했으나 검열에 막혀 연재를 중단했다. 이듬해 칸트는 논문을 완성해 단행본으로 묶은 뒤 쾨니히스베르크대학과 예나대학에 심사를 요청했다. 두 대학이 문제없다는 판정을 내리자 칸트는 단행본을 출간했다. 이어 칸트는 프로이센의 반동적 종교 정책을 비판하는 〈만물의 종말〉이라는 글을 월간지에 발표했다. 그러잖아도 미운털이 박힌 칸트는 이 글 발표 뒤, 앞서 출간한 저작의 판매 금지 처분을 받고 종교론 강의도 금지당했다. 탄압은 프리드리히 빌헬름 2세가 죽은 뒤에야 풀렸다. 엄중한 상황에서도 자신의 학문적·종교적 원칙을 고수했던 것인데, 이 저작《이성의 오롯한 한계 안의 종교》에서 칸트의 그 원칙을 확인할 수 있다.

칸트는 자신의 철학적 물음을 '나는 무엇을 알 수 있는가?', '나는 무엇을 해야만 하는가?', '나는 무엇을 희망해도 좋은가?' 따위로 제시한 바 있다.《순수이성비판》이 첫 번째 물음에 대한 답을 제출한 책이고《실천이성비판》이 두 번째 물음에 답한 책이라면, 세 번째 물음 곧 '나는 무엇을 희망해도 좋은가?'에 답한 책이 이 저작이다. 칸트가 희망한 것은 '도덕과 행복의 일치'였다. 칸트는《순수이성비판》에서 우리가 알 수 있는 세계에 한계를 정함으로써 그 세계 너머에 '신앙의 자리'를 놓았고,《실천이성비판》에서는 '도덕과 행복'의 결합을 '최고 선'으로 상정하고 이 최고 선의 실현을 보장하는 '신의 존재'를 요청했다. 마지막으로 이 종교론 저작에 이르러 종교 자체의 근거를 이성을 통해 마련하고자 했다. 다시 말해, 역사적으로 형성된 현실의 종교를 엄정한 이성의 도덕 법칙으로 검증함으로써 참된 종교의 이념을 추출하고자 했다.

칸트의 이 저작은 서문에서 서로 충돌하는 두 명제를 제시하고 시작하기에 그 해석을 놓고 후대에 무수한 논란이 빚어졌다. 먼저 칸트는 이렇게 주장한다. "도덕은 그 자신을 위해서 결코 종교가 필요하지 않고, 오히려 순수한 실천이성에 힘입어서 그 자체만으로 충분하다." 이어 칸트는 말한다. "그러므로 도덕은 불가피하게 종교에 도달하게 되며, 그로써 도덕은 인간의 밖에 있는 막강한 도덕적 입법자라는 이념을 향해 나아간다." 앞의 문장은 도덕이 전혀 종교를 요구하지 않는다고 말하고, 뒤의 문장은 도덕이 필연적으로 '도덕적 입법자' 곧 신을 요청한다고 말한다. 이렇게 표면상 상충하는 문장을 어떻게 해석할 것이냐가 이 저작을 이해하는 데 관건이 된다.

칸트 사상 전체를 놓고 보면, 겉으로 모순되어 보이는 명제가 내적으로는 일관성 있는 것으로 드러난다. 먼저 첫 번째 명제가 이야기하려는 것은 다음과 같다. 칸트가 제시한 실천이성의 도덕 법칙은 그 도덕 법칙을 준수하는 것 말고는 다른 어떤 외적인 목적도 요구하지 않는다. 외적인 목적, 이를테면 신의 은총이나 구원을 추구한다면 그런 도덕 법칙은 완전한 것이 될 수 없다. 그러므로 도덕 법칙은 그 자체로 충분하며 따로 종교의 지원을 받을 필요가 없다.

그러나 인간은 그 존재의 불완전성 탓에 아무리 노력해도 도덕적 완전성을 이룰 수 없다. 더구나 현실에서 인간의 삶을 보면 도덕과 행복이 일치하지도 않는다. 이것이 두 번째 명제가 이야기하려는 것이다. 인간은 오직 도덕적 완성을 향해 무한히 노력해 나가는 도상에 있을 뿐이다. 바로 여기서 종교가 등장한다. 인간이 도덕적 완성을 향해 끝없이 나아가려면, 행복의 은총을 내려주는 도덕적 질서의 주재자 곧 전능한 신이 있으리라는 희망이 있어야 한다. 현실의 인간은 불완전하기에 그 노력에 상응하는 신의 은총을 요청하지 않을 수 없다는 얘기다. 신이 있기에 인간은 끝없는 도덕적 노력의 결과로서 행복의 은총을 기대할 수 있게 되는 것이다. 그리하여 "도덕은 불가피하게 종교에 이른다."

그러나 칸트는 어떤 경우에도 '은총에 대한 희망'을 '도덕적 완성을 향한 노력'에 앞세우지 않는다. 도덕적 완성을 향해 노력하지 않고 은총만 바라는 현실의 종교를 두고 칸트는 우상 숭배·자기기만이라는 혹독한 말로 비판한다. 신을 믿기만 하면 구원받는다는 기성 종교의 주장은 칸트에게는 일종의 '종교 망상'이며 '거짓 신앙'이다. 도덕 없는 믿음은 은총을 보장하지 않는다. 인간은 은총의 희망을 간직하되 자신이 할 수 있는 일, 곧 도덕적 완성을 향한 노력을 다해야 한다. 그런 뒤에야 '도덕과 행복'이 일치하리라는 희망을 품을 수 있다.

칸트는 이렇게 현실의 계시 종교에 도덕적 이성 종교를 대립시킨다. 이 이성 종교에서 신은 '도덕 법칙의 입법자'로 나타난다. 신성성이란 완전한 도덕성과 다르지 않다. 순수한 도덕 위에 세워진 종교 외에 다른 참된 종교는 없다. 현실의 인간은 가톨릭·개신교·이슬람·유대교 같은 다양한 종파를 믿지만, 그 이념에서 보면 단 하나의 종교 곧 도덕적 이성 종교가 있을 뿐이다. 계시를 믿고 성서를 믿는 것은 그 믿음의 참됨을 전혀 보장하지 않는다. 핵심은 도덕이다. 그러므로 현실에서 발견되는 수많은 종교 신앙은 단일한 도덕적 종교의 이념을 판별의 기준으로 삼아 참된 신앙과 거짓된 신앙으로 가를 수 있다. 그리하여 칸트의 도덕 종교는 다양한 신앙 형태를 아우르는 보편 종교의 이념적 지평이 된다. 세상에 종교 형태는 많지만, 도덕성이라는 본질에서 보면 하나인 것이다.

독일 고전 철학 발흥 밑불 된
야코비 신앙철학

《야코비와 독일 고전철학》_남기호

칸트 철학에서 시작해 헤겔 철학으로 정점에 이르는 독일 고전 철학은 서양 근대 철학사에서 가장 광휘로운 지적 장관을 보여준다. 50년이 채 안 되는 이 짧은 시기에 철학의 거대한 봉우리들이 잇따라 솟아났다. 이 사유의 격변에 추동력 구실을 한 사람으로 프리드리히 하인리히 야코비(Friedrich Heinrich Jacobi, 1743~1819)가 꼽힌다. 《야코비와 독일 고전철학》은 야코비를 중심에 놓고 이 논쟁적 철학자가 동시대 철학자들과 벌인 대결을 살피는 저작이다. 멘델스존·칸트·피히테·셸링·헤겔이 야코비의 논전 상대자로 등장한다. 책이 출간되기 전 세상을 뜬 독일 고전 철학 연구자 남기호 연세대 교수의 유작이다.

야코비의 삶을 이끈 관심사는 이성적 사유로는 도달할 수 없는 초월자 곧 신이었다. 이런 근본 관심 위에서 야코비는 학문적 이성으로 신과 세상 모든 것을 설명하려 한 당대 철학자들을 집요하게 비판했다. 학문을 넘어 신앙을 구하려 했기에 야코비의 철학은 '신앙철학'으로 불린다. 사업가 집안에서 태어난 야코비는 21살에 가업을 이어받았다. 하지만 철학과 문학에 심취해 8년여 만에 가업에서 손을 떼고 학문의 길로 접어들었다. 야코비는 통상의 학문적 경로를 밟지 않고 당대의 수많은 학자들과 직접 만나 대화하거나 편지를 주고받으며 철학적 사유의 토대를 닦았다. 논쟁을 통해 성장한 사람이 야코비였다.

야코비 학문 인생의 전환점이 된 것은 1780년 여름 고트홀트 에프라임 레싱(Gotthold Ephraim Lessing, 1729~1781)을 만난 일이었다. 당시 레싱은 독일 계몽 사상의 선도자로 추앙받던 사람이었다. 야코비와 만나 철학적 대화를 나누던 중 레싱은 자신이 '스피노자주의자'라고 고백했다. 스피노자의 범신론은 그 시대에 무신론이나 다를 바 없는 위험 사상으로 통했다. 이 대화를 남기고 레싱은 이듬해 세상을 떠났다. 몇 년 뒤 야코비는 레싱의 죽마고우인 계몽 철학자 모제스 멘델스존(Moses Mendelssohn, 1729~1786)이 레싱 기념 저서를 준비하고 있다는 소식을 듣고, 평소 알고 지내던 사람에게 레싱이 스피노자주의자였다는 사실을 이야기했다. 이 말을 전해 들은 멘델스존은 그럴 리가 없다고 강력하게 부인했다. 이 일이 계기가 돼 야코비와 멘델스존 사이에 스피노자 사상을 둘러싼 지상 논쟁이 벌어졌다.

스피노자 사상의 핵심은 '신 즉 자연'(deus sive natura)이라는 명제에 있다. 자연은 인간을 포함한 우주 만물을 뜻하므로, 이 명제는 우주 만물이 신이라는 범신론 사상을 내포한다. 스피노자는 '신 즉 자연'을 '능산적 자연'(natura naturans)과 '소산적 자연'(natura naturata)이라는 말로도 설명한다. 능산적 자연이 '자연을 산출하는 자연'을 뜻한다면, 소산적 자연은 '자연에서 산출된 자연'을 뜻한다. 여기서 '자연을 산출하는 자연'이 스피노자의 신이고, 그 신에게서 산출된 자연이 우리가 아는 자연, 곧 우주 만물이다. 신은 자연을 낳고, 그 자연을 떠나 신은 따로 있지 않은 것이다.

스피노자 범신론에서 더 주목할 것은 '자연이 필연성을 따르듯이 자연 자체인 신도 필연성을 따른다'는 주장이다. 그렇다면 신에게는 자유의지가 없을 것이다. 야코비는 이렇게 신의 자유를 부정하는 스피노자주의의 신을 단호히 부정한다. 자유 없는 신은 신이 아니므로 스피노자 범신론은 무신론이 될 수밖에 없다. 야코비는 이 스피노자주의에서 발견되는 학문적 이성에 비판의 칼을 겨눈다. 학문적 이성이란 당대 계몽 철학의 논리적 사유를 가리킨다. 자유의지를 지닌 인격적 신은 그런 '학문적 이성'으로는 파악할 수 없다. 학문적 이성은 자신의 한계 안에 머물러야 한다. 그 한계 너머의 신을 논리적 사유 능력으로 알아내겠다고 하는 것은 이성의 월권이다. 이것이 멘델스존과 논쟁하면서 야코비가 내놓은 원칙이었다.

야코비의 목표는 스피노자주의에 깃든 이 학문적 이성의 월권을 탄핵하는 것이었다. 그러나 논쟁은 야코비의 의도를 넘어 역설적 결과를 낳았다. 여러 학자들이 논쟁 대열에 끼어들자 스피노자 철학에 지식계의 관심이 커졌고 그 관심과 함께 스피노자 르네상스가 일어난 것이다. 독일 관념론의 거두가 된 피히테·셸링·헤겔이 젊은 날 그 열기 속에 스피노자를 탐구하며 철학을 연마했다. 야코비는 후에 이 세 사람과 모두 논쟁을 벌였는데, 그 논쟁 가운데 특히 주목할 만한 것이 셸링과 벌인 논쟁이다.

논쟁의 계기가 된 것은 1807년 셸링의 강연이었다. 강연 내용에 격분한 야코비는 책 한 권을 바쳐 셸링의 철학이 스피노자의 재판이라고 비판했다. 야코비가 보기에 셸링은 자연을 "세계의 신성하고도 영원히 창조적인 근원적 힘"으로 모신다. 셸링의 사상은 자연과 신을 동일시하는 스피노자주의일 뿐이다. 자연의 필연성을 초월하는 신만이 진정으로 자유로운 인격적 신이다. 참된 유신론은 학문적 이성을 통해서가 아니라 '무제약자(신)에 대한 저항할 수 없는 느낌'의 경이로움과 그 경이로운 신에 대한 믿음을 통해서 성립한다. 이것이 야코비의 비판 내용이었다.

셸링은 곧바로 반박서를 내놓았다. 반박의 핵심은 야코비가 자신의 '자연' 개념을 오해했다는 것이었다. 셸링의 자연(Natur)은 자연과학적 대상인 기계론적 자연을 뜻하는 것이 아니다. 자연은 일차로 '본성'(Natur)을 뜻한다. 특히 '절대적 동일자'인 신의 '본성'을 가리킨다. 이 본성이 자라나 자유롭게 발현되면 그것이 바로 신의 존재다. 이 신은 절대적 동일자로서 모든 것을 아우르기에 현실의 자연 곧 이 우주 전체도 신의 자유로운 발현에 속한다. 이렇게 셸링은 학문적 설명을 통해 신의 존재를 논증할 수 있다고 반박했다. 더 나아가 셸링은 학문적 이성에 대한 야코비의 불신도 비판했다. 야코비는 학문적 논증 방식이 결국 무신론으로 귀착한다고 비난하지만, 야코비의 유신론이야말로 학문적으로 무력하고 그 무력함 때문에 무신론에 지고 만다는 것이다.

야코비와 셸링의 논쟁은 각각 강점과 약점이 있었기에 많은 논자들이 편을 나눠 싸웠다. 그 싸움의 파장이 후대로 이어져 키르케고르에게서 시작되는 실존주의로 이어졌음을 이 책은 알려준다. 야코비 철학이 독일 고전 철학 발흥을 자극함과 동시에 현대 철학 탄생의 자궁 구실을 한 것이다.

'유일자' 슈티르너
"국가는 나의 적이다"

《유일자와 그의 소유》_ 막스 슈티르너

아나키즘은 19세기에 급진적 혁명 운동의 주도권을 놓고 마르크스주의와 맹렬히 다투었다. 그 아나키즘 운동의 선구자 가운데 한 사람이 독일 철학자 막스 슈티르너(Max Stirner, 1806~1856)다. 슈티르너는 자신의 아나키즘 사상을 한 권의 저작에 집약했는데, 《유일자와 그의 소유》가 바로 그 책이다. 이 책은 주장의 극단성과 과격성 탓에 오랫동안 외면받다가 근년에 다시 주목을 끌고 있다. 슈티르너의 이름과 등치되는 이 저작이 아나키즘 사상을 소개해 온 박홍규 영남대 명예교수의 손으로 번역됐다. 먼저 출간된 슈티르너 전공자 박종성 건국대 교수의 번역본과 비교해 읽어볼 만하다.

슈티르너의 일생은 불운의 연속이었다. 플루트 제작자였던 아버지는 슈티르너가 한 살 때 병사했고, 어머니는 뒤에 정신병에 걸려 아들에게 큰 짐이 됐다. 20살 슈티르너는 베를린대학에 들어갔지만 결핵으로 중도에 학업을 중단했고 8년여 만에야 대학 과정을 겨우 마쳤다. 두 번의 결혼도 행복한 삶을 열어주지 못했다. 첫 부인은 아이를 낳던 중 세상을 떠났고, 두 번째 부인도 불화 끝에 3년 만에 떠났다. 이후 슈티르너는 생계를 꾸리려 이런저런 일에 손을 댔으나 모두 실패하고 빚쟁이가 돼 두 번이나 감옥살이를 한 끝에 50살에 삶을 마쳤다.

슈티르너의 불운한 삶에 잠깐 빛이 든 때가 있었는데, 1839년부터 1844년까지 베를린의 사립 여학교 교사로 있던 시절이었다. 1842년부터 슈티르너는 '청년헤겔파' 사람들과 어울렸다. '자유인'이라는 이름의 급진주의자 모임이었는데, 맥주홀에서 열린 그 모임에는 슈티르너보다 먼저 마르크스가 참여했고, 마르크스가 떠난 뒤 엥겔스가 동참했다. 엥겔스는 슈티르너를 침묵 속에 시끄러운 논쟁을 지켜보는 인물로 묘사한 그림을 남기기도 했다. 그 시절 슈티르너가 청년헤겔파의 토론을 들으며 써내려간 책이 바로 《유일자와 그의 소유》(1844)다.

엥겔스는 처음에 슈티르너 책을 읽고 그 주장에 동조했으나 얼마 지나지 않아 마르크스와 함께 슈티르너에 대한 강력한 반대자가 됐다. 두 사람은 《독일 이데올로기》(1845~1846)에서 책의 절반에 해당하는 방대한 분량을 슈티르너 주장을 비판하는 데 바쳤다. 슈티르너의 사상이 그만큼 강력했다는 방증이다. 슈티르너의 책은 30년 뒤 젊은 프리드리히 니체에게도 충격을 주었다. 바젤대학 교수이던 니체는 그 책을 읽고 난 뒤 "홉스 이후로 가장 용감하고 철두철미한 책"이라고 평가했다. 국가와 종교를 단호하게 거부하고 '유일자'를 내세우는 슈티르너에게서 동질감을 느꼈던 것이다. 슈티르너가 주장한 유일자가 뒷날 니체 사상 속에서 변모해 초인(위버멘슈)으로 나타났다고 볼 수도 있다.

슈티르너가 말하는 유일자(der Einzige)는 '다른 어떤 것으로도 대체할 수 없는 유일무이한 자'라는 뜻이다. '나' 곧 에고가 슈티르너의 유일자다. 다른 무엇도, 다른 누구도 대신할 수 없는 것이 '나'의 존재다. 머리말에서 슈티르너는 말한다. "나에게는 나를 넘어서는 그 어떤 것도 없다." 《유일자와 그의 소유》는 한 편의 기나긴 에고이즘 선언문이다. 이때의 에고이즘은 자아 중심주의 혹은 자기중심주의를 뜻한다. 또 책 제목이 말하는 '소유'(Eigentum)란 당대 부르주아의 사적 소유, 곧 재산 소유를 뜻하는 것이 아니라 '나 자신에게 고유한 것', 다시 말해 자유·생명·주권 같은 본질적인 것을 가리킨다. 어떤 외부의 힘도 나의 자유, 나의 생명, 나의 주권을 침탈할 수 없다는 선언인 셈이다.

슈티르너가 생각하는 '나'라는 유일자를 좀 더 실감 나게 이해하려면 이 말에 대응하는 것들을 마주 세워볼 필요가 있다. 슈티르너는 신과 정신과 국가를 거론한다. 기독교의 신은 오랫동안 유일한 주권자로 인간 위에 군림했다. 슈티르너는 그 신의 자리에 '나'를 세운다. 마찬가지로 슈티르너의 '나'는 정신과 대립한다. 이때의 정신은 기독교 신의 철학적 표현이라 할 헤겔의 절대정신을 가리킨다. 모든 것을 아우르고 지배하는 그 정신의 손아

프리드리히 엥겔스가 그린 청년헤겔파 그림 〈자유인〉.
담배를 물고 있는 사람(오른쪽에서 다섯 번째)이 막스 슈티르너다.

귀에서 나를 구출하려는 투쟁의 기록이 이 책이라고도 할 수 있다. 정신이 기독교 신의 철학적 형태라면 국가는 그 신의 세속적 형태다. 국가는 홉스의 리바이어던이 보여주는 대로 지상에 군림하는 신이다. 그 국가야말로 슈티르너의 진정한 적이다. 슈티르너는 말한다. "내 고유한 의지는 국가를 파괴하는 것이다." 여기서 슈티르너의 아나키즘 사상이 분명한 형체를 드러낸다.

그러나 슈티르너의 에고이즘은 여기서 멈추지 않는다. 슈티르너는 한발 더 나아가 '나'를 '인간'에 대립시킨다. 이때 슈티르너가 염두에 두는 것이 청년헤겔파의 선도자였던 루트비히 포이어바흐(Ludwig Feuerbach)다. 포이어바흐는 《기독교의 본질》(1841)에서 기독교 신의 허구성을 폭로하고 그 신의 자리에 인간 곧 인류를 놓는다. 인간에 대한 사랑이야말로 기독교의 사랑을 실현하는 길이다. 슈티르너는 포이어바흐의 '인간'은 추상태에 지나지 않으며 존재하는 것은 개별적인 '나'뿐이라고 단언한다. 인간을 앞세우게 되면 결국 그 추상적 개념이 '나'를 지배하고 집어삼키게 된다. 슈티르너가 이 책 제1부의 주제를 '인간'으로, 제2부의 주제를 '나'로 잡은 이유가 여기에 있다. 인간이라는 추상적 개념에 맞서 '나'라는 구체적 개별자를 내세우는 것이다. 결론에서 슈티르너는 말한다. "신이건 인간이건 내 위에 있는 모든 상위의 본질은 나의 유일성을 약화시킨다. 나는 유일자인 나 자신에게만 관심을 둔다." 내 위에서 나를 지배하는 어떤 것도 있을 수 없다는 선언이다.

기억할 것은 슈티르너가 말하는 에고이즘이 이타주의와 대립하는 것은 아니라는 사실이다. "나도 물론 인간을 사랑한다. 개인뿐만 아니라 모든 인간을 사랑한다. 그러나 나는 에고이즘의 의식으로 그들을 사랑한다." 이타주의는 에고이즘의 한 형태이지 그것의 부정이 아니라는 얘기다. 마찬가지로 슈티르너는 사람과 사람의 연대 혹은 연합도 긍정한다. 이때의 연합은 집단의 힘으로 '나'를 억누르지 않는 방식의 연합, 곧 유일자들의 연합이다. 평등한 개인들이 자발적으로 연대하여 만든 비지배적 연합 사회가 슈티르너가 생각한 이상적인 미래 사회의 모습이었던 것이다.

2장
우주는 생각하는 거대한 뇌일까

블랙홀의 끝에서 화이트홀이 탄생한다

《화이트홀》_카를로 로벨리

　카를로 로벨리(Carlo Rovelli)는 양자 이론과 중력 이론을 결합한 '루프(고리) 양자 중력 이론'으로 세계적 명성을 얻은 이탈리아 출신 이론물리학자다. 로벨리는 이 이론을 바탕으로 삼아 블랙홀의 구조를 탐사해 왔는데, 그 연장선에서 근년에는 블랙홀의 반대 현상인 화이트홀의 정체를 규명하는 데 연구를 집중하고 있다. 《화이트홀》(2023)은 밝혀지지 않은 이 신비로운 존재가 어떻게 생성되고 작동하는지를 찬찬히 설명하는 책이다 .

　출발점은 아인슈타인(Albert Einstein)이 1915년에 발표한 일반 상대성 이론의 중력장 방정식이다. 아인슈타인의 발표 이후 이 방정식을 통해 블랙홀의 존재가 예측됐고 수십 년 뒤 실제로 우주에서 블랙홀이 관측됐다. 우리 은하의 한가운데 거대한 블랙홀이 있음도 눈으로 확인할 수 있게 됐다. 우주 곳곳에 수십억 개의 블랙홀이 퍼져 있다. 그러나 화이트홀은 지금까지 그 실체가 확인되지 않은 순전한 가설 속의 존재일 뿐이다. 로벨리는 우리에게 이미 알려진 블랙홀에서 설명을 시작해, 우리가 아직 모르는 화이트홀을 해명하는 데로 나아간다. 블랙홀의 구조를 정확히 파악하면 화이트홀이 어떻게 형성되고 작동하는지 그 윤곽을 그려낼 수 있다. 블랙홀의 내부를 여행해 마지막 지점을 통과하면 화이트홀의 세계가 펼쳐진다.

  빅뱅 직후의 초기 우주로 눈을 돌려보자. 원시 우주는 거대한 수소 구름이 떠다니는 공간이다. 이 수소 구름이 모여 원시 별이 된다. 이 별이 자체 중력의 힘으로 수축해 가열되기 시작하면 별 안쪽의 수소들이 타올라 헬륨으로 변한다. 수소가 타면서 내뿜는 거대한 열은 팽창력이 되고 팽창력은 별을 안에서 떠받쳐 수축을 막는다. 이 균형 상태는 수소가 다 탈 때까지 수십억 년 동안 지속된다. 마침내 수소가 소진되면 별은 자체 중력을 견디지 못해 안으로 붕괴한다. 그 붕괴의 결과로 블랙홀이 형성된다. 블랙홀의 중력은 너무나 커서 가까이 오는 모든 것을 빨아들인다. 빛도 빠져나갈 수 없어 '검은 구멍'으로 보인다.

  그러나 더 정확히 말하면 블랙홀이 모든 것을 빨아들이기만 하는 것은 아니다. 1974년 스티븐 호킹(Stephen Hawking)은 블랙홀이 양자 규모의 미세한 복사열을 밖으로 내뿜는다는 것을 발견했다. 이 호킹 복사로 인해 블랙홀 속 물질은 에너지를 점점 잃는다. 또 자체 중력으로 크기도 점점 더 작아진다. 물리학자들 다수는 이 물질이 결국에는 사라져버리고 블랙홀도 사멸할 것이

이탈리아 출신 이론물리학자 카를로 로벨리.
"이 세계 속에 있는 것은 확정된 속성을 지닌 독립된 실체가 아니라,
다른 것과의 관계 속에서만, 게다가 상호 작용할 때만
속성과 특징을 띠는 존재들이다."

라고 생각해 왔다. 그러나 여기서 로벨리는 다른 결론을 낸다. 블랙홀은 사라지지 않고 화이트홀로 변한다.

어떻게 블랙홀은 화이트홀이 되는가? 별이 붕괴해 블랙홀이 되면 별의 잔해는 자체 중력으로 쪼그라들면서 블랙홀 속으로 끝없이 떨어진다. 그렇게 잔해가 떨어지는 동안 블랙홀은 거대한 깔때기 모양으로 길쭉해진다. 그 맨 밑바닥에 별의 잔해가 뭉쳐 있다. 여기까지는 모두 아인슈타인의 방정식으로 설명할 수 있다. 그러나 죽은 별의 물질이 극소의 '플랑크 규모'까지 압착되면 더는 작아질 수 없게 된다. 이 최종 물질을 '플랑크 별'이라고 부른다. 여기가 블랙홀의 특이점이다. 이 지점에 이르면 아인슈타인 방정식이 더는 작동하지 않는다.

이 극한 지점, 다시 말해 극미의 양자 세계를 설명할 수 있는 것이 양자 중력 이론이다. 이 양자적 세계에서 발견되는 것이 '터널 효과'다. 벽을 향해 던진 구슬이 벽을 통과하는 것이 말하자면 터널 효과다. 거시 세계에서 구슬은 벽을 통과할 수 없지만, 양자 현상이 지배하는 미시 세계에서는 그런 일이 얼마든지 일어날 수 있다. 양자는 터널을 통과한다. 이 양자 터널을 통해 플랑크 규모로 압착된 물질 곧 '플랑크 별'이 '양자 도약'을 한다. 그리하여 바닥에 떨어진 농구공이 위로 튕겨 올라오듯 플랑크 별의 반등(바운스)이 일어나고 시공간이 다시 팽창한다. 그 결과로 생성되는 것이 화이트홀이다. 모든 것이 거꾸로 진행되지만, 화이트홀은 처음의 블랙홀로 돌아가지 않고 아주 작은 규모에 머무른다. 그 화이트홀은 블랙홀처럼 모든 것을 끌어당긴다. 또 블랙홀이 복사열을 내보내듯이 화이트홀도 매우 약한 방사선을 방출한다. 그러나 화이트홀은 "전하가 없기에 빛과 상호작용을 하지 않아" 우리 눈에 보이지 않는다.

로벨리는 블랙홀이 화이트홀로 변하는 메커니즘을 설명하는 중에 시간의 상대성도 이야기한다. 중력은 시공간을 휘어지게 하는데, 시공간이 휘어지는 만큼 시간은 천천히 흐른다. 그래서 중력이 극단적으로 큰 블랙홀 내부에서는 시간이 극도로 천천히 흐르는 데 반해, 지구에서는 시간이 훨씬 더 빨리 흐른다. 블랙홀의 시간과 지구의 시간은 전혀 다르다. 이 차이가 기이한 시간 현상을 만들어낸다. 지구에서 보면 블랙홀이 화이트홀이 되기까지는 수십억 년이 걸리지만, 블랙홀 내부에서 보면 몇 시간밖에 걸리지 않는다. 블랙홀 내부를 우주선으로 여행하고 있다면 여행자는 블랙홀 외부와 내부 사이의 시간 흐름 차이를 전혀 느끼지 못한다. 이 여행자에게 시간은 '정상적으로' 흐른다. 시간이란 우주의 어디에 있느냐에 따라서 전혀 다르게 나타난다. 이것이 중력의 시간 효과다.

이 책에서 로벨리는 화이트홀이 암흑 물질의 일부일 수도 있다는 가설도 내비친다. 우리 우주의 26.8퍼센트는 우리가 볼 수 없는 암흑 물질로 이루어져 있다. 화이트홀도 우리 눈에 보이지 않는다. 그러므로 우주의 수많은 블랙홀이 화이트홀로 재탄생했다면, 그 화이트홀이 암흑 물질에 속해 있으리라고 보는 것은 자연스럽다. 더 흥미로운 것은 화이트홀과 빅뱅의 관계다. 블랙홀 속 '플랑크 별'이 화이트홀로 다시 튀어 오르는 현상은 우주 탄생 시점의 빅뱅 현상과 매우 닮았다. "빅뱅은 우주가 양자가 허용하는 최대 밀도에 도달할 때까지 수축한 후 다시 튕겨 나와 팽창하기 시작하는 거대한 우주적 반등(빅 바운스)일 수도 있다." 로벨리의 이 생각이 맞는다면, 우주는 빅뱅으로 태어난 뒤 다시 수축했다가 팽창하는 과정을 영원히 반복할 것이다.

그 우주가 낳은 것이 우리 인간이며, 우리는 정신의 힘으로 그 우주의 비밀을 밝혀 가고 있다. 화이트홀이 그 비밀 가운데 하나다. 로벨리는 시인이 달에게 말을 걸 때처럼 우리를 낳은 그 우주를 '그것'이 아니라 '당신'이라고 부르자고 제안한다. 인간은 그 '당신'이 알고 싶어 '당신'을 향해 끝없이 나아간다. "당신과 나, 우리는 같은 피를 나누었다."

양자 이론은
대승불교 '공' 사상으로 통한다

《나 없이는 존재하지 않는 세상》_카를로 로벨리

　　20세기의 가장 위대한 물리학 발견으로 아인슈타인의 상대성 이론과 함께 양자역학이 꼽힌다. 아원자의 미시 세계를 설명하는 양자역학은 세계를 보는 근본 관점을 바꾸었을 뿐만 아니라 인류의 삶을 새로운 영역으로 옮겨놓았다. 양자역학이 정립한 이론에 따라 인류는 원자폭탄을 제조했고 수많은 첨단 기술을 개발했다. 그렇게 큰 영향을 끼쳤는데도 양자역학은 탄생 100년이 지난 시점에도 제대로 이해되지 않고 있다. 이론물리학자 리처드 파인만(Richard Feynman)은 "양자역학을 이해하는 사람은 아무도 없다"고 단언했다. 양자 이론은 여전히 수수께끼다. 저명한 이론물리학자 카를로 로벨리가 쓴《나 없이는 존재하지 않는 세상》(2020)은 양자 이론을 이해할 수 있는 아주 새로운 길을 보여주는 책이다.

　　이 책의 원제는 '헬골란트'(Helgoland)다. '성스러운 땅'을 뜻하는 헬골란트는 북해에 있는 조그마한 독일 영토의 섬이다. 1925년 여름 23살의 베르너 하이젠베르크(Werner Heisenberg, 1901~1976)는 원자 세계 내부 전자의 기이한 움직임을 이해해보려고 홀로 이 섬을 찾았다. 며칠을 골몰하던 하이젠베르크는 새벽 3시에 마침내 전자의 움직임을 설명하는 수식을 끌어냈다. 양자 이론의 탄생이었다! 이 혁명과 함께 '세계는 고정된 물질 입자로 이루어져 있다'는 고전 물리학의 세계상이 붕괴했다. 이 책은 바로 이 지점에서 시작해 양자 이론의 신비를 해명하는 데로 나아간다.

로벨리가 주목하는 하이젠베르크 혁명의 핵심은 '관찰'이라는 행위에 있다. "양자 이론은 우리가 보지 않을 때 물질 입자가 어디에 있는지 말해주지 않는다. 그저 우리가 그 입자를 관찰하면 그 입자를 어떤 지점에서 찾을 확률이 얼마나 되는지 말해줄 뿐이다." 빛 알갱이 곧 광자를 예로 들어보자. 검출기에서 나오는 광자를 관찰하기 전에는 광자의 위치가 확정되지 않는다. 하나의 광자가 동시에 두 경로를 지나간다. 이것을 '양자 중첩'이라고 부른다. 그런데 관찰자가 그 경로 가운데 하나를 관찰하면, 그 경로가 사라지고 광자는 다른 한쪽 경로로만 움직인다. 어떻게 이런 일이 벌어질 수 있을까. 하이젠베르크의 공적은 그 현상을 정확한 수식을 통해 보여주었다는 데 있다. 하지만 수식이 그 기이한 현상 자체를 근원적으로 해명하지는 못했다. "하이젠베르크는 헬골란트에서 진리를 가리고 있던 장막을 걷어냈다. 그런데 그 장막 너머에서 나타난 것은 심연이었다."

그 뒤 100년 동안 물리학자들은 이 양자 현상이 가리키는 세계의 실상을 밝혀내려고 여러 이론을 제출했다. 평행우주론도 그중 하나다. 이 책은 그 이론들을 간략히 검토한 뒤 모두 부적격 판정을 내린다. 그렇다면 양자 이론이 가리키는 세계의 실상은 무엇인가? 여기서 로벨리는 자신이 '관계론적 해석'이라고 부르는 새로운 관점을 제시한다. 양자 이론의 기초로 돌아가보자. 광자가 방출될 때 관찰자가 개입하면 파동함수가 붕괴해 광자는 하나의 경로만 따른다. 여기서 핵심은 인간 관찰자의 존재다. 관찰자가 없다면 광자는 파동함수에 따라 두 경로로 동시에 이동한다.

이 관찰자가 수수께끼를 푸는 열쇠다. 지금껏 학자들은 관찰자를 양자 세계 바깥에 있는 특별한 존재로 간주했다. 그러나 관찰자는 이 우주 안에 있는 다른 모든 것들과 근본적으로 다를 바 없는 존재다. 본질은 관찰자가 양자적 대상과 관계를 맺음으로써 그 대상의 속성에 변화가 일어난다는 사실이다. 그렇다면 관찰자의 자리에 다른 것들을 놓아보면 어떨까? 관찰자만이 아니라 모든 것들이 양자와 관계를 맺는다고 생각해보는 것이다. 실제로 양자 세계에서는 다른 모든 것들이 관찰자와 똑같은 작용을 일으킨다. 여기서 도출되는 것은 양자의 속성은 양자를 둘러싼 다른 대상들과 맺는 관계 속에서 결정된다는 사실이다. 위치나 속도를 비롯한 양자의 속성은 관계 바깥에 따로 있지 않은 것이다.

사태를 이렇게 보면, '고유한 속성을 지닌 불변의 실체'로 보이는 것들이 실은 관계들의 네트워크 속에서 특정한 맥락에 따라 일시적으로 그렇게 나타나는 것일 뿐임이 드러난다. 세계는 상호 작용하는 양자적 대상의 광대한 네트워크다. 우리가 '실체'라고 부르는 것은 그 네트워크의 그물을 잇는 매듭에 지나지 않는다. 그러므로 상호 작용이 없다면 양자적 대상의 속성도 없다. 속성은 상호 작용의 관계 속에서 구성되며 그 상호 작용이 사라지면 속성도 사라진다. "이 세계 속에 있는 것은 확정된 속성을 지닌 독립된 실체가 아니라, 다른 것과의 관계 속에서만, 게다가 상호 작용할 때만 속성과 특징을 띠는 존재들이다."

양자 세계에서 모든 입자는 확고하지 않고 일시적이고 불연속적인 사건으로 이루어져 있다. 다만 우리가 양자 세계보다 훨씬 큰 거시적 일상 세계에 살고 있기에, 우리 주위의 모든 것이 견고한 실체로 보일 뿐이다. 비유하자면 양자 세계는 거친 파도가 이는 바다와 같다. 그 바다를 멀리 달에서 관찰하면 푸른 구슬의 매끈한 표면처럼 보이는 것이다. 양자 세계는 상호 작용이라는 관계를 통해 속성이 일시적으로 결정되는 세계이므로, 확정된 속성을 지닌 불변의 실체라는 우리의 통상적 인식은 양자 세계에서는 통하지 않는다. 그 양자 세계를 바탕으로 삼는 우리의 거시 세계도 근원적으로는 이런 관계적 속성으로 구성된 세계다.

로벨리는 이런 관점을 뒷받침해주는 것으로 대승불교의 '공

(쏫) 사상'을 거론한다. 나가르주나(용수)가 가르친 공 사상의 핵심은 "다른 어떤 것과 무관하게 그 자체로 존재하는 것은 없다는 것"이다. 모든 것은 다른 것에 의존해서만 그것으로 존재한다. 이것이 '공'이다. "사물은 자립적인 존재가 아니라, 다른 어떤 것 덕분에, 다른 것의 결과로, 다른 것과 관련해, 다른 것의 관점에서 존재한다는 의미에서 '비어 있다'는 것"이 나가르주나의 가르침이다. 이 공의 가르침은 모든 실체가 고유한 실체가 아니라, 관계 곧 상호작용을 통해서 일시적으로 형성되는 것이라는 양자 이론의 관계론적 해석과 그대로 통한다. 이 관계론은 "우리의 자아, 우리의 사회, 우리의 문화적·정신적·정치적 삶"으로도 확장된다. 미시 세계와 거시 세계를 통틀어 영속적 실체는 없고 상호 작용하는 관계만 있을 뿐이다. 세계상의 일대 전환이다.

"우리 우주는 거대한
다중 우주의 극히 작은 일부분"

《무한한 가능성들의 우주》_로라 머시니-호턴

    우리를 둘러싼 이 우주는 홀로 존재하는가? 아니면 다른 여러 우주들과 함께 존재하는가? 세계 이론물리학계는 '단일 우주론'과 '다중 우주론' 두 진영으로 양분돼 있다. 단일 우주론은 로저 펜로즈, 카를로 로벨리, 폴 데이비스 같은 저명한 물리학자들의 지지를 받고 있으며, 다중 우주론 진영에는 리 스몰린, 브라이언 그린, 맥스 테그마크가 속해 있다. 단일 우주론자였던 스티븐 호킹은 생애 마지막 몇 년 동안 다중 우주론 연구에 몰두했다. '양자 경관 다중 우주 이론'의 창시자인 알바니아 출신 이론물리학자 로라 머시니-호턴(Laura Mersini-Houghton, 미국 노스캐롤라이나대학 교수)은 대세가 다중 우주론 쪽으로 기울었다고 보는 사람이다. 《무한한 가능성의 우주들》(2022)은 머시니-호턴 자신의 학문 여정과 20세기 우주론 연구 역사를 교직해 '양자 경관 다중 우주 이론'이 탄생하기까지를 설명하는 책이자 다중 우주론이 왜 단일 우주론의 대안이 될 수밖에 없는지 그 이론적 근거를 이야기하는 책이다.

단일 우주론은 고대 플라톤-아리스토텔레스부터 20세기 물리학까지 거의 모든 우주론을 지배한 이론이다. 우주는 우리가 속한 우주 하나뿐인데, 그 우주는 빅뱅에서 시작해 오늘의 인류를 탄생시키기까지 진화해 왔다는 것이 단일 우주론의 믿음이다. 그러나 단일 우주론은 치명적인 약점을 지니고 있는데, 그 약점을 물리학자 로저 펜로즈(Roger Penrose)가 1970년대에 수학 계산으로 제시한 바 있다. 우리의 우주가 빅뱅을 통해 탄생해 오늘에 이를 수학적 가능성은 '10의 10승의 123승' 분의 1에 지나지 않는다는 것이다. 펜로즈의 계산대로라면 우리 우주의 탄생은 사실상 불가능한 일이다.

이런 곤경을 피해 가려고 단일 우주론자들은 우리 인류가 존재한다는 것이 이 불가능한 일이 일어났음을 입증한다는 '인류 원리'를 제시한다. 또 우주의 진화 국면마다 '미세조정'(fine-tuning)이 이루어져 난관을 뚫고 나갔다는 논리를 동원하기도 한다. 그러나 이런 설명은 사태를 얼버무리는 것일 뿐이다. 이 책에서 머시니-호턴은 여러 우주론을 철저히 검토해보고 나서 단일 우주론으로는 이 우주의 시작을 설명할 수 없다는 결론에 이르렀으며, 결국 다중 우주론으로 연구 방향을 틀었다고 말한다.

머시니-호턴에게 이론적 돌파구가 열린 것은 2000년대에 들어와 '끈 이론' 연구자들이 이룬 성과 덕분이었다. 끈 이론은 20세기에 등장한 양자 이론의 기묘한 세계를 밝히려는 새로운 이론이다. 거시 세계는 고전 물리학으로 설명되지만, 미시 세계는 양자 이론을 동원해야 한다. 이 미시 세계에서 양자는 입자이자 파동으로 존재한다. 끈 이론은 이 양자들이 11차원의 끈으로 이루어져 있으며 이 끈이 진동해 다양한 양자를 만들어낸다고 생각한다.

우주의 탄생 시점으로 돌아가 보면 초기 물질은 아원자보다도 훨씬 작아 양자 이론을 적용해야 한다. 2004년 끈 이론 연구자들은 우주 탄생을 연구하던 중 빅뱅을 일으킬 수 있는 '10의 600승' 가지의 '위치 에너지 집합'을 발견했다. 이 무수한 집합이 일종의 경관(풍경)을 이룬다고 하여 이 발견 내용을 '끈 이론 경관'(string theory landscape)이라고 부른다. 애초에 끈 이론 연구자들이 찾으려 한 것은 단일 우주의 기원이었는데, 그 연구 도중에 '우주를 무수히 생산할 수 있는 공장' 시나리오를 발견한 것이다. 머시니-호턴은 그 끈 이론의 발견을 다중 우주론과 연결했고 거기서 '양자 경관 다중 우주 이론'이 탄생했다.

머시니-호턴 다중 우주론의 얼개를 쉽게 이해하려면 태반과 배아의 비유를 생각해보는 것이 좋다. 끈 이론이 발견한 '양자 경관'을 태반이라고 하고 그 안에서 요동하는 '양자 파동'을 우주의 배아로 보는 것이다. 우주의 배아인 양자 파동(양자 우주)이 양자 경관이라는 태반에서 에너지를 얻음으로써 빅뱅과 인플

레이션을 거쳐 거대 우주가 된다. 그런데 끈 이론이 알려주듯 배아가 태반에 자리를 잡을 경우의 수는 10의 600승에 이른다. 무수히 많은 양자 우주가 양자 경관에 자리를 잡는 것인데, 어디에 자리를 잡느냐에 따라 태반 곧 양자 경관에서 얻는 위치 에너지가 달라진다. 에너지가 적은 곳에 자리 잡은 배아 곧 양자 우주는 빅뱅을 일으키지 못한다. 위치 에너지를 충분히 공급해주는 곳에 자리 잡은 양자 우주만이 빅뱅을 일으켜 실제 우주로 자랄 수 있다.

여기서 주목해야 할 것이 양자 우주의 중력 문제다. 양자 중력(=양자 요동)은 양자 우주를 안으로 붕괴시키는 힘이다. 반대로 양자 경관의 에너지는 양자 우주를 팽창시킨다. 이 두 힘이 적절한 균형을 이루어야 양자 우주가 붕괴하지 않고 빅뱅에 이를 수 있다. 우주 탄생 시점의 양자 세계는 이 두 힘이 줄다리기를 벌이는 곳이다. 그 양자 우주 가운데 에너지가 낮은 곳에 자리 잡은 양자 우주는 붕괴하지만, 에너지가 높은 곳에 자리 잡은 양자 우주는 거시 우주로 성장한다.

이렇게 보면 우주가 탄생하는 과정은 다윈(Charles Darwin)의 자연 선택을 닮았다. 적절한 자리에 놓인 양자만이 자연의 선택을 거쳐 우주로 자라나는 것이다. 이렇게 선택받은 우주들이 전체 다중 우주를 구성한다. 이 다중 우주는 그 수가 엄청나게 많고 저마다 독특한 개성을 지녔다. 이런 다중 우주를 대안 모델로 상정하면 단일 우주론의 여러 난점을 해결할 수 있다. 양자 경관 다중 우주론의 계산으로는 생명체가 출현할 가능성이 우리 우주보다 더 큰 우주도 있다. 그렇게 보면 우리 인간이 사는 우주는 그리 특별하다고 할 수 없다. 우리 우주와 유사한 우주가 얼마든지 더 있을 수 있다. 펜로즈의 계산이 틀린 것이다.

더 놀라운 것은 이 다중 우주론이 상당 수준의 관측적 검증을 통과했다는 사실이다. 머시니-호턴의 다중 우주론은 양자 우주가 거시 우주로 팽창하려면 '양자 얽힘'이 풀려야 한다고 가정한다. 그 양자 얽힘이 풀릴 때 양자 우주에는 흉터가 생기고, 흉터의 흔적은 그 뒤 우주가 아무리 커져도 그대로 남는다. 2005년 그 흉터에 해당하는 '거대 거시 공동'이 하늘에서 관측됐다. 다중 우주론이 가설만은 아니게 된 것이다. "우리의 우주는 거대한 다중 우주의 극히 작은 부분에 불과하다." 머시니-호턴의 이 확신대로 다중 우주론이 옳다면, 우리는 이제껏 우리가 생각했던 것보다 훨씬 더 큰, 거의 무한대에 가까운 우주 그룹 안에 살고 있는 셈이다.

우주는 생각하는 거대한 뇌일까

《물리학은 어디까지 설명할 수 있는가》_ 자비네 호센펠더

　물리학은 20세기에 들어와 아인슈타인의 상대성 이론과 양자물리학자들의 양자 이론으로 거대한 변혁을 거쳤다. 우주는 과거에 생각했던 것보다 훨씬 더 크고 훨씬 더 역동적인 것으로 드러났다. 이 우주를 놓고 물리학자들은 무수한 가설로 그 시작과 끝을 설명하느라 각축을 벌인다. 이런 가설 가운데 무엇이 타당하고 무엇이 타당하지 않은가? 무엇이 과학적이고 무엇이 비과학적인가? 물리학자들의 이론적 설명과 종교인들의 신앙적 믿음은 과연 얼마나 다른가? 독일의 이론물리학자 자비네 호센펠더(Sabine Hossenfelder)가 쓴 《물리학은 어디까지 설명할 수 있는가》(2022)는 지난 100여 년의 물리학 발전이 낳은 수많은 물음을 아홉 가지로 간추려 솔직하고 과감하게 답한다.
　이 책에는 과학자의 생각과 종교인의 믿음을 비교하는 대목이 많다. 그래서 호센펠더는 본론에 들어가기에 앞서 과학과 종교

에 관한 자신의 견해를 먼저 명확히 밝힌다. "나는 (신이 있는지 없는지 알지 못하는) 불가지론자이며 비종교인이다. 그러나 종교적 신념에 반대하지 않는다. 과학은 한계가 있고, 인류는 언제나 그 한계 너머의 의미를 갈구해 왔다." 자신은 종교인이 아니지만, 종교인들의 의미 탐구가 '과학적 사실'을 존중하기만 한다면 문제 될 게 없다는 것이다. 호센펠더에게 중요한 것은 어떤 주장이 과학적 검증을 통과할 수 있느냐 없느냐, 혹은 과학적 지식과 양립할 수 있느냐 없느냐는 것이다.

그렇다면 지구가 6000년 전에 탄생했다는 일부 기독교 창조론자들의 주장은 어떻게 보아야 할까? 과학자들은 화석과 암석을 비롯한 여러 증거에 입각해 지구가 45억 년 전에 형성됐다는 것을 당연한 것으로 받아들인다. 그러나 창조론자들은 오래된 화석의 기록들도 모두 6000년 전 지구가 창조된 순간에 함께 창조된 것이라고 주장한다. 창조론자들의 주장을 공정하게 보면, "이 이야기가 틀렸다고 증명하는 것은 불가능하다." 신이 세상을 6000년 전에 창조해놓았다고 해도 논리적으로 모순될 것은 없다는 얘기다. 문제는 창조론 주장이 '과학적으로 나쁜 설명'이라는 데 있다. 좋은 과학 이론은 최소한의 전제로부터 수많은 관측 결과를 계산하고 설명해준다. 양자 이론이 위력을 발휘하는 것도 바로 그런 설명력 덕이다. 반면에 창조론자들의 주장이 성립하려면 "초기 조건으로 어마어마한 양의 데이터를 집어넣어야 한다." 그래서 이 가설로는 아무것도 계산할 수 없다. 그런 의미에서 창조론 가설은 "비과학적"이다. 창조론을 주장하기보다는 수십억 년 전에 지구가 생겨나 진화를 거쳐 오늘에 이르렀다고 하는 것이 과학적으로 타당한 설명이다.

그렇다면 우주의 시작에 관한 물리학자들의 이론은 어떨까? 현대 우주론의 표준 모형은 우주가 138억 년 전에 태어나 장구한 세월을 거쳐 오늘에 이르렀다고 말한다. 이 우주의 탄생과 진화를 두고 급팽창 이론, 바운스 이론을 비롯해 수많은 우주론적 가설이 경합을 벌이고 있다. 그러나 공정하게 말하면 이런 우주론 이론들은 창조론과 근본적으로 다를 것 없는 가설일 뿐이다. "초기 우주에 관한 모든 가설은 순수한 추정이다. 이런 가설들은 수학이라는 언어로 쓰인 현대판 창조 설화다." 이 가설들을 검증할 관측 자료가 원천적으로 존재하지 않기 때문이다. 모든 것이 추측의 범위를 넘어서지 못한다. 우주의 종말에 관한 가설도 마찬가지다. 우주 물질이 끝없이 퍼져 나가다 사라져버릴지, 아니면 어느 순간에 엔트로피 법칙의 반대 현상이 일어나 다시 수축을 시작해 원점으로 돌아간 뒤 팽창하기를 반복할지 알 수가 없다. 그런 가설들은 물리학 지식으로 검증할 수 없다. 그러므로 틀렸다고 단언할 수 없다. 또 이런 가설들은 물리학 지식과 충돌하지 않는다. 단순한 창조 신화와 달리 과학과 양립할 수 있다는 얘기다.

그렇다면 오늘날 대중 문화 영역에서 인기가 많은 '다세계 해석'은 어떨까? 다세계 해석은 파동으로 존재하던 양자가 입자로 확정될 때마다 우주가 갈라져 결국 무수히 많은 우주, 곧 평행 우주가 생겨난다는 이론이다. 이런 양자 현상은 우리 뇌에서도 일어난다. 우리가 무언가를 생각한다는 것은 뇌의 양자 수준에서 벌어지는 일이므로, 다세계 해석이 옳다면 우리가 생각하는 순간마다 우주가 끝없이 생겨날 것이다. 호센펠더는 이런 다세계 해석도 검증할 길이 없기 때문에 순전히 믿음의 영역에 속한다고 말한다. 동시에 이런 가설은 현재까지 알려진 지식과 충돌하지 않기 때문에 "과학과 양립할 수 있는 신념 체계"라 할 수 있다.

이 책은 '우주는 생각하는가'라는 물음에도 답한다. 이 물음도 당황스럽기는 마찬가지지만, 2020년 이탈리아 천체물리학자 프랑코 바차와 신경과학자 알베르토 펠레티의 연구 결과를 보면 황당하기만 한 것은 아니다. 우리 우주는 2000억 개의 은하로 이루어져 있고, 은하단은 '은하 필라멘트'라고 하는 끈 모양의 은하로 이어져 있는데, 이 전체 모습이 뉴런으로 연결된 인간 뇌와 닮았다. 더구나 뇌의 4분의 3이 물로 이루어져 있듯이, 우주의 4분의 3도 암흑에너지로 이루어져 있다. "그렇다면 우주는 거대한 뇌고 그 안에 든 우리 은하는 하나의 뉴런일 수도 있지 않을까?" 호센펠더는 이 아이디어가 물리학의 법칙을 거스른다고 말한다. 요컨대 우주는 너무 커서 생각하지 못한다. 우리 뇌의 신호는 초당 100미터를 이동한다. 반면에 우주 전체 크기는 900억 광년에 이르는데, 빛의 속도로 생각의 신호가 움직인다고 해도 한쪽 끝에서 다른 쪽 끝까지 가는 데 900억 년이 걸린다. 이렇게 커서는 '우주-뇌'는 생각이란 걸 할 수 없다. 그러나 이야기가 여기서 끝나는 것은 아니다. 아무리 멀리 떨어져 있더라도 양자의 짝이 동시에 작동하는 '양자 얽힘' 현상이 우주 전체에 퍼져 있다면, 우주는 진짜로 생각할 수도 있다고 호센펠더는 말한다. "미친 소리처럼 들리겠지만 우주가 지성을 지녔다는 생각은 지금까지 알려진 모든 사실과 양립할 수 있다."

결론에서 호센펠더는 "창조주가 존재할 가능성은 없다"는 스티븐 호킹의 단언을 "자신의 지식에 한계가 있음을 이해하지 못한 것"이라고 비판한다. 과학은 자기 과신을 버리고 겸손을 배워야 한다. "과학 자체로는 한계가 있고, 인간은 과학이 끝나는 지점에서 다른 방식의 설명을 갈구하기 때문이다." 과학과 종교는 앞으로도 동행할 수밖에 없다는 얘기다.

우주가 수학으로 이루어졌다는 착각

―

《세계 그 자체》_울프 다니엘손

　울프 다니엘손(Ulf Danielsson, 스웨덴 웁살라대학 교수)은 암흑에너지·끈 이론·우주론을 연구하는 이론물리학자이자 일반인들에게 물리학의 세계를 알리는 대중서를 여러 권 낸 저술가다. 노벨상 수상자를 선정하는 스웨덴왕립과학한림원 회원이기도 하다. 다니엘손이 2020년에 펴낸 《세계 그 자체》는 물리학의 세계를 포괄적으로 안내하는 책이다. 이 책의 독특한 점은 물리학을 철학적 사유와 대면시킴으로써 물리학자들이 자주 빠지는 잘못된 세계상을 드러내고, 그런 폭로 작업을 통해 '세계 그 자체'를 가능한 한 투명하게 보여주려 한다는 데 있다.
　이 책에서 다니엘손은 자신을 실재론자라고 못 박고 이야기를 시작한다. 다니엘손이 말하는 실재론은 우리를 둘러싼 이 세계가 있는 그대로 존재한다는 것을 강하게 긍정하는 존재론을 뜻한다. 이 실재론은 물리학계에서 자주 목격되는 환원주의적 존재론과 뚜렷이 대비된다. 미시 세계를 연구하는 물리학자들 상당수는 우리의 세계가 '극소 원자들과 그 사이에 퍼진 광대한 진공'으로 이루어져 있다고 생각한다. 그러나 우리 인간은 원자 세계를 사는 것이 아니라 구체적인 사물로 이루어진 일상의 세계를 몸으로 살아간다.

주목할 것은 이 책에서 다니엘손이 말하는 물리학이 우리가 통상 생각하는 물리학보다 훨씬 범위가 넓다는 사실이다. "물리학은 모든 것의 토대가 아니라 모든 것이다. 나는 물리학을 세계 자체의 모든 측면에 대한 연구로 정의한다." 물리학은 우주 만물을 설명하는 데 기초가 되는 학문이기만 한 것이 아니라, 그 자체로 모든 것을 해명하는 학문이라는 얘기다. 이런 주장은 오만해 보일 수 있는데, 다니엘손은 그 근거를 과학의 아버지라 할 그리스 철학자 아리스토텔레스에게서 찾는다. 아리스토텔레스의 《자연학》(physika)은 하늘과 땅, 물·불·공기, 더 나아가 식물과 동물과 인간의 생명 활동까지 두루 포괄해 이해하는 학문이었다. 이 자연학에서 오늘날의 물리학(physics)이 나왔다. 그러니 물리학이 '모든 것'을 아우르는 것은 그 정의에 위배되지 않는다는 것이 다니엘손의 생각이다. 그리하여 이 책은 물질뿐만 아니라 생명·의식·자아까지 모두 물리학으로 설명하려 한다.

이런 작업을 할 때 다니엘손이 먼저 쓰는 전략이 오류 바로잡기다. 물리학자들이 흔히 범하는 잘못을 실마리로 삼아 세계의 진상을 드러내는 것이다. 이를테면 '실재'와 '수학'을 혼동하는

이론물리학자 울프 다니엘손 스웨덴 웁살라대학 교수.
"물리학은 모든 것의 토대가 아니라 모든 것이다. 나는 물리학을 세계 자체의 모든 측면에 대한 연구로 정의한다."

것이 물리학자들이 저지르는 착각 가운데 하나다. 수학이라는 사유 방법이 물리학이 발전하는 데 결정적인 기여를 했음은 의문의 여지가 없다. 근대 물리학의 비조인 갈릴레이는 "자연이라는 책은 수학이라는 언어로 쓰여 있다"고 했는데, 이 말대로 물리학자들은 수학 언어를 구사해 자연의 비밀을 읽어냈다. 뉴턴의 중력 법칙도 아인슈타인의 상대성 이론도 수학 언어로 쓰였다. 수학을 통해 양자 세계의 법칙을 찾아내고 빅뱅 초기의 사태를 설명하고 아직 알지 못하는 세계를 예측한다. 수학이 없으면 물리학은 사실상 성립할 수 없다. 그러다 보니 물리학자들 가운데 상당수는 현실 세계보다 더 현실적인 것이 수학이며 현실의 세계가 존재하듯 수의 세계가 따로 실재한다고 생각한다.

다니엘손은 이런 생각을 단호히 부정한다. 수학은 세계의 복잡성을 설명하고 그 변화를 예측하는 데 유용한 도구이지 실재하는 것이 아니다. 수학이 아무리 설명력이 뛰어나다 해도 인간의 사유 능력을 떠나 따로 존재하지 않는다. 수학은 세계를 설명하는 모형일 뿐이다. 그런데도 일부 물리학자들은 고대의 피타고라스주의자들처럼 수가 실재한다고 확신한다. 이를테면 근년에 유행하는 '평행 우주'(평행 세계)라는 우주론적 아이디어가 수학과 실재를 혼동한 데서 나온 발상이다. 평행 우주론은 무수한 세계가 동시에 존재하고, 우리 세계에서 일어나는 사건들의 모든 가능성이 그 무수한 세계에서 실제로 일어난다는 가설이다. 미셸 여(양자경)가 주연한 할리우드 영화 〈에브리씽 에브리웨어올 앳 원스〉가 그 평행 우주론을 배경으로 삼았다. 이 생각은 입자물리학의 파동함수에 대한 수학적 설명에서 파생한 것인데, 수학적 가능성이 그대로 현실 세계로 이어진다는 믿음의 전형이다. 다이엘손은 평행 우주론을 두고 '수학이라는 신을 믿는 자의 신앙 고백'이라고 비판한다.

　이 책의 일관된 주장은 '실재에 관한 모형과 실재 자체를 혼동해서는 안 된다'는 것이다. '자연법칙'이야말로 이런 모형의 대표적인 경우다. "자연법칙은 수학과 마찬가지로 세계에 대한 우리의 기술에 속하는 것이지, 결코 우리에게서 독립해 존재하는 것이 아니다." 자연법칙은 실재 그 자체가 아니다. 뉴턴의 중력 법칙은 200여 년 동안 진리로 군림했으나 20세기에 들어와 아인슈타인의 중력장 이론에 밀려났다. 중력이라는 현상은 시공간이 구부러진 데서 생겨나는 효과일 뿐이다. 자연법칙은 실재가 아니라 우리 인간이 창안한 것이다. 그러므로 우주를 설명하는 법칙은 더 강한 설명력을 지닌 새로운 법칙으로 바뀔 수 있다.

　이 책은 르네 데카르트의 심신 이원론이 물리학적 사고에 끼친 폐해를 지적하는 데도 공을 들인다. 데카르트는 우리의 정신과 육체가 분리돼 있으며 육체는 기계와 같다고 생각했다. 그러나 우리의 정신, 곧 의식과 자아는 우리의 몸과 분리돼 있지 않다. 몸이 없는 의식이나 자아는 있을 수 없다. 우리의 의식과 기억을 컴퓨터로 옮겨 영생할 수 있다는 생각은 터무니없는 발상이다. 인간은 언제나 몸을 통해 사유하며 몸이 없이 뇌만으로 사유를 할 수는 없다. SF 영화에서 자주 보이는 상상, 곧 '우리는 비커에 담긴 뇌이며 외부에서 이 뇌에 시뮬레이션을 집어넣은 결과로 우리가 이 세계에서 살고 있다는 환각을 품는다'는 상상은 현실에선 있을 수 없는 일이다. 인간의 의식과 자아는 생명의 유구한 진화 속에서 형성된 것이기에 생명의 몸체와 분리돼 존재할 수 없다.

이 책의 결론은 이것이다. "(우리는) 우주 한가운데에 서 있으며 필멸하는 몸에 갇혀 있지만, 불완전한 뇌의 도움을 받아 자신의 관찰을 표현하고자 최선을 다할 뿐이다. 모든 모형에는 한계가 있고, 한계에 다다르면 새로운 물음이 탄생한다." 다니엘손의 물리학은 모든 것을 설명하려는 부푼 시도이자 우리 인식의 한계에 주목하는 겸손한 작업이다.

"생명의 탄생과 인간의 출현은
우주의 명령"

《기계 속의 악마》_폴 데이비스

폴 데이비스(Paul Davies)는 우주론과 천문학을 연구하는 영국 출신 이론물리학자다. 데이비스는 학문 인생의 상당 부분을 '생명이란 무엇인가'라는 물음의 답을 찾는 데 바쳤는데, 2019년 펴낸 《기계 속의 악마》는 이 문제에 대한 자신의 생각을 물리학과 생물학의 최신 성과에 기대어 풀어놓은 논쟁적 저작이다. 결론을 미리 이야기하면, 데이비스는 생명이라는 수수께끼를 푸는 열쇠를 '정보'에서 찾는다. 정보야말로 '물질이라는 기계 속에 깃든 악마'다.

생명에 관한 물음은 생물학의 영역에 속한다. 그러나 물리학이 생물학적 물음을 묻는 일이 아주 없는 것은 아니다. 양자역학의 위대한 이론가 에르빈 슈뢰딩거(Erwin Schrödinger, 1887~1961)가 1943년 '생명이란 무엇인가'라는 이름으로 한 연속 강의가 대표적이다. 슈뢰딩거의 그 물음을 이어받아 생명을 물리학적 관점에서 해명해 가는 작업이 이 책이다. 데이비스는 슈뢰딩거 시대 이후로 물리학과 생물학이 비약적 발전을 거듭해, 이 물음의 해답이 저만치 내다보이는 인식의 '문턱'에 이르렀다고 말한다.

물리학자가 생명이라는 수수께끼에 도전하는 것은 어찌 보면 자연스러운 일이다. 우주 만물을 물리 법칙으로 해명하는 것이 물리학이고, 생명이란 그 물리 법칙 속에서 탄생한 것이기 때문이다. 생명이 아무리 복잡한 현상이라고 하더라도 아무것도 없는 데서 나온 것이 아닌 이상, 물질 세계의 기본 법칙과 무관할 수 없다. 그러니 생명도 물리 법칙의 연장 속에서 해명돼야 한다. 문제는 물질의 법칙과 생명의 법칙이 아주 다른 양상을 띤다는 데 있다. "생물에는 목표와 목적, 다시 말해 수십억 년에 걸친 진화의 산물이 있다. 반면에 원자와 분자는 물리 법칙을 맹목적으로 따를 뿐이다." 이 둘을 어떻게 통일성 있게 설명할 수 있을까? 데이비스는 바로 이 의문을 출발점으로 삼아 생명 자체의 고유한 성격을 밝히는 데로 나아간다.

생명체들은 자기 생명을 보전하거나 후손을 생산하려는 의도에 따라 행동한다. 그것이 의도 없이 행동하는 물질과 다른 점이다. 그러므로 생명을 설명하려면 생명체의 물리화학적 특성에 무언가 다른 특성이 더해져야 한다. 이 책은 컴퓨터의 하드웨어와 소프트웨어를 비유로 든다. 하드웨어가 아무리 정교하게 구성돼 있더라도 소프트웨어가 없으면 컴퓨터는 제 기능을 할 수 없다. 마찬가지로 생명체도 분자 구조의 물질로 이루어져 있지만, 그런 물리화학적 바탕만으로는 생명체 구실을 하지 못한다. 생명체가 자기 복제라는 생명의 고유한 행위를 하려면 반드시 복제의 프로그램 곧 유전체가 있어야 한다. 유전체는 극도로 복잡한 정보 체계다. 그러므로 생명체란 물질과 정보가 결합된 것이라고 할 수 있다. 그러나 컴퓨터와 생명체의 비교에는 한계가 있다. 컴퓨터의 하드웨어와 소프트웨어는 명확히 분리돼 있지만, 생명체에서 물질과 정보는 나뉘어 있지 않기 때문이다. 물질적 바탕이 없다면 생명 정보는 깃들 곳이 없다. 물질은 정보를 실어 나르고 정보는 물질을 복제한다.

이쯤에서 데이비스는 생명 진화의 법칙을 들여다본다. 1859년 찰스 다윈이 《종의 기원》을 발표함으로써 자연 선택과 적자 생존이 진화의 법칙으로 올라섰다. 앞 시대 라마르크(Jean Baptiste Lamarck, 1744~1829)의 획득 형질 유전 이론은 패퇴해 역사의 뒷길로 사라졌다. 다윈 이론의 핵심은 생명의 진화가 무작위적인 돌연변이를 통해 이루어진다는 것이다. 하지만 이 이론만으로는 그토록 놀랍고도 다채로운 생명의 진화 양상을 설명하기 어렵다. 문제는 이것만이 아니다. 최근 사례를 보자. 미국 터프츠대학의 마이클 레빈 연구 팀이 발표한 실험 결과는 다윈 이론에 심각한 의문을 야기했다. 이 연구 팀은 플라나리아라는 편형동물을 둘로 나눈 뒤 머리가 있는 반쪽에 전기 자극을 주어 머리가 또 하나 생겨나게 했다. 양쪽으로 머리가 달린 플라나리아가 태어난 것인데, 이 머리 둘 달린 플라나리아를 다시 반 쪽으로 자르니 또 다시 머리가 자라났다. 머리 둘 달린 플라나리아 두 마리가 생겨나는 것이다. 이것은 후천적인 변형이 그대로 유전되는 것과 같다. 이걸 두고 '후성 유전'이라고 하는데, 이런 후성 유전은 플라나리아뿐만 아니라 인간을 포함한 생물 세계 곳곳에서 찾아볼 수 있다. 그렇다면 후성 유전은 후천적으로 획득된 형질이 유전된다는 라마르크 학설의 부활을 알리는 것일 수도 있다.

여기서 더 눈여겨볼 것이 '정보 저장' 문제다. 머리와 꼬리로 이루어진 플라나리아와 나중에 생성된 머리 둘 달린 플라나리아는 형태는 전혀 다르지만 유전적으로는 동일하다. 머리 둘 달린 플라나리아의 형태 정보가 유전자에 저장돼 있지 않다는 얘기다. 그렇다면 도대체 어디에 저장돼 있는가? 데이비스는 그 형태 정보가 세포 전체 혹은 몸 전체에 분산돼 있다고 말한다. 여기서 거듭 분명해지는 것은 다음 사실이다. 생명체는 몸을 이루는 물질과 비물질적인 정보의 복합체이며, 이 정보는 유전자에 한정되지 않고 훨씬 더 넓은 범위에 퍼져 있다.

그렇다면 이 '정보'라는 것은 생명체의 탄생과 함께 처음 출현한 것일까? 그렇지 않다고 데이비스는 말한다. 생명 발생 이전의 물질 세계도 물질 자체와 함께 어떤 정보로 이루어져 있으며, 그 정보가 물질의 운동에 방향성을 준다는 것이다. 이 대목에서 데이비스는 생명의 기원을 보는 두 가지 관점을 제시한다. 하나가 생물학자 자크 모노(Jacques Monod)가 이야기한 '통계적 요행'이다. 생명의 탄생과 인간의 출현은 무수한 우연이 중첩돼 일어난 기적 같은 사건일 뿐이라는 것이 모노의 관점이다. "우주는 생명을 잉태하지 않았고 생물권도 인간을 잉태하지 않았다."

반면에 다른 생물학자 크리스티앙 드뒤브(Christian de Duve)는 '우주적 명령'을 이야기한다. "생명과 인간은 우주 안에 잉태돼 있었다." 다시 말해 우주의 물질에 담긴 자기 진화의 정보 패턴이 생명에 친화적이었기에 생명 탄생이라는 기적이 일어날 수 있었으며, 그 생명의 진화 속에서 인간과 의식과 마음이라는 극한의 복잡성 체계가 출현할 수 있었다는 얘기다. 데이비스의 생각은 드뒤브 쪽에 가깝다. 데이비스는 생명의 탄생을 우주의 명령으로 볼 때 우리 인간의 존재에 "우주적 수준의 의미"가 깃들 수 있다고 말한다. "우리가 진정 집으로 느낄 수 있는 우주는 바로 그런 우주일 것이다."

'라마르크' 되살린 후성유전학

《경험은 어떻게 유전자에 새겨지는가》_데이비드 무어

    인간의 성격 발달에 끼치는 영향을 두고 벌어지는 논쟁에 흔히 등장하는 대립 구도가 '본성 대 양육'이다. 이 구도를 생물학적 언술로 바꾸면 '유전 대 환경'이 되는데, 생물학 영역에서 이 대립 구도를 새롭게 해명하는 분야로 후성유전학이 떠오르고 있다. 미국의 신경과학자 데이비드 무어(David Moore)가 쓴 《경험은 어떻게 유전자에 새겨지는가》는 지난 20년 사이 놀라운 속도로 발전한 후성유전학을 소개하고 이 신흥 학문의 발견들에 담긴 함의를 두루 살피는 책이다.

    20세기 말까지 유전에 관한 학설에서 주류를 이룬 것은 유전자(DNA)가 단독으로 생명체의 형질을 결정한다는 유전자 결정론이었다. 이 유전자 결정론에 반기를 들고 나온 것이 후성유전학이다. 후성유전학(epigenetics)이 무엇을 뜻하는지 알려면 이 단어의 머리에 붙은 '후성'(epi)이라는 말의 뜻을 이해해야 한다.

'후성'이란 유전자 이후에 형성된 것, 그래서 유전자에 덧붙여진 것을 가리킨다. 쉽게 말해서 생명체를 둘러싼 환경 안에서 생명체가 겪은 경험을 뜻한다. 그 후천적 경험이 유전자와 함께 작용해 생명체의 형질을 만들어낸다는 것이 후성유전학의 핵심 주장이다.

그러면 환경과 경험은 어떻게 유전자와 함께 작용하는가. 지난 수십 년 사이 생물학은 유전자가 언제 어디서나 발현하는 것은 아니라는 사실을 밝혀냈다. 유전체 속의 유전자 각각은 일종의 전등과 같아서 스위치를 올리면 켜지고 스위치를 내리면 꺼진다. 유전자가 켜지거나 꺼지는 데 핵심 기능을 하는 것이 '메틸기'인데 이 메틸기가 유전자에 달라붙으면(곧 메틸화하면) 그 유전자의 기능이 꺼지고, 메틸기가 유전자에서 떨어지면(곧 탈메틸화하면) 유전자의 기능이 켜진다. 이 메틸기는 맥락과 상황에 따라, 다시 말해 생명체가 겪는 경험에 따라 유전자를 침묵시키기도 하고 활성화하기도 한다. 이 메틸화 또는 탈메틸화를 통해 생명체의 특성이 만들어진다. 후성유전학은 이렇게 유전자에 경험이 덧붙여져 형성되는 생명체의 특성을 설명하는 학문이다.

이 후성 유전의 효과를 가장 분명하게 보여주는 것이 일란성 쌍둥이다. 일란성 쌍둥이는 수정란 하나가 둘로 쪼개져 각기 따로 분화한 것이기에 유전자 구조가 완벽하게 똑같다. 그런데 이 쌍둥이의 후성 유전 효과를 연구한 결과를 보면, 어린 쌍둥이일수록 그 효과의 패턴이 유사하다가 나이가 들면서 점차 달라진다. 각기 다른 경험이 쌓이면서 패턴이 불일치하는 사례가 늘어나는 것이다. 쌍둥이 형제가 따로 살면서 다른 질병을 앓게 되는 것이 대표적이다.

더 직접적인 사례는 꿀벌에게서 볼 수 있다. 일벌과 여왕벌은 유전자상으로는 전혀 차이가 없다. 그런데도 여왕벌은 일벌보다 몸집이 2배나 크고 수명은 20배나 길다. 또 일벌에게 있는 벌침과 꽃가루바구니가 여왕벌에게는 없다. 이런 차이는 애벌레 시기에 섭식이 다른 데서 온다. 일벌 애벌레와 달리 여왕벌 애벌레는 로열젤리를 먹는데, 로열젤리 속 단백질이 특정한 유전자를 활성화함으로써 애벌레를 여왕벌로 만드는 것이다.

캐나다 맥길대학 연구 팀이 생쥐를 놓고 행한 연구는 이런 후성 유전이 세대를 넘어 대물림되는 경우를 보여준다. 연구 팀은 한쪽에는 새끼 쥐를 잘 보살피는 어미 쥐를 넣고, 다른 쪽에는 그렇지 않은 어미 쥐를 넣어 새끼를 기르게 했다. 새끼를 보살피지 않는 어미 쥐 밑에서 자란 새끼 쥐들을 보니, 뇌 속의 특정 유전자가 활성화되지 못했다. 그 결과로 이 새끼 쥐들은 어미 쥐를 닮아 자식 쥐를 돌보지 않는 경향이 더 컸다. 또 이 쥐들은 스트레스에 대처하는 단백질을 더 적게 생산했고 그런 만큼 스트레스를 잘 견디지 못했다. 이렇게 스트레스에 취약한 새끼 쥐는 주의력이나 학습 능력도 떨어졌다. 이런 사례는 인간이 어린 시절에 학대나 방임을 당하면 그 경험이 성인기까지 갈 수 있음을 암시한다. 이 책은 자살자들의 뇌를 연구한 결과를 살피는데, 그 결과를 보면 학대를 경험한 자살자들의 경우에 뇌의 특정 부위 유전자에서, 일반 사고로 죽은 사람보다 더 많은 메틸화(유전자 비활성화)가 일어났다. 유전자 메틸화가 특정 유전자를 침묵시킴으로써 우울 장애나 정신질환을 유발하고 그것이 당사자를 자살로 이끈 것이다.

더 눈길을 끄는 것은 이런 후성 유전의 효과가 세대를 넘어 대물림된다는 사실을 여러 사례를 통해 밝히는 대목이다. 이 책이 세심히 설명하는 사례는 부모의 경험이 '유전적인' 방식으로, 다시 말해 정자와 난자로 이루어진 생식세포를 통해 직접 대물림되는 경우다. 이제까지 생물학 상식은 부모가 경험 속에서 얻은 후성 유전 효과는 생식세포를 통해 후대로 유전되지 않는다는 것이었다. 정자와 난자가 결합해 수정란이 만들어질 때와 그 수정란이 분화해 원시생식세포가 형성될 때 후성 유전 효과가 모두 제거되기 때문이다. 마치 컴퓨터를 초기화하면 앞에 기록해 두었던 정보가 다 사라지고 애초의 프로그램만 남는 것과 같다.

그러나 최근 생물학자들은 후성 유전 효과가 생식세포를 통해 유전되는 확실한 사례들을 발견했다. '아구티 생쥐'라고 부르는 야생 생쥐에서 어미의 털 색깔이 유전적으로, 다시 말해 생식세포를 통해 새끼로 대물림되는 것이 그런 경우다. 이것은 후성 유전 효과가 생식세포에서 다 지워지지 않는다는 것을 뜻한다. 학자들은 이렇게 후성 유전 효과가 생식세포를 통해 대물림되는 현상이 이 경우 말고도 매우 많을 것으로 추정한다. 여기에 더

해, 새끼 쥐 양육의 경우에서처럼 '비유전적인' 방식으로, 다시 말해 생식세포를 거치지 않고 어미 쥐에서 새끼 쥐로 후성 유전 효과가 이어지는 것을 포함하면 후성 유전의 대물림은 훨씬 더 많아진다.

    이런 사례들은 19세기 프랑스 생물학자 라마르크가 주장한 '후천적으로 획득된 형질의 유전' 학설을 떠올리게 한다. 라마르크의 학설은 20세기 초에 유전자 돌연변이가 개체 변이의 원인이라는 유전자 결정론의 비판을 받고 사라졌다. 그러나 최근의 후성유전학 연구는 유전자 결정론이 틀렸으며 라마르크 학설이 설득력이 있음을 보여준다. 후성유전학의 이런 발견은 인간의 후천적 경험이 당대에 사라지지 않고 어떤 방식으로든 후대에 전달될 수 있음을 암시한다. 유전학에 일대 변혁이 일어나고 있는 것이다.

모든 생명체는 자기생성 하는 닫힌 체계

《자기생성과 인지》_움베르토 마투라나 · 프란시스코 바렐라

움베르토 마투라나(Humberto Maturana, 1928~2021)는 '자기생성'이라는 개념을 창안한 칠레 생물학자다. 마투라나의 초기 연구는 신경생물학에 집중됐는데, 이 연구에서 얻은 가장 중요한 두 편의 논문이 1969년 발표한 〈인지생물학〉과 1972년 동료 생물학자 프란시스코 바렐라(Francisco Varela)와 함께 쓴 〈자기생성: 살아 있음의 조직〉이다. 《자기생성과 인지》는 이 두 편의 논문을 묶은 책이다. 1980년에 나온 이 책은 인문사회과학 전반에 큰 충격을 안겼다. 사회학자 니클라스 루만(Niklas Luhmann)이 마투라나 생물학에 자극받아 사회 체계 이론을 확립한 것이 대표적인 경우다. 20세기 후반 이래 학문 세계를 흔들어댄 이 간결하고도 밀도 높은 저작이 마투라나 연구자 정현주(전남대 철학박사)의 번역으로 나왔다.

이 책의 서문에서 마투라나는 대학에 들어간 이후 두 가지 핵

심 물음이 줄곧 자신을 따라다녔다고 이야기한다. 하나는 "생명체의 고유한 특성은 무엇인가" 하는 물음이었고, 다른 하나는 "생명체는 주위 환경을 어떻게 인식하는가"였다. 첫 번째 물음이 후에 〈자기생성〉으로 귀결했고, 두 번째 물음이 〈인지생물학〉으로 열매를 맺었다.

마투라나는 생명체를 '살아 있는 체계'라고 부르는데, '살아 있음'을 본질로 하는 시스템이라는 뜻이다. 개별 세포에서부터 인간·동물을 거쳐 사회 체계까지 모두 '살아 있는 체계'에 속한다. 초기 연구 과정에서 마투라나는 이 '살아 있는 체계'를 올바르게 이해하려면 기존 생물학의 틀을 뛰어넘지 않으면 안 된다는 것을 절감했다. 그때까지 생물학은 생명체를 '외부로 열린 체계'로 이해했다. '생명체는 외부의 목적을 향해 활동하는 가운데 외부의 규정을 받는다'는 것이 생물학의 일반적 가정이었다. 그러나 이런 식의 가정으로는 '살아 있는 체계'의 고유한 특성이 설명되지 않았다.

여기서 마투라나는 일종의 '도약'을 감행한다. '살아 있는 체계'를 열린 체계가 아닌 닫힌 체계로 본 것이다. '살아 있는 체계'가 외부와 신진대사를 통해 상호 작용하는 것은 사실이다. 그러나 그보다 훨씬 더 본질적인 것은 이 체계가 '자기에 준거하는 폐쇄적 시스템'이라는 사실이다. 살아 있는 체계는 외부의 목적을 향해 작동하는 시스템이 아니라 자기 안에서 스스로 완결되는 시스템이다. 이 생명 체계의 특성을 설명하는 말로 마투라나가 창안한 것이 자기생성 곧 '오토포이에시스'(autopoiesis)다. 그리스어에 기원을 둔 오토포이에시스는 '자기를 스스로'(auto-) '만들어낸다'(-poiesis)는 뜻이다. 자기가 자기를 생산하는 자기생성이야말로 세포-인체-사회를 아우르는 '살아 있는 체계'의 본질이다.

마투라나가 자기생성 개념에 다가가는 과정은 실험실에서 개구리나 비둘기의 시지각을 연구하는 과정이기도 했다. 이 실험실 관찰에서 마투라나는 '동물들의 지각(인지) 방식'에 관한 새로운 통찰을 얻었는데, 그 통찰을 이야기하는 논문이 〈인지생물학〉이다. 여기서도 마투라나는 기존 생물학의 가정을 돌파하는 '도약'을 감행한다. 기존 생물학의 인식론은 '관찰자로부터 독립된 객관적 실재의 인식론'이었다. 다시 말해, 외부의 실재는 관찰자에게서 독립해 있고, 관찰자는 그 독립된 실재를 있는 그대로 지각한다는 것이 기존 생물학의 가정이었다.

그러나 개구리와 비둘기의 시지각 연구는 사태가 그런 가정과는 전혀 다르다는 것을 보여주었다. 개구리나 비둘기 같은 '관찰자'는 객관 사물을 있는 그대로 인식하지 않고, 외부에서 받은 시각적 자극을 시신경 내부의 폐쇄된 뉴런 체계 안에서 독자적으로 구성한다. 다시 말해 색깔이든 형태든 신경계 내부의 구별 체계 안에 배치하는 방식으로 재구성한다. 관찰자의 목표는 사물을 구별하는 데 있지 그것들을 그대로 재현하는 데 있지 않다. 더 의미심장한 발견은 이 관찰자가 실제로 '지각'을 하는 실재와

자기생성 개념을 창안한 칠레 생물학자 움베르토 마투라나.
"물질은 정신이 창조한 것이고, 정신은 물질이 창조한 것이다."

무관하게 '환각'을 경험하든 아무런 차이도 느끼지 못한다는 사실이다. 신경계가 일종의 자기 준거적 폐쇄 체계여서 그 닫힌 체계 안에서는 지각이든 환각이든 모두 실재에 대한 인식으로 받아들여지는 것이다. 여기서 분명해지는 것이 지각 체계는 외부 세계에서 독립된 자율 체계이며 인식은 그 지각 체계 안에서 독자적으로 이루어진다는 사실이다.

이런 사태는 하등동물에만 한정되지 않는다. 인간도 자기 내부의 인식 체계를 통해 지각을 재구성한다. 외부 환경을 있는 그대로 반영하는 것이 아니라는 얘기다. 그렇다면 우리 인간이 보는 우주도 우리 내부의 폐쇄적 인지 체계 안에서 구성된 것으로 보아야 할 것이다. 그리하여 마투라나는 이 발견의 내용이 '일종의 우주론'이고 '초월적 경험에 이르는 길'이라고 말하면서 그 발견의 의미를 이렇게 요약한다. "물질은 정신이 창조한 것이고, 정신은 물질이 창조한 것이다." 물질이 인지 능력을 창조하고, 그 인지 능력이 다시 물질의 존재 양태를 재구성한다는 이야기다. 이어 마투라나는 '자기생성'과 '인지'를 종합한다. 모든 살아 있는 체계는 자기생성 체계이며 이 자기생성 체계는 인지를 통해서 자기를 형성하고 유지한다. 자기생성 체계는 인지 과정이 있는 동안만 존재한다. 인지 없는 생명은 죽은 생명이다. 그러므로 자기생성과 인지 과정은 하나다.

이 책을 쓰고 난 뒤 마투라나는 자신의 생물학 이론을 사회 체계로 확장하기 시작했는데, 이 책의 서문은 간략한 도식으로 그 사회 체계론을 그려 보여준다. 사회 체계가 체계인 한 그 체계는 자기 유지 관성이 있고, 그 체계를 구성하는 개별 인간의 뜻과는 무관하게 움직인다. 그리하여 그 관성이 극단화하면 사회 체계는 모든 개별 인간을 체계 유지에만 이용하는 전체주의 체계가 된다. 전체주의 체계는 인간 학대를 제도화한다. 그러나 개별 인간은 그 체계 안에 있음과 동시에 관찰자로서 인식론적 거리를 두고 그 체계를 볼 수 있다. 그 거리에서 체계의 관성을 거스르는 관찰자의 창의성이 나온다. 창의적 관찰자들은 다른 관찰자들과 상호 작용을 통해 학대 체계 자체를 바꾸는 반사회적 활동을 감행할 수 있다. 그것이 혁명이다. 혁명은 인간의 동등성과 자율성이 보편적으로 보장되는 학대 없는 체계를 이룰 때까지 반복된다. 그런 혁명을 거쳐 도달하는 사회가 '아나키즘 사회'라고 마투라나는 말한다.

과학은 인간-자연의 공창조적 활동

《객체란 무엇인가》_토머스 네일

　신유물론은 21세기 세계관에 일대 변혁을 일으키고 있는 철학 이론이다. 수동적인 죽은 물질이라는 옛 유물론의 물질관을 대체해 능동적인 산 물질이라는 새로운 물질관으로 우주와 인간을 해석하는 것이 신유물론이다. 토머스 네일(Thomas Nail, 미국 덴버대학 교수)은 일군의 신유물론자 가운데 가장 젊은 축에 속하는 철학자다. 네일이 2021년에 펴낸 《객체란 무엇인가》는 '객체'(object)를 자신의 신유물론 관점으로 재해석하고 그 객체에 대한 과학적 탐구의 역사를 재구성하는 야심만만한 작업이다.

　네일은 우리 시대가 '정적 객체'에서 '동적 객체'로 객체 혁명이 일어나고 있는 시대라고 진단한다. 현대 물리학은 미시 세계부터 거시 세계까지 모든 객체가 운동 중에 있다는 것을 밝혀냈다. 아원자 세계는 양자장의 요동으로 가득 차 있고, 우주 전체도 끊임없는 가속 팽창 상태에 있다. '깨질 수 없는 기본 입자'라는 소립자 상은 깨졌고, '부동의 유한한 우주'라는 아인슈타인의 우주관도 무너졌다. 객체는 '운동 과정 중에 있는 물질의 일시적으로 안정된 구성체'일 뿐이다. 네일은 자신의 이런 객체론을 '운동적 과정 객체론'이라고 부른다.

이 책은 먼저 그 객체론에 입각해 기존의 네 가지 '정적 객체론'을 비판적으로 검토한다. 첫 번째가 '객관주의' 객체론이다. 객체는 인간의 의식 바깥에 인간의 관찰과 독립해 존재한다는 것이 객관주의 객체론이다. 이런 객체론을 대표하는 사람이 갈릴레오 갈릴레이(Galileo Galilei, 1564~1642)다. 갈릴레이는 자연이라는 책은 수학이라는 언어로 쓰여 있으며 인간은 수학의 언어를 익혀 자연을 정확히 읽어낼 수 있다고 주장했다. 그러나 자연은 인간의 관찰과 무관하게 존재하는 수학책이 아니다. 전자의 입자성과 파동성이 관찰에 따라 달라진다는 사실 자체가 객관주의를 논박한다. 네일이 두 번째로 비판하는 것이 '구성주의' 객체론이다. 구성주의는 모든 객체가 관찰자의 관찰과 인식을 통해 구성된다고 주장한다. 따라서 이 관점에서 보면 우리는 우리 인식을 통해 구성되기 이전의 '사물 자체'가 무엇인지 알 수 없다. 객체는 인간의 인식을 통해 구성된 것일 뿐이다. 네일이 보기에 구성주의는 객체의 능동성과 행위성을 이해하지 못한다.

이 두 객체론에 이어 네일은 최근에 나온 다른 두 판본을 검토한다. 하나가 '관계적 존재론'이고 다른 하나가 '객체 지향 존재론'이다. 이 판본들은 네일이 속한 신유물론 그룹에서 창출된 존재론이다. '관계적 존재론'은 모든 객체를 관계의 그물 속에서 일시적으로 형성된 매듭으로 본다. 철학자 브뤼노 라투르의 '행위자-네트워크 이론'이 이 관계적 존재론을 대표한다. 이 이론에서 객체는 관계의 효과일 뿐이며 그 자체로 어떤 본질도 없다. 관계적 존재론이란 사실상 객체 없는 네트워크론이다. 반면에 그레이엄 하먼(Graham Harman)의 '객체 지향 존재론'은 객체를 '미지의 사물 자체'로 본다. 하먼의 객체론은 일종의 '주체 없는 칸트주의'다. 칸트의 인식론은 인간의 인식 주관이 '사물 자체'를 영원히 알 수 없다고 보는데, 하먼은 칸트식 인식 주관을 상정하지 않고 객체를 그냥 '알 수 없는 사물 자체'라고 말한다. 객체는 '비밀'을 간직하고서 자기 자신으로 머물러 있다. 하먼의 객체는 "모든 관계로부터 차단된" 고립된 객체다.

그렇다면 우리는 객체를 어떻게 보아야 하는가? 네일은 객체를 '흐름'과 '주름'(접힘)과 '장'(마당)이라는 세 가지 개념으로 설명한다. 모든 물질은 거시적이든 미시적이든 움직이고 유동하는 '흐름' 속에 있다. 물질은 실체가 아니라 과정이다. "과정 또는 흐름으로서 물질은 비결정적이다." 양자 요동 상태의 물질은 '무엇이 될지' 미리 결정돼 있지 않다. 이런 물질의 흐름은 무작정 흐르기만 하는 것이 아니라 "나갔다가 돌아온다." 그렇게 돌아오는 것을 네일은 접힘이라고 부른다. 물질은 흐르되 자기 자신으로 돌아와 접힌다. 물질은 "언제나 운동 중인 접힘"이다. 이 접힘이 준안정적인 패턴을 이룰 때 이 상태를 가리키는 말이 장

(마당)이며, 이 장이 곧 객체다. 그러므로 객체란 물질의 흐름이 접히고 그 접힘들이 모여 패턴을 이룬 것을 가리킨다. 얼음은 물의 특수한 패턴이며, 온도가 올라가 분자 운동이 활발해져 이 패턴이 바뀌면 물이 되고 수증기가 된다. 객체란 이렇게 흐르고 접혀 패턴을 이룬 장으로 존재한다.

네일은 이 객체의 장을 '지식의 장'이라고 부른다. 왜 장은 지식의 장인가? 우리는 보통 지식(앎)을 인간의 일이라고 생각한다. 그러나 지식은 '물질의 창발적 특성'이기도 하다. 물질이 어떤 식으로 패턴을 형성해야 할지 스스로 안다는 얘기다. 하늘을 날아가는 기러기 떼를 보자. 기러기들이 이루는 브이(V)자 패턴이 바로 '지식의 장'이다. 기러기가 서로 자리를 바꾸면서도 브이자 모양은 바뀌지 않고 나아간다. 기러기들은 어떻게 패턴을 이루어야 할지 '알고' 있는 것이다. 이런 지식은 동물한테만 나타나는 것이 아니다. 다이아몬드 같은 광물조차도 원자와 분자들을 어떤 결정으로 조직할지, 그 물질적인 운동적 지식을 갖추고 있다.

식물도 마찬가지다. 네일은 묻는다. "인간이 고사리를 그리면 예술이지만, 물질이 고사리로 성장하면 그것이 예술이 아닌 이유는 무엇인가?" 인간이 달력으로 태양의 움직임을 파악하면 과학이라고 부르면서, 식물이 태양의 움직임을 감지해 싹을 틔우면 기계적 반응이라고 부르는 것은 타당한가? 식물의 잎사귀에 나타나는 프랙털 구조를 식물의 수학적 역량의 실현으로 보면 안 되는가? 태양계 행성의 운동에 관한 케플러의 법칙은 케플러가 발견하기 이전에 이미 태양계가 스스로 자신의 운동을 조율하는 방식이었다!

이렇게 객체를 보게 되면 자연과 문화는 질적으로 다르지 않은 연속체가 된다. 과학사는 물질을 수동적인 것으로 보았지만, 실상은 오히려 반대다. "물질은 능동적이고 감수성이 풍부하며 창조적이다." 지식은 단순히 객체에 대한 인간의 앎에 그치는 것이 아니라, 객체 자체가 자신을 조직하는 방식이기도 하다. 그렇다면 과학의 역사도 달리 보아야 한다. 과학적 지식은 객체 세계의 자기 조직 방식이자 그 방식에 대한 인간의 앎이다. 과학은 인간과 자연이 함께 만드는 공-창조적인 활동이다. 그 과학의 역사가 오늘날에 이르러 모든 객체를 '비결정적인 과정적 객체'로 드러낸다고 네일은 말한다.

'사이버 세계'를 지상에 불러낸
마법 같은 고전

《사이버네틱스》_노버트 위너

　사이버네틱스(Cybernetics)라는 말을 처음 세상에 내놓은 수학자 노버트 위너(Norbert Wiener, 1894~1964)의 고전적 저작 《사이버네틱스》가 우리말로 번역돼 나왔다. 이 책은 1948년 초판이 출간된 뒤 지식계와 산업계의 폭발적인 반응을 얻었고, 사이버네틱스는 20세기를 관통하는 가장 중요한 학문적 아이디어 가운데 하나가 됐다.

　이 책의 자궁 노릇을 한 것은 1946년 3월 뉴욕에서 열린 메이시 회의였다. 1953년까지 정기적으로 계속된 이 회의에는 신경생리학자·수학자·공학자·사회학자·인류학자·심리학자가 두루 참여했는데, 위너는 이 회의의 주도자 가운데 한 사람이었다. 메이시 회의의 목표는 기계와 생물과 사회 영역에서 나타나는 '피드백(되먹임) 메커니즘'을 밝히는 것이었다. 여기서 얻은 아이디어와 사례를 바탕으로 삼아 쓴 책이 《사이버네틱스》다.

이 책의 서문에서 위너는 메이시 회의 연구 영역을 아우르는 개념을 '사이버네틱스'라는 신조어로 부르게 된 경위를 설명한다. "우리는 기계와 동물 모두를 대상으로 포괄하는 제어와 커뮤니케이션 이론의 전체 분야를 '사이버네틱스'라고 부르기로 결정했다. 이 이름은 조타수라는 뜻의 그리스어 '키베르네테스'(kybernetes)로 만든 것이다." 사이버네틱스의 가장 원형적인 모습을 배를 모는 조타수(키베르네테스)가 보여준다는 점에서 이 용어를 선택했다는 것이다. 항해의 목표점을 향해 나아가는 조타수는 방향이 잘못됐을 경우 키를 조정함으로써 방향을 바로잡는다. 앞선 행동의 결과를 다음 행동에 반영하는 '피드백'을 반복해 항해의 목표를 이루는 것이다.

이렇게 목적 있는 행동을 할 때 피드백을 사용하는 것은 인간의 행동에 국한되지 않는다. 먼 거리를 날아가기 위해 기상 정보를 받아들여 진로를 바꾸는 철새, 인간 몸의 항상성을 유지하기 위해 호르몬을 분비하는 장기, 생물 개체가 모여 자체 항상성을 유지하는 사회도 피드백 메커니즘을 이용한다. 더 나아가 자동 조절 장치에서도 피드백 현상을 찾아볼 수 있다. 사이버네틱스는 인간·동물·사회·기계 같은 여러 '목적론적 계(시스템)'에서 볼 수 있는 제어와 커뮤니케이션의 메커니즘을 해명하고, 한 영역에서 해명된 메커니즘을 다른 영역에 적용하는 기획이다. 피드백을 통해 자기 조절에 이르는 메커니즘을 규명하는 학문이 사이버네틱스인 셈이다. 이 사이버네틱스는 특히 자기 제어 시스템 기술을 연구하는 데 커다란 영향을 주었고, 여기서 인공지능·제어공학·통신공학·인간공학이 뻗어 나왔다. 또 여기서 '사이버네틱 오거니즘'(cybernetic organism)이라는 말을 축약한 사이보그라는 말이 태어났으며 '사이버'를 접두사로 삼은 무수한 기술 영역이 탄생했다. 위너의 사이버네틱스는 사회학·경제학·심리학·교육학·철학에도 깊은 영향을 주었다.

이 책에서 눈에 띄는 것은 위너가 사이버네틱스의 산업화 가능성을 일찍이 알아보았고 기술의 발전이 가져올 위험을 미리 경고했다는 사실이다. "진보는 시대의 소유다. 우리가 진보를 억제한다고 해도 이 기술의 발전을 가장 무책임하고 욕심 많은 기술자들의 손에 넘기는 결과만 생길 것이다. 우리가 할 수 있는 최선은 이 연구의 동향과 의의를 널리 알리고 이 영역에서 우리의 노력을 생리학이나 심리학과 같이, 전쟁과 착취에서 멀리 떨어진 분야에 한정하는 일이다." 위너는 그 뒤에 쓴 《인간의 인간적 사용》이라는 책에서 사이버네틱스 공학이 가져올 사회적 위험성을 상세히 알리기도 했다. 위너의 사이버네틱스는 막대한 기술 진보를 낳은 학문적 창조물인 동시에 인간이 기술에 종속되는 위험 사회를 불러낸 마법사의 주문이었음을 이후 역사는 보여주었다.

사이버네틱스 창시자의 '인공지능' 경고

—

《신&골렘 주식회사》_노버트 위너

    노버트 위너는 '사이버네틱스'를 창시한 미국의 수학자다. 18살에 하버드대학에서 박사학위를 받고 38살에 매사추세츠공과대학(MIT) 정교수가 된 위너는 1940년대에 수학자·과학자들과 '메이시회의'를 조직해 사이버네틱스라는 새로운 학문 분야를 개척하고 1948년 자신의 혁명적 이론을 담은 저서 《사이버네틱스》를 출간했다. 위너가 세상을 떠나기 1년 전 출간한 《신&골렘 주식회사》(1963)는 사이버네틱스 창시자로서 저자가 이 학문의 실천적 적용이 가져올 위험을 경고하는 책이다.

    사이버네틱스는 20세기 후반 이후 과학 기술 혁명의 기폭제가 된 이론이다. 사이버네틱스의 핵심은 기계의 자기 제어와 자기 조절을 통한 자기 향상이라고 할 수 있다. 위너의 사이버네틱스는 애초 인간과 사회와 자연을 포함한 모든 시스템에 적용되는 학문 이론으로 창안됐으나, 1950년대 이후 모든 관심은 이 이론을 적용한 첨단 기술 개발에 집중됐고, 오늘날 번창하는 인공지능 산업의 이론적 토대가 됐다. 위너는 사이버네틱스가 기술 개발에 맹목적으로 쓰이는 데 위기감을 느끼고 《인간의 인간적 사용》(1950)이라는 저작에서 사이버네틱스의 윤리적·사회적 영향을 살폈고, 다시 《신&골렘 주식회사》에서 더 강한 톤으로 사이버네틱스의 어두운 면을 부각했다.

이 책에서 위너는 먼저 세 가지 질문을 던짐으로써 사이버네틱스의 본질적 특성을 드러낸다. 첫째, 기계는 학습할 수 있는가. 둘째, 기계는 생물의 번식 과정에서 발견되는 메커니즘으로 자기 재생산을 할 수 있는가. 셋째, 기계가 학습할 수 있고 자기 재생산을 할 수 있다면 그 측면에서 인간의 능력과 동등하다고 할 수 있는가. 첫 번째 물음과 관련해 기계가 학습할 수 있다는 것은 더 거론할 필요가 없게 분명해졌다. 두 번째 물음에 대해 위너는 기계가 생물체와 똑같이 번식하는 것은 아니지만 생물체의 번식과 유사한 방식으로 자기를 재생산할 수 있다고 말한다. "기계의 재생산과 생물의 번식이 다를 수 있지만, 둘은 유사한 결과에 이르는 평행적 과정이다."

세 번째 물음과 관련해 위너는 기계에 목적과 방법을 부여하는 것은 인간일 수밖에 없다는 전제 아래, 기계의 능력이 인간의 능력과 동등하거나 더 뛰어나다고 말한다. 문제는 그 목적을 달성하기 위해 기계가 선택할 수 있는 전략과 그 결과를 인간이 완전히 예측할 수 없다는 점이다. 그런 이유로 위너는 기계에 지나치게 의존하는 것은 위험하다고 말한다. 기계는 목적과 수단이 지닌 도덕적 쟁점에 무관심하므로 그대로 내버려 두면 무서운 결말을 낳을 수 있다는 것이다. 위너는 괴테의 시 〈마법사의 제자〉에 나오는 얘기, 곧 마법사의 제자가 마법을 부려 빗자루더러 물을 채우게 했으나 빗자루를 멈추게 하는 주문을 몰라 익사할 위기에 빠진다는 얘기를 들어 인공지능 개발이 가져올 수도 있는 파국을 경고한다.

그렇다고 해서 인공지능 개발을 무조건 금지하자는 것이 위너의 주장은 아니다. 이 책의 결론은 사이버네틱스 기술의 사회적·윤리적 위험을 미리 알고 거기에 충분히 대비하면서 인간과 기계가 협력할 길을 찾아야 한다는 것이다. 이 책의 제목은 그런 결론을 암시한다. 피조물을 창조한 신처럼 인공지능을 창조했다는 점에서 인간도 일종의 '신'이라고 할 수 있다. 또 '골렘'은 프라하의 랍비가 진흙으로 빚어 마법으로 생명을 불어넣어 만들었다는 생명체의 이름이다. '인간 곧 신'과 '골렘 곧 기계'가 윤리적 성찰 속에서 협력할 때 인류의 삶에 도움이 되는 길을 열 수 있음을 이 책은 이야기하고 있다.

아리스토텔레스 우주론 붕괴시킨
16세기 세계관 혁명

《과학혁명과 세계관의 전환 1·2·3》_야마모토 요시타카

　야마모토 요시타카(山本義隆)는 근대 과학사 연구에서 걸출한 업적을 낸 일본의 과학사가다. 야마모토의 과학사 연구는《과학의 탄생: 자력과 중력의 발견》《16세기 문화혁명》《과학혁명과 세계관의 전환》이라는 3부작으로 갈무리됐는데, 이 3부작의 마지막을 이루는《과학혁명과 세계관의 전환》이 세 권으로 나뉘어 우리말로 완역됐다. 이로써 야마모토의 과학사 3부작을 모두 한국어로 읽을 수 있게 됐다.

　3부작 첫 책《과학의 탄생》이 17세기 유럽 과학혁명을 이끈 동력이 '자력과 중력의 발견'에 있음을 논증했다면,《16세기 문화혁명》은 과학사에서 주목받지 못했던 직인·상인들의 연구와 발견이 과학혁명에 도화선이 됐음을 입증했다.《과학혁명과 세계관의 전환》은《16세기 문화혁명》에서 다루지 않은 주제, 곧 이 시기에 어떤 이론적 경로를 거쳐 세계관에 일대 변혁이 일어나

과학혁명으로 이어졌는지를 탐사한다. 15세기 후반부터 17세기 초엽까지 150년에 걸친 그 변혁의 전모를 살피는 것이 책의 내용이다. 이 책이 출발점으로 삼는 것은 근대 이전 유럽인의 세계관을 지배하던 고대 그리스의 사상, 곧 아리스토텔레스의 우주론과 프톨레마이오스의 천문학이다. 아리스토텔레스 우주론은 철학적 사유로 우주의 구조와 원리를 설명하는 것인 데 반해, 프톨레마이오스 천문학은 관측과 계산으로 천체의 운행과 변화를 예측하는 작업이다.

아리스토텔레스 우주론의 기초가 되는 것은 흙·물·공기·불이라는 원소가 물질 세계를 구성한다는 4원소설이다. 이 원소들 가운데 가장 무거운 흙이 뭉쳐 지구를 이룬다. 또 그다음으로 무거운 물이 지구 표면을 덮는다. 이어 물보다 가벼운 공기가 공중을 채우고 가장 가벼운 불이 지구의 바깥층을 감싼다. 더 주목할 것은 아리스토텔레스의 '이원적 우주상'이다. 우주는 크게 보아 '달 아래 지상 세계'와 '달 위의 천상 세계'로 나뉘어 있다. 천상 세계는 수성-금성-태양-화성-목성-토성의 순서로 층을 이루고 그 바깥을 항성천이 둘러싸고 있다. 아리스토텔레스는 이 우주의 구조를 '양파 모양'으로 이해했다. 지구를 중심으로 한 지상 세계가 양파의 핵이라면 그 바깥을 달의 층이 감싸고, 이어 수성부터 토성까지 각각의 층이 쌓인 뒤 마지막을 붙박이별들의 항성천이 덮는다. 항성천이 양파의 겉껍질인 셈이다.

아리스토텔레스 우주론에서 한 번 더 주목할 것은 달과 태양과 행성을 포함한 모든 별들이 양파의 각 층 곧 '천구'에 붙박여 있다는 점이다. 달이나 태양이 직접 지구를 도는 것이 아니라 이 별이 박힌 천구들이 각자 도는 것이다. 또 아리스토텔레스는 항성천 바깥에 '부동의 원동자' 곧 '최초의 움직임을 주는 신'이 있다고 보았다. 그리하여 가장 먼 항성천이 회전하면 그 힘을 받아 그 안쪽의 천구가 도는 방식으로 달의 천구까지 회전하게 된다. 아리스토텔레스의 우주론에서 4원소로 이루어진 지상 세계는 생성·변화가 끊이지 않는 가변 세계인 데 반해, 천상 세계는 에테르라는 제5원소로 이루어진 불변 세계다. 아리스토텔레스는 지구를 중심으로 하여 천상의 모든 별들이 완벽한 원운동을 한다고 설명했다.

이런 아리스토텔레스 우주론에는 명백한 약점이 있다. 그 약점 가운데 하나가 일식 문제다. 아리스토텔레스는 일식이 지구와 태양 사이에 달이 들어와 일어나는 현상임을 알고 있었다. 그러나 왜 어떤 때는 '개기일식'이 일어나고 다른 때는 '금환일식'이 일어나는지를 아리스토텔레스 우주론은 설명하지 못한다. 천구가 지구를 중심으로 삼아 완벽한 원운동을 한다면, 지구에서 보는 달의 크기가 달라져선 안 되기 때문이다. 여기서 프톨레마이오스의 천문학이 태어났다. 프톨레마이오스는 지구가 우주의 중심이며 행성과 항성이 원운동을 한다는 아리스토텔레스의 우주론을 받아들였지만, 여기에 몇 가지 조건을 덧붙였다. 그 조건 가운데 하나가 '이심원'다. 이심원(離心圓)이란 태양을 포함한 행성들이 지구에서 조금 떨어진 지점을 중심으로 삼아 원운동을 한다는 것을 가리킨다. 그렇게 이심원을 도입하면 일식이 달라지는 현상을 설명할 수 있다.

아리스토텔레스와 프톨레마이오스는 12세기 이후 서유럽 세계에서 재발견됐다. 아랍 세계를 거쳐 고대 학문이 다시 들어온 것이다. 이때 먼저 유럽인에게 받아들여진 것이 아리스토텔레스였다. 아리스토텔레스 우주론은 14세기에 기독교의 공인을 받았다. 프톨레마이오스의 천문학은 아리스토텔레스 우주론에 위배되는 주장을 담고 있었기에 15세기 후반에야 수용될 수 있었다. 독일 천문학자 레기오몬타누스(Regiomontanus, 1436~1476)가 프톨레마이오스의 주저 《알마게스트》를 처음 번역했다. 레기오몬타누스를 통해서 유럽 천문학은 고대 천문학 수준을 회복했고 이후 급속히 발전했다. 그 발전이 도달한 첫 번째 거대한 전환점이 16세기 중엽 코페르니쿠스 혁명이었다.

코페르니쿠스(Nicolaus Copernicus, 1473~1543)의 혁명은 지구 중심설을 태양 중심설로 바꾼 것으로 요약되지만, 핵심은 지구를 행성의 대열에 배치했다는 데 있다. 이 배치와 함께 아리스토텔레스가 가정했던 지상 세계와 천상 세계의 위계가 통째로 무너져 내렸다. 다음 세대의 덴마크 천문학자 튀코 브라헤(Tycho Brahe, 1546~1601)는 1570년대에 신성과 혜성의 출현을 관찰해 아리스토텔레스 우주관에 또 한 번 타격을 입혔다. 아리스토텔레스가 불변의 에테르 세계라고 보았던 천상 세계에서 혜성과 신성이 출현해 활동한다는 사실을 알아낸 것이다. 혜성이 마음대로 천상 세계를 날아다닌다면 양파처럼 하늘을 겹겹이 감싼 단단한 천구도 없는 셈이다.

천구가 사라진 이상, 이 천상의 별들을 움직이는 원동력은 다른 곳에서 찾을 수밖에 없다. 이 문제를 해결한 사람이 요하네스 케플러(Johannes Kepler, 1571~1630)였다. 케플러는 태양의 힘이 다른 행성을 움직인다는 중력 개념에 처음으로 도달했다. 이 힘의 개념에 의지해 케플러는 행성들이 원운동을 하는 것이 아니라 달걀 모양의 타원운동을 한다는 사실을 입증했다. 그리하여 우주의 대칭성이 깨졌다. 아리스토텔레스 우주론은 최후의 일격을 당했다. 케플러의 이 발견에서 한발 더 나아간 것이 17세기 뉴턴(Isaac Newton, 1643~1727)의 혁명이었다. 150년에 이르는 이 세계관의 전환을 통해 고대의 우주론이 붕괴하고 근대 물리학의 시대가 열린 것이다.

지구 품은 더 넓은 페미니즘

《포스트휴먼 페미니즘》_로지 브라이도티

　로지 브라이도티(Rosi Braidotti)는 21세기 페미니즘 담론의 최전선에 선 철학자다. 브라이도티의 이력은 그 광역성으로 눈길을 끈다. 1954년 이탈리아에서 태어나 오스트레일리아에서 학부를 마치고 프랑스 소르본대학에서 철학 박사학위를 받은 뒤 1988년부터 2022년까지 네덜란드 위트레흐트대학 교수를 지냈다. 사유의 이력도 거주 이력을 닮아 페미니즘 이론부터 신유물론 철학까지 드넓은 영역을 가로지른다. 브라이도티의 근년 작업은 '포스트휴머니즘'과 '페미니즘'의 통합적 사유로 집결됐는데, 《포스트휴먼 페미니즘》(2022)은 그 최근 작업의 결과물이자, 《포스트휴먼》(2013)과 《포스트휴먼 지식》(2019)을 잇는 포스트휴머니즘 3부작의 완결편이다.

　브라이도티의 논의를 따라잡으려면 먼저 '포스트휴머니즘'이 무엇인지 알아볼 필요가 있다. 포스트휴머니즘은 간략히 말하면

'인간 이후의 인간'에 대한 사유를 뜻한다. 브라이도티가 이 책에서 초점을 맞추는 포스트휴머니즘은 인간의 종적 특권을 부정하는 사유, 다시 말해 인간을 인간 아닌 자연물과 질적으로 다르지 않은 존재로 보는 사유다. 인간 중심주의(휴머니즘) 너머로 시야를 확장해, 인간이 다른 비인간 존재자와 어떤 관계를 맺어야 하는가를 탐구하는 것이 브라이도티가 주목하는 포스트휴머니즘이다. 브라이도티는 이 포스트휴머니즘 논의가 올바른 방향을 잡으려면 반드시 페미니즘의 비판적 개입이 필요하다고 본다. 이런 관점에 따라 '포스트휴먼 시대'에 걸맞은 페미니즘, 곧 '포스트휴먼 페미니즘'의 밑그림을 그려 보이는 작업이 이 책이다.

브라이도티는 페미니즘 담론의 역사를 되짚어봄으로써 자신이 생각하는 '포스트휴먼 페미니즘'의 기틀을 마련한다. 그 출발점에 있는 것이 프랑스혁명 시기의 올랭프 드 구주(Olympe de Gouges)와 메리 울스턴크래프트(Mary Wollstonecraft)의 '자유주의 페미니즘'이다. 자유주의 페미니즘은 휴머니즘이라는 당대의 이상을 바탕으로 삼아 피어난 여성 해방 사상이다. 여기서 검토해볼 것이 휴머니즘이라는 말의 함의다. 휴머니즘 곧 인간주의가 말하는 인간은 남자를 표준으로 하는 인간이다. 남자(man)가 곧 인간(man)이다. 페미니즘 운동은 오랫동안 남자가 대표하는 인간의 권리에 평등하게 참여하는 것을 목표로 삼았다. 눈여겨볼 것은 이 남자가 유럽 백인 남성이라는 사실이다. 휴머니즘은 유럽 백인 남성을 중심에 두기에, 그 바깥의 인간을 인간의 범주에서 배제했다. 마찬가지로 자유주의 페미니즘도 유럽과 백인의 테두리를 벗어나지 못했다.

그 자유주의 페미니즘의 최근 판본이 '신자유주의 페미니즘'이다. 브라이도티는 신자유주의 페미니즘의 반페미니즘적 행태를 통렬하게 비판한다. 성공한 미국 백인 여성에게서 흔히 보이는 신자유주의 페미니즘은 자본주의 체제에서 부를 쌓고 힘을 기르는 것을 최고의 목표로 삼는다. 정치적 영역에서 이 신자유주의 페미니즘은 더욱 위험한 형태를 띤다. 많은 신자유주의 페미니스트들이 정치적 우익이 될 뿐만 아니라, 여성 권리 신장을 명분으로 내세워 비서구 문화권을 공격하는 '문명의 전사' 노릇까지 한다. 반페미니스트 조지 부시 대통령이 '이슬람 여성 억압'을 핑계로 삼아 아프가니스탄을 침공하고, 힐러리 클린턴이 그런 침략을 지지한 것은 제국주의와 결탁한 신자유주의 페미니즘의 반동성을 여실히 보여준다. '백인 특권'과 '계급 특권'을 당연하게 여기는 신자유주의 페미니즘의 여성 해방은 비백인 하층민 여성의 "상처에 소금을 뿌리는" 해방일 뿐이다.

이 신자유주의 페미니즘에 대립하는 것이 신사회주의 페미니즘이다. 신사회주의 페미니즘은 젠더 평등과 함께 계급 평등을 앞세우기에 변혁적 성격을 띤다. 그러나 신사회주의 페미니즘은 신자유주의 페미니즘과 어떤 한계를 공유한다. '인간의 외부'를 사유하지 못한다는 것이 바로 그 한계다. 신사회주의 페미니즘은 인간 내부의 문제에 몰두하는 나머지, 인간과 비-인간 존재

페미니즘 담론 최전선에 선 철학자 로지 브라이도티.
"토착민의 관계 철학은 (자연과 인간의) 이원론을
서구 철학의 특수한 병리학으로 본다."

자의 관계를 시야에 넣지 못한다. 브라이도티가 이 지점에서 주목하는 것이 1970년대에 등장한 '에코페미니즘'(생태 페미니즘)이다. 에코페미니즘은 휴머니즘이 당연한 것으로 전제해 온 '자연-문화'의 이분법을 거부하고, 동물과 식물, 나아가 지구 전체까지 페미니즘의 품에 넣는다. 에코페미니즘은 성차별주의와 인종차별주의를 거부하듯 '종차별주의'(speciesism)를 거부한다. 인간이라는 종을 특권화하는 것은 백인 남성을 특권화하는 것과 본질적으로 다르지 않다. 에코페미니즘은 인간이 자연과 깊은 내적 연결성 속에서 살아가고 있음을 강조한다. 자연 없이 인간은 존재할 수 없다.

이 에코페미니즘의 연장선에서 브라이도티는 아메리카-오스트레일리아 토착민의 우주관이 낳은 토착민 페미니즘에도 주목한다. 이 토착민들이야말로 서구 백인의 식민주의 침략으로 소멸의 위기에 몰린 집단이다. 이 토착민들은 만물이 하나로 연결돼 있다는 '관계의 존재론'으로 인간과 자연을 이해했다. "토착민의 관계 철학은 (자연과 인간의) 이원론을 서구 철학의 특수한 병리학으로 본다." 서구의 인간 중심적 이원론이야말로 지구 전체의 시야에서 보면 기이한 병적인 사상이다. 에코 페미니즘과 함께 토착민의 관계론은 '포스트휴먼 페미니즘'의 핵심을 구성한다. 나아가 브라이도티는 지구가 박테리아의 공생관계를 통해 하나의 커다란 생명체를 이룬다는 제임스 러브록(James Lovelock)과 린 마굴리스(Lynn Margulis)의 '가이아 이론'도 받아들인다. 인간을 포함해 자연의 모든 것은 하나로 연결돼 살아 있는 전체를 형성한다. 인간과 비인간은 그 전체 안에서 각자의 존재를 존중받아야 한다. 소수 특권층의 번영에 대다수 인류가 제물이 돼서는 안 되듯, 인간이라는 특수한 종의 번영에 다른 모든 생명이 희생당해서는 안 된다.

  브라이도티의 포스트휴먼 페미니즘은 '우리'를 강조한다. 그 우리는 '서로 다른 것들이 모여 평등한 관계를 이루는' 우리, 그리하여 젠더-계급-인종을 가로지르는 우리를 넘어 인간과 자연, 생명과 물질을 아우르는 우리다. 그 우리가 이 지구라는 행성을 집으로 삼아 함께 살아가고 있다. 포스트휴먼 페미니즘은 모든 종류의 착취와 억압에 반대하는 공생의 페미니즘이다. 이런 총체적 공생의 사상이 아니고서는 자본주의의 무한 질주가 낳은 지구적 차원의 생명 위기를 이겨낼 수 없다고 브라이도티는 말한다.

'어머니 지구'가 아니라
'연인 지구'를 상상하자

《비판적 에코페미니즘》_그레타 가드

　《비판적 에코페미니즘》은 생태문학비평으로 알려진 그레타 가드(Greta Gaard, 미국 위스콘신대학 영문학과 교수)의 2017년 저작이다. 이 저작에서 가드는 기존의 에코페미니즘 이론에 동물권 이론, 비거니즘, 섹슈얼리티 이론, 퀴어 이론을 접합하고, 비인간 행위자의 능동성에 주목하는 신유물론을 결합해 새로운 에코페미니즘 이론을 제시한다. 국내에 번역된 마리아 미즈(Maria Mies)와 반다나 시바(Vandana Shiva)의 '에코페미니즘'의 뒤를 잇는, 한층 더 급진적이고 비판적인 에코페미니즘이라고 할 만하다.

　에코페미니즘은 생태주의와 페미니즘을 통합적으로 사유함으로써 삶의 대안을 제시하는 이론이다. 이 이론은 1974년 페미니스트 프랑수아즈 도본(Françoise d'Eaubonne)이 《페미니즘인가 파멸인가》에서 처음 제시했다. 이 책에서 도본은 남성 중심

체제가 지구 자원 파괴의 원인이라고 규정했다. 이후 에코페미니즘은 여성을 자연과 한편에 묶어서 열등한 지배 대상으로 인식한 서구 이원론을 가부장제·군사주의·개발주의와 함께 비판했다. 에코페미니스트들은 여성이 지닌 모성 능력과 돌봄 능력에 생태 위기를 해결할 잠재력이 있음을 강조했다. 나아가 고대로부터 내려오는 '여신의 영성'을 되살리고 생명·돌봄·연대 같은 '여성적 가치'로 새로운 삶의 양식을 만들어 가야 한다고 주장했다.

에코페미니스트들의 이런 주장은 여성의 고유한 생물학적 특성에서 생태 위기를 극복할 길을 찾는다는 점에서 '본질주의'라는 비판을 받기도 했다. 마리아 미즈와 반다나 시바는 1993년에 펴낸 《에코페미니즘》에서 이런 본질주의를 비판하고, 여성이 계급·인종·섹슈얼리티에 따라 구획되고 억압받는다는 점에 주목했다. 또 인간을 포함한 생명체의 상품화를 이끌어 온 자본주의에 저항하는 변혁적 페미니즘을 주창했다. 여성 억압과 생태 위기가 식민주의에 기반한 자본주의 가부장제 세계 체제의 결과임을 지적하면서 '사회주의 에코페미니즘'을 대안으로 제시한 것이다.

가드의 '비판적 에코페미니즘'은 이런 논의를 급진적으로 재해석하고 확장한다. 이때 가드가 이론의 기반으로 삼는 것이 오스트레일리아 페미니즘 생태철학자 발 플럼우드(Val Plumwood)의 저작이다. 플럼우드는 자신이 악어에게 잡아먹힐 뻔한 경험을 이야기한 《악어의 눈》으로도 국내에 알려진 작가다. 플럼우드의 에코페미니즘은 지구상의 모든 생명체를 '지구타자'(earthothers)라고 표현한다. 지구타자에는 동물과 식물뿐만 아니라 인간도 포함된다. 이 지구타자들은 서로가 서로에게 먹고 먹힘으로써 몸으로 얽힌 존재다. 공기와 물을 비롯해 지구를 구성하는 모든 물질은 서로의 몸을 가로지르며 관계를 맺어 간다. 지구타자들은 행위자로서 소통 능력을 지니고 삶을 공동으로 구성하고 공동으로 생산하는 반려자다.

가드는 플럼우드의 이런 생각을 바탕으로 삼아 기존 에코페미니즘 이론을 재해석하고 여기에 '종 간 정의'(생물종과 생물종 사이의 정의), 퀴어 에로티시즘, 동물 연구와 식물 연구, 포스트휴머니즘, 신유물론적 페미니즘 같은 최근 논의를 폭넓게 받아들여 비판적 에코페미니즘을 구축한다. 그 구축의 결과가 이 책이다. 이 책에서 가드는 국가주의·식민주의·계급주의·종 차별 같은 반생태적인 기획을 비판하고, 인류가 '인간 정복자'가 아닌 '생물적 시민'이 되는 길을 제시한다. 또 지구를 상상하는 방식으로 그동안 유력하게 통용됐던 '어머니 메타포'를 '연인 메타포'로 전환할 것을 주장한다. 지구는 인간을 품어 살리는 어머니가 아니라 모든 복수종이 사랑으로 어우러지는 생명의 연인이다.

"나는 여신보다는 사이보그가 되겠다"

《영장류, 사이보그 그리고 여자》_도나 해러웨이

　도나 해러웨이(Donna Haraway)는 전복적 상상력으로 페미니즘 이론을 혁신한 미국의 학자다. 해러웨이의 이력은 독특하다. 동물학·철학·문학을 전공하고 생물학 박사학위를 받은 뒤 과학사학자가 됐다. 이런 이력에서 짐작할 수 있듯 해러웨이는 인문학과 자연과학을 자유롭게 넘나드는 언어와 사유로 페미니즘 이론의 새 국면을 열어젖혔다. 해러웨이의 대표작으로는 《영장류, 사이보그 그리고 여자》(1991)가 꼽히는데, 이 책이 21년 만에 재번역돼 나왔다.

　이 책은 1978년부터 1989년까지 발표한 글 10편을 묶은 논문 모음이다. 해러웨이는 이 10여 년 사이에 백인 여성의 정체성을 지닌 사회주의 페미니스트에서 "여러 낙인이 새겨진 사이보그 페미니스트"가 됐다. 글의 순서가 해러웨이 자신의 이론적 성숙 과정을 보여준다는 얘기다. 이때의 성숙은 원만해진다는 뜻이 아니라 도발성과 전복성이 커진다는 뜻이다. 특히 제3부에 실린 〈사이보그 선언문〉(1985)은 해러웨이 사유의 정점을 보여준다. 이 글은 망치 같은 언어로 학문 전반에 충격을 안겼다.

해러웨이의 사유 망치가 부수려 하는 것은 장벽처럼 굳게 서 있는 존재론적 경계다. 책의 제목에 등장하는 '영장류, 사이보그, 여자'가 이 경계에 놓인 존재들이다. 영장류는 인간과 동물의 경계에 선 존재이며, 사이보그는 인간과 기계의 경계에 선 존재다. 마찬가지로 여자는 아리스토텔레스 이래 서구 사유 전통에서 인간(남성)과 비인간 사이의 존재였다. 이 경계의 존재들은 양쪽에 걸쳐 있기에 일종의 키메라, 곧 괴물(monster)이다. 괴물이란 '무언가를 보여주는'(demonstrate) 존재다. 기존의 완고한 경계를 지우는 해방의 상상력을 자극하고 보여주기에 괴물이다. 이 상상력으로 해러웨이는 앞 시대 페미니즘 이론들, 곧 자유주의 페미니즘, 사회주의 페미니즘, 급진적 페미니즘을 해체한다. 해러웨이의 전복적 사유가 응집된 〈사이보그 선언문〉이 기존 페미니즘 담론의 토대를 허물고 새로운 페미니즘의 상상력을 펼쳐 보이는 장이다. 그 페미니즘을 해러웨이는 '사이보그 페미니즘'이라고 부른다.

사이보그 페미니즘이 무엇을 뜻하는지 알려면 해러웨이가 비판하는 페미니즘, 특히 급진적 페미니즘의 이론 구조를 들여다봐야 한다. 이 글에서 해러웨이는 캐서린 매키넌(Catharine MacKinnon)이 제시한 급진 페미니즘 이론을 검토한다. 매키넌

페미니즘의 핵심은 '여성의 기원이 타자의 욕망에 있다'는 주장에 있다. 남성의 욕망이 여성을 성적으로 대상화함으로써 그 대상화의 결과로 여성이 여성으로 구성돼 실존하게 된다는 얘기다. 여성은 남성 욕망이 만든 대상일 뿐이다. 그러므로 여성이라는 범주는 자연적인 것이 아니며 일종의 허구다. 여기서 매키넌은 사태를 역전시킨다. 다시 말해, 남성의 성적 대상화를 통해 만들어진 여성이라는 허구를 역으로 여성 정체성의 근거로 삼는다. 남성 욕망의 대상화라는 표지를 안고 여성 전체가 여성이라는 범주로 한 묶음이 되는 것이다. 이렇게 하여 급진 페미니즘은 여성 범주로 모든 여성을 포괄하는 '극단적 총체화'를 감행한다.

해러웨이는 여기에 급진 페미니즘의 치명적인 함정이 있다고 말한다. 여성은 인종·민족·계급으로 수없이 나뉘어 있기에 단일한 범주로 묶일 수 없고 동일한 정체성을 지닐 수 없다. 급진 페미니즘은 여성의 수많은 차이를 말소한다. 그 결과로 탄생하는 것이 유럽계 백인 전문직 여성이 여성 전체를 대표하는 권위주의다. 여성의 공통 경험을 강조하는 급진 페미니즘의 실천 속에서 유색인·하층민·식민지 여성의 온갖 모순과 차별이 지워지고 마는 것이다. 해러웨이는 여성이라는 범주가 근본적으로 허구라는 급진 페미니즘의 주장은 받아들이되, 여성 내부의 무수한 차이를 지워버리는 총체화는 단호히 거부한다. 여기서 해러웨이의 '사이보그 페미니즘'이 등장한다. 여성은 각자 여러 경계에 걸쳐 있고 여러 정체성이 중첩된 잡종적 존재다. 그런 여성을 상징하는 이미지가 '사이보그'다. 해러웨이는 말한다. "우리는 모두 사이보그다."

사이보그라는 말은 사이버네틱스(cybernetics)에 오거니즘(organism)을 결합한 조어다. 기계와 인체가 합체된 '기계인간'이 사이보그다. 1970년대 텔레비전 방영물 〈소머즈〉나 〈6백만불의 사나이〉에서 사이보그의 전형을 볼 수 있다. 해러웨이는 이 사이보그의 이미지를 여성의 존재와 실천을 아우르는 메타포로 쓴다. 사이버네틱스의 본질은 피드백 시스템을 이용해 스스로 자기를 조절하고 향상한다는 데 있다. 그렇다면 사이버네틱스는 인간의 자아에 대한 비유가 될 수도 있다. 여성의 자아 정체성은 앞 시대 페미니즘이 밝힌 대로 '구성된 허구' 혹은 '강요된 허구'다. 그렇다면 그 자아 정체성을 여성들 스스로 각자 새롭게 재구성할 수도 있다. 우리는 몸으로 살아간다. 다시 말해 유기체로 살아간다. 유기체로 살아가면서 우리의 자아 정체성을 재구성하고 우리 자신을 새로 만들어 갈 수 있다. 그렇게 보면 우리의 존재를 사이보그라고 부르는 것도 아주 엉뚱한 일은 아니다.

해러웨이는 여기서 사이보그의 메타포를 한 번 더 확장한다. 사이보그는 인체와 기계의 결합체다. 하지만 반드시 기계가 몸에 영구히 부착돼 있어야만 사이보그가 되는 것은 아니다. 인체와 기계의 외적인 결합도 사이보그를 이룰 수 있다. 우리의 몸이 정보 네트워크와 연결된다면 그 연결 상태로 우리는 사이보그가 된다. 또 사이보그로서 정보 네트워크를 통해 다른 사이보그와 만날 수도 있다. 그리하여 우리는 각자의 정체성을 지닌 채로 서로 연결돼 우리를 지배하는 힘에 대항해 투쟁할 수 있다. 단일한 정체성 지반이 없더라도 이 대항 투쟁 속에서 연대하고 결연할 수 있게 되는 것이다. 여성들은 각자 사이보그 전사로서 제국주의적·군사주의적·자본주의적 지배에 저항할 수 있다. 그 끝에는 젠더 없는 세계, 다시 말해 성역할 구별이 없는 세계가 있을 것이다. 그 유토피아를 향해 나아가는 존재가 사이보그다. 해러웨이는 글의 마지막에 이렇게 쓴다. "나는 여신보다는 사이보그가 되겠다." 여성 정체성의 가장 순도 높은 체현자가 되기보다는 잡종의 괴물로서 자신의 존재를 스스로 만들어 가는 키메라가 되겠다는 선언이다.

바리데기 신화는 '대극의 합일' 이루는 자아의 드라마

《신화와 정신분석》_이창재

　이창재 프로이트정신분석교육원 원장은 연세대에서 철학으로 박사학위를 받은 뒤 정신분석학으로 관심을 돌려 30년 가까이 이 분야를 연구해 온 학자다. 《신화와 정신분석》은 정신분석학의 개념과 방법을 도구로 삼아 한국·중국·일본 신화를 포함해 전 세계의 주요한 신화를 해석한 책이다. 2015년에 출간된 저작의 내용을 전면 수정·보완해 다시 펴냈다.
　신화 해석에 관한 고전적 작품으로는 제임스 프레이저(James Frazer, 1854~1941)의 대작 《황금가지》(1890~1915)가 꼽힌다. 프레이저의 작업은 지크문트 프로이트(Sigmund Freud, 1856~1939)와 카를 융(Carl Jung, 1875~1961)의 신화 해석에 큰 자극을 주었다. 프레이저의 뒤를 잇는 20세기 신화학자 조지프 캠벨(Joseph Campbell, 1904~1987)은 전 세계 신화를 탐사해 신화에 담긴 의미를 독자적 관점에서 해석했다. 이 작업을 할 때 캠벨이 도움을 받은 것이 융과 프로이트의 분석 방법이었다. 《신화와 정신분석》은 캠벨과 유사한 방식으로 프로이트와 융의 개념을 기본으로 삼아 신화를 해석하되, 멜라니 클라인이나 자크 라캉 같은 현대 정신분석학의 해석 방법도 참조한다.

프로이트와 융은 정신분석학이라는 이름으로 함께 묶이기는 하지만, 두 사람의 무의식 이해는 크게 다르다. 프로이트는 자신의 학문을 '정신분석학'이라고 불렀고, 프로이트의 후계자였다가 뒤에 독립한 융은 자신의 연구를 '분석심리학'이라고 칭했다. 두 사람의 길이 갈리는 결정적 지점은 무의식의 원초적 힘, 곧 '리비도'를 어떻게 보느냐에서 발견된다. 프로이트의 이론은 범성욕설로 불리는데, 그 핵심은 '오이디푸스 콤플렉스'다. 3살 이전까지 엄마와 밀착해 있던 유아가 아버지의 침입으로 엄마와 떨어지게 되면 그 아버지를 없애고 엄마와 다시 결합하려는 욕구를 느끼는데, 이 욕구가 좌절될 때 생기는 것이 '오이디푸스 콤플렉스'다. 프로이트의 무의식 이론은 이 오이디푸스 콤플렉스를 중심으로 하여 구성된다. 여기에 더해 후기의 프로이트는 '개체 발생은 계통 발생을 반복한다'는 생물학의 이론을 받아들여, 인류의 선조들이 겪은 중대한 경험의 흔적이 본능에 흡수돼 후손에게 유전된다고 생각했다. 선천적인 본능과 충동이 무의식의 저층을 이루고 여기에 후천적으로 형성된 무의식이 쌓이는 셈이다. 그러나 선천적인 무의식이든 후천적인 무의식이든 성적 욕망이 핵심에 있다는 점에서는 다르지 않다. 이 성적 욕망이 무의식의 드라마를 만들어 간다는 것이 프로이트 이론의 특징이다.

반면에 융은 인간의 원초적 욕망, 곧 리비도를 성욕에 한정하지 않고 보편적인 생명 에너지로 보았다. 프로이트의 범성욕설을 부정하는 것이다. 더 중요한 것은 융이 생각한 무의식이 개인의 경험을 넘어선 집단적 무의식이라는 점이다. 모든 개인은 집단 무의식을 타고난다. 이 집단 무의식은 '그림자, 아니마-아니무스, 자기'라는 원형들로 구성되는데, 이 모든 원형들은 마치 유전자를 통해서 본능을 물려받듯 선천적으로 주어진다. 융은 개인의 자아가 심층적 집단 무의식과 대면해 그 무의식을 차례로 의식에 통합함으로써 자아의 완성, 인격의 완성에 이른다고 보았다. 그 과정을 융은 '개성화 과정' 혹은 '자기 실현'이라고 불렀다. 융과 달리 프로이트는 '억압된 오이디푸스적 소망'을 충족시키려는 충동과 그 충동을 제압하려는 초자아의 명령 사이에서 자아가 형성된다고 본다. 이때 자아에 충분한 힘이 있다면, 대립하는 두 힘을 다스려 균형을 잡을 수 있고 성숙한 자아로 커 나갈 수 있다.

프로이트와 융의 이런 차이는 신화를 해석하는 데서도 그대로 나타난다. 이를테면 '신들의 근친상간'이라는 모티브를 프로이트는 인류가 문명 세계에 진입하는 순간에 형성된 오이디푸스적 소망의 상징으로 해석한다. 프로이트와 달리 융은 신들의 근친상간을 집단무의식 안의 양성성, 곧 '아니마(남성 내부의 여성성)와 아니무스(여성 내부의 남성성)'의 통합을 상징하는 것으로 풀이한다. 영웅 신화를 두고도 두 사람의 생각은 갈린다. 프로이트의 영웅이 오이디푸스적 갈등을 겪는 분열된 인격인 데 반해, 융의 영웅은 집단 무의식 속으로 들어가 온갖 모험을 겪으며 성숙한 인격으로 거듭나는 개인의 자아다. 신화를 보는 프로이트와 융의 눈은 이렇게 다르지만, 저자는 두 사람의 관점을 조합하면 고고학자가 유적을 탐사하듯 신화의 무의식적 지층을 깊이 파 들어갈 수 있다고 말한다.

이 책은 인류 최초의 신화라 할 수메르의 길가메시 신화에서 시작해 세계 전역의 신화를 분석하는데, 특히 영웅 신화 해석이 중심을 이룬다. 영웅 신화는 지역을 막론하고 거의 동일한 구조를 지녔는데, 그 구조는 다음과 같다. '1) 미래의 영웅이 될 아기가 거친 환경에서 태어난다. 2) 친부모에게 버림받은 뒤 양부모에게 양육된다. 3) 청소년기에 자신이 자란 땅을 떠나 모험을 시작한다. 4) 뜻밖의 역경을 겪고 쓰러진다. 5) 조력자의 도움으로 살아나 비범한 능력을 습득한다. 6) 고향으로 돌아가 난제를 해결한다. 7) 영웅으로 칭송받는다.' 이 영웅 신화의 하나가 한국의 무속인 사이에 구전돼 온 '바리데기 신화'다.

바리는 불라국 오구 대왕과 길대 부인의 일곱 번째 딸로 태어나 버림받는다. 딸을 천대하는 집단 문화의 희생양이다. 바리는 노부부에게 발견돼 자라고, 오구 대왕 부부는 큰 병에 걸린다. '막내딸을 버린 탓'이라는 말을 들은 왕이 바리를 찾아낸다. 바리는 부모를 살리려는 마음에 영생수를 찾아 서천서역국으로 모험을 떠난다. 모험은 일종의 '통과 의례'다. 바리가 통과 의례 과정에서 만난 사람 중에 '빨래하는 할멈'이 있는데, 할멈은 "검은 옷을 희게 하고 흰 옷을 검게 하면 가는 길을 가르쳐주겠다"고 한다. 저자는 이 이야기를 무의식의 '그림자'를 정화시켜 자아에 통합하라는 메시지로 해석한다. 바리의 모험은 자아의 모험이다. 바리는 서천서역국에서 거인 '무장승'을 만난다. 무장승은 바리의 무의식 속 남성성 곧 아니무스를 상징한다. 바리의 정신이 온전히 발달하려면 남성성을 받아들여 여성성과 결합해야 한다. 마지막에 바리는 영생수를 구해 고향으로 돌아와 죽은 부모를 살려낸다. 이야기의 표면은 효라는 유교 관념에 감싸여 있다. 하지만 그 속에서 벌어지는 것은 '대극의 합일'을 이루어 자기를 실현하는 자아의 드라마다.

"우주는 영원회귀의 생명"

《철학자가 본 우주의 역사》_윤구병

《철학자가 본 우주의 역사》는 변산공동체학교를 꾸려 농사와 공부를 함께한 철학자 윤구병(전 충북대 교수)의 형이상학적 우주론이 담긴 저작이다. 전작 《꿈꾸는 형이상학》에서 저자는 이렇게 말한 바 있다. "나는 모든 것을 원자나 분자 같은 물질 단위로 환원하려는 근현대 과학의 관점을 받아들일 수 없다. 그래서 근대 과학과 그것을 뒷받침하는 온갖 가설들을 아낌없이 버리고, 처음부터 '땅과 불과 물과 바람'(지수화풍)의 역사를 다시 쓰려고 한다. 살아 움직이는 크나크신 님에게 옛 영광을 돌려드리고 싶다." 이 책은 전작에서 한 다짐을 실행하는 작업이다. 순우리말을 살린 압축적인 언어로 '우주의 역사'를 저자의 고유한 형이상학적 시야에서 다시 쓴다.

이 책은 현대 물리학의 표준 우주론 모형으로 자리 잡은 '빅뱅 이론'을 부정하는 데서 이야기를 시작한다. "무한히 작은 점으로 응축돼 있던 우주가 그 무한한 힘을 스스로 견디지 못하고 어느 천문학적 찰나에 '펑' 하고 폭발해서 이 우주가 생겨났다고?" 저자는 이런 이론을 '우스갯소리'로 치부한다. 근거 없는 가설일 뿐이라는 얘기다. 저자는 빅뱅이라는 물리학자들의 '믿음'에 '영원회귀'라는 자신의 '믿음'을 맞세운다. "우주의 역사는 '없는 것'의 역사와 마찬가지로 태초가 없다. 무한하다. 끝없이 흐르고 또 흐르면서 그 안에 모든 것을 감싸 안는다. 빈 듯이 차 있고 찬 듯이 비어 있는 이 역사는 수사학적으로 영원회귀의 역사다."

저자는 가장 작은 것에서부터 가장 큰 것까지 우주의 모든 것을 아울러 사유하는 것을 형이상학이라고 부르면서, 우주에 대한 형이상학적 이해를 대표하는 것으로 '가득 참'의 관점(파르메니데스)과 '텅 빔'의 관점(불교)을 제시한다. '가득 참'이란 우주가 '있는 것'으로 꽉 차 있음을 뜻하며, 그렇게 꽉 차 있음을 부르는 다른 말이 '하나'(1)다. '텅 빔'이란 '아무것도 없음'을 뜻하며, 간략히 말하면 '빔'(0)이다. '하나'와 '빔'은 우주를 설명하는 두 극단이다. 이 우주는 '하나 곧 있음'과 '빔 곧 없음'이 갈마들어 스스로 형성해 가는 전체다. '있음'과 '없음'이 위태로운 균형을 이룰 때 이 결절점에서 물질 현상이나 생명 현상이 나타난다.

저자는 물질과 생명의 중간 단계로 여겨지는 바이러스의 활동을 사례로 들어 물질 현상과 생명 현상이 연속돼 있다고 말한다. "나는 겉보기에 물질 현상과 생명 현상은 두드러지게 다른 것으로 여겨지고 그렇게 다루어지지만, 저마다 다른 꼴을 지닌 '동일한' 현상의 다른 이름이라고 본다." 그렇다면 생명 현상은 물질 현상의 특수한 양상일 뿐이라고 봐도 될 것이다.

그런데 생명체와 생명(삶)은 다르다. "삶의 크기는 산 몸(생명체) 안에 담기지 않는다." 이 말은 생명체보다 생명이 더 크다는 뜻이다. 다시 말해 우주 전체가 하나의 큰 생명이며 큰 생명 안에서 생명체가 생명체로 드러난다는 얘기다. "만일에 우주에 외연이 있고 그 외연에 한계가 있다면 그 울타리 전체에 삶은 물결치고 있다." 이 삶(생명)의 물결은 없음(빔)과 있음(하나)의 어울림 속에서 일어난다. "우리는 이것을 가리켜 상징 언어로 참빔님(0)과 하나님(1)의 혼례마당이라고 부를 수 있겠다." 텅 빔의 없음도 '님'이고 가득 참의 큰 하나도 '님'이다. 같은 '님'의 두 모습이다. 이 없음과 있음이 맴돌고 휘돌고 감돌면서 이 우주가 스스로 펼쳐진다.

맺음말에서 저자는 말한다. "우리는 '하나'(1, 있음 바로 그것)와 '빔'(0, 없음 바로 그것)에 가까이 다가설수록, 그래서 '하나'와 '빔'에 맞닿는 것을 느낌으로 받아들일수록 믿음(종교)이 앎(이해, 깨달음, 인식)에 앞선다는 것을 받아들이게 된다." 이 '하나'에 믿음을 실으면 '하나님'을 믿는 것이고, '빔'과 '없음'에 믿음을 실으면 '일체개공'(모든 것이 비었다)이라는 불교의 가르침을 따르는 것이다. 하나이고 비어 있는 이 우주를 품고 저자는 자신의 삶의 태도를 이렇게 밝힌다. "뜻은 '하늘' 또는 '빔'에 맡기고 그 힘이 움직이는 대로 고분고분 고맙게 여기며 따른다."

3장

영혼이 묻고
철학이 답하다

미셸 푸코의 '진실 말하기'

《자기 자신에 대한 진실 말하기》_미셸 푸코

　미셸 푸코(Michel Foucault, 1926~1984)는 20세기 후반 이래 소수자 운동을 비롯한 수많은 영역에 영향을 끼친 프랑스 철학자다. 푸코의 학문 이력은 '지식의 고고학'에서 시작해 '권력의 계보학'을 거쳐 '주체의 해석학'으로 마무리됐다. 《자기 자신에 대한 진실 말하기》는 푸코가 세상을 떠나기 2년 전 캐나다 토론토의 빅토리아대학에서 행한 다섯 차례 강연의 원고와 네 차례 세미나 녹취록을 묶은 책이다. 이 책에는 말년의 탐구 주제였던 주체 해석학의 핵심 개념인 '자기 돌봄'(자기 배려)과 파레시아(parresia)에 대한 역사적·계보학적 탐구가 담겨 있다.

　푸코는 이 토론토 강연이 열리기 전 1982년 전반기에 콜레주드프랑스에서 '주체의 해석학'이라는 주제로 일반 강의를 했다. 이해 5월 31일부터 6월 26일까지 토론토에서 열린 강연과 세미나는 이 콜레주드프랑스 강의를 바탕으로 삼아 그 주제를 더 밀고 나간 것이다. 이 시기에 푸코는 관심사를 주체의 '자기 수양'이라는 문제로 돌려 고대 그리스-로마의 문헌들을 탐구했다. 이때 핵심 개념으로 떠오른 것이 '자기 돌봄'인데, 토론토 강연에서도 이 자기 돌봄의 역사적 변화를 고대 그리스-로마의 문헌을 통해서 추적한다. 푸코가 주목하는 것은 세 시기, 곧 그리스 고전기라고 부르는 소크라테스-플라톤 시기, 로마 제국 초기인 기원후 1~2세기, 그리고 초기 기독교 수도원 운동이 번져 나가던 5~6세기다. 이 세 시기를 관통하여 '자기 돌봄'이라는 관념이 겪은 변화를 따라가는 것이 이 책이다.

푸코가 먼저 주목하는 것은 기원전 4세기 플라톤의 텍스트에 나타난 소크라테스의 언행이다. 소크라테스는 자기 돌봄이라는 관념을 사실상 발명한 사람이다. 《소크라테스의 변명》에서 소크라테스는 이렇게 말한다. "제가 돌아다니면서 하는 유일한 일은 여러분이 젊었든 늙었든 자신의 영혼이 최선의 상태가 되도록 영혼을 돌보는 것보다 (더 중요한 일은 없다는 것을) 설득하는 일입니다." 그런데 소크라테스에게 '자기 돌봄'보다 먼저 과제로 다가왔던 것이 "너 자신을 알라"라는 금언으로 표현되는 '자기 인식'이었다. 눈여겨볼 것은 소크라테스에게 "너 자신을 알라"는 명령이 "네 영혼을 돌보라"는 명령과 분리된 것이 아니었다는 사실이다. 자기 자신을 잘 알아야만 자기 자신을 잘 돌볼 수 있다. 그러므로 자기 자신을 아는 것은 자기 자신을 돌보는 데 꼭 필요한 수단이다. 소크라테스가 강조한 이 '자기 돌봄'의 윤

프랑스 철학자 미셸 푸코.
그리스어 파레시아는 '거리낌 없이 솔직하게 진실 말하기'를 뜻한다.
그러나 진실을 말한다고 해서 모두 파레시아에 해당하는 것은 아니다.
정치적 영역이나 윤리적 영역에서 위험을 감수하고
솔직하게 진실을 말하는 것, 이것이 푸코가 말하는 파레시아다.

리는 로마 제국 시대에 이르러 교양 있는 사람들의 대중 운동으로 널리 퍼졌다. 스토아 학파 사람들과 에피쿠로스 학파 사람들이 자기 돌봄의 대중화를 이끈 사람들이었다.

　이 자기 돌봄 운동을 역전시킨 것이 초기 기독교 운동, 특히 5~6세기의 금욕적인 수도원 운동이었다고 푸코는 말한다. 이 수도원 운동에서 가장 중요한 것은 악으로 물든 이 세계에서 벗어나 모든 관심을 신에게 돌리는 것이었다. 이 세계는 온갖 것으로 수도자들을 유혹함으로써 신을 잊게 만든다. 그러므로 그런 유혹을 차단하는 것, 다시 말해 자기 내면의 욕망을 버리고 자기를 포기하는 것이야말로 수도자들에게는 가장 시급한 과제가 된다. 자기를 포기하려면 자기 안에서 벌어지는 일을 정확히 알아야 한다. 그리하여 '자기 인식'이 수도사들의 중대한 과제로 등장했다. 바로 여기서 역전이 벌어진다. 기독교 이전 철학 운동의 자기 인식이 자기 돌봄의 수단이었던 것과 반대로, 기독교의 자기 인식은 자기 포기의 수단이 된 것이다. 그리하여 기독교 도덕의 지배와 함께 고대 그리스-로마의 자기 돌봄은 지워지고 자기 인식이라는 과제만 남게 됐으며, 그 영향은 오늘날까지 지속되고 있다고 푸코는 말한다.

　이 자기 돌봄의 역사와 함께 푸코가 살피는 것이 '파레시아'의 역사다. 그리스어 파레시아는 '거리낌 없이 솔직하게 진실 말하기'를 뜻한다. 그러나 진실을 말한다고 해서 모두 파레시아에 해당하는 것은 아니다. 푸코는 파레시아가 윤리적·정치적 영역에 속한다고 강조한다. 과학적 진실을 이야기하는 것은 파레시아와 무관하다. 거기에는 윤리적·정치적 부담이 따르지 않기 때문이다. 파레시아는 '위험'을 동반한다. 진실을 말함으로써 그 진실을 말하는 사람이 위험에 빠질 수도 있는 것이다. 정치적 영역이나 윤리적 영역에서 위험을 감수하고 솔직하게 진실을 말하는 것, 이것이 파레시아다.

이런 특성상 파레시아는 정치 체제와 연계될 수밖에 없다. 고전기 아테네 민주정에서 파레시아는 민회라는 정치적 장에서 자신의 생각을 말할 자유, 특히 어리석은 통치자를 비판할 자유를 뜻했다. 그런가 하면 페르시아 같은 군주제 국가에서 파레시아는 신하가 군주에게 처벌의 위험 없이 진실하고 적절한 조언을 하는 것을 가리켰다. 로마 제국 시대에 들어와 파레시아는 철학 운동을 이끄는 스승과 그 스승을 따르는 제자의 관계로 나타났다. 이때 파레시아는 스승의 의무를 가리킨다. 스승은 자기 수양과 관련해 자신의 진실을 감춤 없이 이야기함으로써 제자에게 모범을 보여야 한다. 그렇게 파레시아를 행하는 자가 진정한 스승이다. 푸코는 2세기 그리스 작가 루키아노스가 견유주의 철학자 데모낙스를 묘사하는 구절을 인용한다. 데모낙스는 아무것도 숨기지 않는 파레시아를 행함으로써 바른 삶을 살았고, 그럼으로써 다른 사람들에게 '철학적 실천의 모범'이 됐다.

그러나 5세기 수도원 운동에 이르러 이 파레시아의 관계가 역전된다. 이제 진실하게 내면의 모든 것을 고백해야 하는 자는 지도자가 아니라 지도를 받는 자다. 지도받는 수도사들이 지도자에게 자신의 마음속에서 일어나는 일을 솔직하게 털어놓아야 하는 것이다. 그렇다면 파레시아의 역사에 대한 이런 고찰이 우리에게 알려주는 것은 무엇인가? 이 물음에 푸코는 직접적으로 명확하게 답하지 않는다. 그러나 기독교의 파레시아 실천과 그리스-로마의 파레시아 실천의 대비를 통해 분명히 드러나는 것이 있다. 곧 '자기 자신에 대해 진실하게 말하기'가 자기를 돌보고 자기를 기르는 일도 하지만, 반대로 자기를 억압하고 자기를 부정하는 일을 하기도 한다는 사실이다. 푸코가 보기에 그리스도교 수도원의 관행은 오늘날까지 면면히 이어지고 있다. 이 관행을 거슬러 고대 그리스-로마의 실천을 회복함으로써 파레시아를 자기 돌봄과 자기 수련의 중요한 수단으로 삼을 수 있다는 것이 푸코가 이 강연을 통해 이야기하려는 바일 것이다.

지혜로운 시민이 '좋은 정치' 만든다

《영원한 현재의 철학》_조대호

고대 그리스 철학 전문가 조대호 연세대 교수가 쓴 《영원한 현재의 철학》은 서양 철학과 학문의 토대를 닦은 세 철학자 소크라테스(기원전 470~399), 플라톤(기원전 427~347), 아리스토텔레스(기원전 384~322)의 사상을 간명하게 알려주는 책이다. 저자가 보기에 세 철학자의 사상은 서양 정신의 오래된 토대이기만 한 것이 아니라 오늘날에도 생생히 살아 있는, 그래서 '영원성'을 획득한 '현재의 철학'이다. 저자는 스승-제자로 이어지는 세 철학자의 드넓은 사상 세계 가운데 특히 '인간과 사회에 대한 성찰'을 살피는 데 중점을 둔다.

눈여겨볼 것은 세 사람의 삶에 각각 43년의 시차가 있다는 사실이다. 소크라테스가 태어나고 43년 뒤에 플라톤이 나왔고, 플라톤이 태어나고 43년 뒤에 아리스토텔레스가 나왔다. 대략 150년을 셋으로 나누어 산 셈인데, 이 시기마다 세 사람이 활동한 무대(아테네)는 커다란 변동을 겪었다. 소크라테스는 아테네 전성기에 태어나 펠로폰네소스 전쟁으로 아테네 민주정이 타락하던 시기를 살았다. 플라톤은 아테네가 스파르타에 패배한 뒤 쇠락해 가던 시기에 철학적 사유를 했다. 아리스토텔레스는 그리스 도시국가가 해체돼 알렉산드로스 제국으로 넘어가던 시기에 활동했다. 이런 시대 상황의 차이가 세 철학에 저마다 다른 성격을 각인했다.

언뜻 보면 소크라테스는 정치 자체에 큰 관심이 없었던 듯이 보인다. 그러나 이 책은 소크라테스의 사유와 활동에서 '올바른 정치'에 대한 열망을 읽어낸다. 플라톤의 대화편 《고르기아스》에서 소크라테스는 말한다. "참된 정치술을 시도하며 정치를 행하는 사람은 나 혼자뿐이라고 생각하네." 대화를 통해 사람들의 무지를 깨우치는 것이야말로 '참된 정치술'이라고 말하는 대목이다. 언어가 타락한 시대에 언어의 바른 뜻을 물음으로써 사람들의 생각을 일깨우는 것이 소크라테스의 대화법이자 정치술이었다. 소크라테스는 "캐묻지 않는 사람은 살 가치가 없다"는 말도 했다. 캐묻지 않으면 나쁜 정치에 휩쓸린다. 캐묻는 일을 통해 소크라테스는 시민의 정치적 판단 역량을 높이려 했다.

소크라테스의 사형을 겪고 철학에 뛰어든 플라톤은 나라가 폭풍우 속에 표류하는 배와 같다고 여겼다. 나라를 구하려면 단호한 처방이 필요했다. 여기서 플라톤이 내놓은 것이 이데아론이다. 참된 것은 보이지 않는 천상에 있다. 이 천상의 이데아를 찾아가는 것이 철학이다. 플라톤은 이 이데아의 형이상학을 현실 정치의 처방책으로 삼아 철인 정치론을 펼쳤다. 진리를 모르는 대중에게 정치를 맡겨 두어서는 나라가 침몰할 수밖에 없으니, 지혜로운 철인을 통치자로 세워 이데아를 향도성으로 삼아 나라를 이끌어야 한다는 것이 플라톤의 믿음이었다.

아리스토텔레스는 이데아의 세계가 아니라 현실의 경험 세계를 관찰한 사람이었다. 아리스토텔레스가 보기에 인간의 가장 큰 특징은 '로고스'(이성)다. 여기서 나오는 것이 "인간은 이성적 동물이다"라는 명제다. 로고스는 상상하고 비교하고 추론하는 능력이다. 그런데 로고스는 두 얼굴의 무기다. 인간은 로고스를 지녔기에 동물 가운데 최상의 존재가 됐지만, 동시에 로고스를 악용해 한없이 사악한 짓을 벌일 수도 있다. 그러므로 이 로고스를 어떻게 사용하느냐가 철학의 가장 큰 숙제가 될 수밖에 없다. 아리스토텔레스는 인간 삶의 목표를 '에우다이모니아'(eudaemonia)에 두었다. '잘 삶'(행복)이라는 뜻이다. 어떻게 잘 살 것이냐는 물음의 답을 찾아가는 것이 윤리학이다. 아리스토텔레스는 잘 살려면 '함께' 잘 살아야 한다고 보았다. 공동체의 '잘 삶'이 개인의 '잘 삶'을 뒷받침하는 것이다. 여기서 나오는 것이 "인간은 정치적 동물이다"라는 명제다. 그리하여 윤리학은 정치학으로 이어진다.

경험주의자 아리스토텔레스는 그리스 도시국가 158곳의 실상을 연구해 정치 체제를 통치자의 수에 따라 세 종류(일인정·

소수정·다수정)로 나누었다. 또 그 셋을 다시 '좋은 정체'와 '나쁜 정체'로 나누어 모두 여섯으로 분류했다. 왕정과 참주정, 귀족정과 과두정, 폴리테이아와 데모크라티아가 그것이다. 아리스토텔레스는 좋은 정치와 나쁜 정치를 가르는 기준을 '공익성'에서 찾았다. 정치가 전체 시민의 이익에 복무하는가, 아니면 지배 집단의 이익에 봉사하는가를 판단 기준으로 삼은 것이다. 더 주목할 것은 아리스토텔레스가 일인이나 소수의 정치보다 다수의 정치에 더 큰 신뢰를 두었다는 사실이다. 아리스토텔레스의 정치 체제 중 다수정은 '폴리테이아'(Politeia)와 '데모크라티아'(Demokratia)다. 아테네 혼란기의 직접민주정이 아리스토텔레스가 생각한 데모크라티아의 전형이다. 폴리테이아는 흔히 '혼합정'이라고 부르는데, 오늘날의 '민주공화정'이 여기에 해당한다고 이 책은 말한다. 아리스토텔레스는 폴리테이아 곧 민주공화정을 좋은 정체의 모범으로 보았다.

 스승 플라톤과 달리 아리스토텔레스는 대중의 집단 지성에 대한 믿음이 있었다. 그러나 동시에 집단 지성이 항상 작동하는 것은 아님도 강조했다. 대중은 '들짐승처럼' 물고 뜯으면서 사회를 분열시킬 수도 있다. 그렇다면 집단 지성이 잘 작동하는 데 필요한 것은 무엇일까? 아리스토텔레스는 시민의 '이성 능력'에서 답을 찾았다. 이성이 집단적으로 잘 발휘되는 것이 '좋은 민주정'의 조건인 것이다. 이렇게 하여 "인간은 이성적 동물이다"라는 명제와 "인간은 정치적 동물이다"라는 명제가 합쳐진다. 인간은 이성을 지닌 정치적 동물이다.

  아리스토텔레스는 여기서 멈추지 않고 이 이성 능력이 구현되려면 어떤 사회적 조건이 필요한지도 살폈다. 아리스토텔레스가 보기에, 지배하려고만 하는 사람들(상층)은 남의 말을 듣지 않고, 지배받기만 하는 사람들(하층)은 자기 의견을 말할 줄 모른다. 그러므로 시민의 집단적 지혜가 잘 발휘되려면 '중간층'이 중심을 잡아야 한다. 이때의 중간층은 부유하지도 가난하지도 않은 중간 계급을 말한다. 그렇다면 빈부 격차를 줄여 중간층을 키우는 것이 민주주의에 관건이 된다. 그리하여 아리스토텔레스의 정치적 통찰을 요약하면 이렇게 된다. "좋은 민주정은 시민의 역량 없이는 세울 수 없다. 그러나 시민의 역량은 경제적 평등 없이는 키울 수 없다." 지혜로운 시민이 평등한 나라, 좋은 정치를 만든다.

'죽음을 기억하라'
아우렐리우스 명상록

―

《자기 자신에게 이르는 것들》_마르쿠스 아우렐리우스

　로마 제국 황제 철학자 마르쿠스 아우렐리우스(Marcus Aurelius, 121~180)가 쓴《명상록》은 스토아 철학을 대표하는 인류의 고전이다.《명상록》의 한국어판으로는 그동안 천병희 번역본이 통용돼 왔다. 고대 그리스 철학 전문가 김재홍 정암학당 연구원이 이 고전을 새로 번역해 '자기 자신에게 이르는 것들'이라는 제목으로 내놓았다. '명상록'이라는 제목은 후대에 붙인 라틴어 제목이고, 초기에 알려진 제목이 그리스어로 된 '자기 자신에게 이르는 것들'이다.

　김재홍 번역본은 천병희 번역본과 확연한 차이를 보인다. 천병희 번역본이 가독성을 중시한 유려한 번역이라면, 김재홍 번역본은 텍스트를 엄격하게 옮기는 데 주력했다. 본문의 분량에 육박하는 상세한 주석을 달고 스토아 학파와 아우렐리우스의 관계를 살피는 해제도 실었다. 스토아 학파 전문가인 역자로서는

《에픽테토스 강의》(전 4권) 역주에 이은 두 번째 스토아 학파 저작 번역·주해 작업이다.

아우렐리우스는 어린 시절에 가정교사로부터 그리스 철학과 수사학 수업을 받았고, 이 시기에 에픽테토스를 비롯한 앞 시대 스토아 철학자들의 가르침을 깊숙이 받아들였다. 후에 황제가 된 아우렐리우스는 반란과 외침이 끊이지 않는 고단한 삶을 사는 중에 스토아 철학의 가르침을 바탕으로 삼아 '철학적 일기'를 썼는데, 그것이 지금 남아 있는 《자기 자신에게 이르는 것들》이다.

이 작품에서 먼저 눈에 띄는 것이 아우렐리우스의 종교적 경건성이다. 아우렐리우스는 당대 로마의 다신교를 따르고 있었지만, 신들에 대한 아우렐리우스의 생각은 당대 기독교인들의 헌신성에 못지않은 독실함으로 가득 차 있다. "만약 신들이 존재하지 않는다면, 혹은 신들이 인간들의 일 따위에 관심을 갖지 않는다면, 신들이 존재하지 않는 우주, 섭리가 없는 우주에 살고 있다는 것이 나에게 무슨 의미가 있겠는가?"

이런 경건한 자세로 아우렐리우스는 '번잡하고 타락한 일상으로부터 물러남'을 시종 강조한다. 그러나 이 물러남을 '자기 내면으로 물러남'으로 이해한다는 데 아우렐리우스 철학의 특징이 있다. "사람들은 시골이나 해안이나 산에서 물러날 곳을 찾는다. 너 또한 그런 곳을 열렬히 동경하는 습관이 있다. 그러나 이것은 모두 지극히 속된 사고방식이다. 너는 네가 원할 때마다 너 자신의 내면으로 물러날 수 있기 때문이다. 어떤 곳이라도 자기 자신의 영혼보다 더 평화롭고 한적한 피신처를 찾을 수 없을 것이다."

자기 자신 안으로 물러나 평정심에 머무르는 것이 스토아 학파가 가르치는 삶의 길이다. 이런 삶의 자세는 당대의 에피쿠로스주의자들의 태도와 유사한 데가 있지만, 아우렐리우스는 에피쿠로스주의에 단호히 반대한다. 에피쿠로스주의가 어지러운 현실에서 영원히 퇴각해 소박한 쾌락을 즐기라고 권고하는 데 반해, 아우렐리우스는 그런 쾌락을 긍정하지 않는다. 아우렐리우스에게 '물러남'이란 영원한 퇴각이 아니라 현실에 복귀해 이웃과 다시 어울려 사는 데 필요한 회복의 시간을 뜻한다. 스토아 철학은 현실을 긍정한 채로 현실이 주는 고통을 극복하려는 철학이다. 이런 스토아적 삶을 살 때 지침이 되는 것이 소크라테스의 지혜 곧 참된 앎이다. 아우렐리우스에게 덕은 앎이고 악덕은 무지다. 자신에게 가장 도움이 되는 것을 아는 것이 지혜인데 이 지혜를 알지 못하기에 악덕을 저지르고 결국 자신에게 해를 입힌다는 것이 스토아 철학의 가르침이다.

아우렐리우스가 이 책에서 되풀이하여 묻는 것이 "섭리인가, 원자인가?" 물음이다. 세계가 신들의 섭리에 따라 운행한다는 스토아 학파 견해를, 세계가 원자들의 우연한 움직임 속에서 제멋대로 변화한다는 에피쿠로스주의 견해와 대비하는 것이다. 우주가 신의 섭리에 따라 운행한다면 인간은 항상 그 섭리를 생각하며 경건하게 살아야 한다.

아우렐리우스에게 가장 중요한 섭리는 "인간은 죽을 수밖에 없다"는 사실에 있다. 이 사실을 언제나 잊지 않는 것이 스토아학파 경건주의의 핵심이다. 로마 시대에 전쟁에서 승리한 장군이 개선 행진을 할 때면 장군의 뒤에 선 노예가 큰소리로 "죽는다는 것을 기억하라"(memento mori)고 외쳤다. 개선 장군이 오만해져 신들의 분노를 사는 것을 막으려는 뜻이었다. 황제도 장군도 결국은 죽는다. "모두가 하루살이다." 아우렐리우스야말로 바로 이 경구를 기억하며 평생을 산 사람이었다. 가장 높은 자리에서 죽음을 생각하며 자신을 낮추는 그 경건한 마음의 기록이 이 책이다.

"정의 없는 나라는 거대한 강도떼와 다를 바 없다"

《신 앞에 선 인간》_박승찬

　　서양 중세 철학 전문가 박승찬 가톨릭대 교수가 쓴 《신 앞에 선 인간》은 서양 기독교 문명의 정신적 틀을 만든 초기 500년의 역사를 인물과 사상을 통해 들여다본 저작이다. 저자는 이 시기 기독교 사상의 성숙에 큰 기여를 한 사상가로 다섯 사람을 꼽는다. 기독교를 보편 종교로 일으켜 세운 사도 바울로, 플라톤 철학을 이어받아 신플라톤주의 체계를 만든 플로티노스, 그리스 철학을 도구로 삼아 기독교 신학의 큰길을 연 오리게네스, 앞 시대 사상을 종합해 중세 신학의 거대한 구조물을 세운 아우구스티누스, 고대 로마 세계의 마지막 철학자 보에티우스가 그들이다. 저자의 관심은 유대 문화에서 나온 변방의 종교인 기독교가 로마 세계의 정신을 지배하던 그리스 철학과 만나 융합하는 과정을 살피는 데 있다.

　　기독교의 사실상 창시자라 할 사도 바울로(10?~67?)부터가

두 문화의 융합 양상을 보여준다. 바울로가 태어난 소아시아 다르소는 헬레니즘 문화의 요충지였다. 바울로는 디아스포라 유대인이자 로마 제국 시민이었으며 그리스어에 능통한 교양인이었다. 동시에 바울로는 바리사이파 신학 교육을 철저히 받은 사람이었다. 유대교 정통 신앙에 투철했기에 기독교라는 신흥 종파를 쳐부수어야 할 대상으로 보았다. 그러던 바울로는 30살 무렵 다마스쿠스로 가던 길에 충격적인 '계시 체험'을 한 뒤 예수의 사도로 거듭났다. 바울로는 기독교를 유대교 율법에서 해방해 만인에게 열린 평등의 종교로 바꾸었다. 특히 눈여겨볼 것이 기독교 신앙을 그리스 사상과 연결했다는 사실이다. 저자가 주목하는 것이 바울로가 제2차 선교 여행 중 아테네 아레오파고스 언덕에서 한 연설이다. 바울로는 그리스의 종교와 문학을 자유자재로 인용하며 그곳 사람들을 설득한다. "내가 아테네 시를 돌아다니며 여러분이 예배하는 곳을 살펴보았더니 '알지 못하는 신에게'라고 새겨진 제단까지 있었습니다. 여러분이 미처 알지 못한 채 예배해 온 그분을 이제 여러분에게 알려드리겠습니다." 그리스 사상을 이용해 새로운 신앙을 알리는 바울로의 선교 방식은 기독교 신학의 미래를 앞서 보여주었다.

이 책의 두 번째 주인공 플로티노스(205~270)는 플라톤 철학을 종교적 색채가 강한 신비주의적 철학으로 바꾼 사람이다. 플라톤의 이데아론에서 세계는 눈에 보이는 지상 세계와 눈에 보이지 않는 천상 세계로 나뉘어 있다. 천상 세계는 이데아들의 세계이며 지상 세계는 이데아들을 모방한 세계다. 그 이데아들 가운데 최고의 이데아가 '선(좋음)의 이데아'인데, 선의 이데아가 태양처럼 빛을 주어 이데아들을 키운다. 플로티노스는 플라톤의 이데아론을 '유출론'으로 바꾸었다. 하나(일자)라는 근원적인 존재로부터 세상 모든 것이 유출돼 나왔다는 것이 유출론이다. 일자는 스스로 충만한 신인데, 이 신에게서 정신이 흘러나오고, 정신에서 세계영혼이 흘러나오며, 세계영혼에서 이 현실의 세계가 흘러나온다. 태양의 빛이 멀어질수록 광도가 낮아지듯이, 신에게서 멀어질수록 존재의 등급이 낮아진다. 그리하여 일자-정신-영혼에 이어 가장 낮은 곳에 물질 세계가 있다. 신을 닮은 인간의 영혼은 오디세우스가 오랜 방황을 거쳐 고향에 돌아가듯이 지상의 세계를 떠나 신의 세계로 돌아간다. 플로티노스는 이 세상의 악을 실체로 보지 않았다. 모든 것이 신에게서 유출돼 나오기에 그 자체로 악한 것은 없고, 우리가 악하다고 보는 것은 선이 결핍된 것, 쉽게 말해 태양의 빛이 부족한 것일 뿐이다. 플로티노스는 이 새로운 철학으로 기독교 신학의 토대를 놓았다.

플로티노스와 거의 같은 시대에 알렉산드리아에서 출현한 또 하나의 위대한 정신이 오리게네스(185~254)다. 오리게네스는 플로티노스와 달리 독실한 기독교인이었고 18살 때 벌써 알렉산드리아 기독교 교리학교 교장이 됐을 정도로 특출하게 명민했다. 오리게네스는 평생 2천 권에 이르는 저작을 남겼다. 오리게네스 신학의 특성은 정밀한 문헌 비평에서 발견된다. 오리게네스는 구약성서의 히브리어 원본과 다섯 가지 그리스어 번역본을 묶어 편집한 뒤 서로 비교하는 방식으로 성서를 탐구했다. 또 이런 문헌 비평에 기반을 두고 성서의 문자적 의미를 넘어 영적 의미를 밝히는 해석학적 혁신을 감행했다. 더 결정적인 것은 '신이 고통받는다'는 관념의 도입이다. 플라톤 철학에서 신은 아무런 결핍이 없는 완전한 신이다. 그러나 오리게네스는 신이 사랑 때문에 고통받는다고 주장했다. "그리스도가 이 땅에 내려오신 것은 인간을 향한 연민 때문이다. 그분은 십자가의 고통을 당하시기 전에, 아니 육화하시기도 전에 이미 우리의 고통을 몸소 끈질기게 겪으셨다." 고통이라는 대가를 지불하지 않는 사랑은 사랑이 아니다. 인간을 향한 사랑으로 괴로워하는 신이 오리게네스의 신이다.

오리게네스의 신학을 이어받아 플로티노스의 철학과 결합한 고대 최고의 신학자가 아우구스티누스(354~430)다. 아우구스티누스는 "왜 선한 신이 창조한 세계에 악이 존재하는가?"라는 물음을 평생 물었다. 이런 고뇌 속에 젊은 날 마니교의 선악 이원론을 받아들였던 아우구스티누스는 플로티노스의 일원론 사상, 곧 악은 악 자체가 아니라 선의 결핍일 뿐이라는 사상을 통과해 기독교도로 다시 태어났다. 아우구스티누스의 독창성은 자유의지론에서 뚜렷하게 드러난다. 악이 선의 결핍이라 하더라도 그 악이 세상에 넘쳐나는 것은 분명하다. 그 악은 어디에서 오는가? 이 물음에 아우구스티누스는 신이 준 자유의지에서 온다고 답했다. 인간이 악을 저지르는 것은 자유의지를 잘못 사용한 탓이다. 아우구스티누스는 '자유의지가 결여된 동물보다는 잘못을 저지를지라도 자유의지를 지닌 인간이 더 훌륭한 존재의 단계에 속한다'고 생각했다. 인간은 신이 준 자유의지를 따라 악을 극복하고 선을 향해 나아가야 할 의무가 있다. 아우구스티누스는 '신의 나라'에 관해 쓴 《신국론》에서 '땅의 나라' 곧 현실의 나라를 매섭게 비판했다. "정의가 없는 왕국이란 거대한 강도떼가 아니고 무엇인가?" 강도떼가 다스리는 나라를 참된 나라로 만드는 일, 그것이 지상에서 신의 뜻을 실현하는 일이라고 아우구스티누스는 보았다.

말의 힘으로 공화국을 구할
연설가는 어디에

《위대한 수사학 고전들》_한국수사학회

　수사학은 기원전 5세기 그리스 아테네 민주주의 번성 속에서 태어났다. 민주주의의 첫 번째 자식이 수사학이었다. 그런가 하면 수사학은 태어난 직후부터 "말의 힘을 악용해 정치를 병들게 한다"는 비판에 시달렸고, 그 민주주의의 두 번째 자식인 철학의 괄시를 받았다. 그러나 그러는 중에도 수사학은 말하기와 글쓰기의 기술을 가르치는 능력 덕분에 철학의 냉대를 견디며 학문으로서 살아남아 오늘에 이르렀다. 《위대한 수사학 고전들》은 이 학문의 고유한 영토를 확립한 수사학 고전 20편을 소개하는 책이다. 한국수사학회 창립 20돌(2023)을 기념해 김헌(서울대 인문학연구원 교수)·김월회(서울대 중문과 교수)를 비롯해 이 학회 회원들이 공동으로 참여해 이룬 성과물이다.

　이 책은 수사학 고전 20편을 크게 세 부류로 나누어 제1부에서는 서양 고대의 저술, 제2부에서는 동양의 저술, 제3부에서는 서양 근현대의 저술을 살핀다. 수사학이 서양에서 생긴 학문이기는 하지만, 그 수사학의 눈으로 동아시아 고전을 읽으면 거기서 수사학의 영토를 풍요롭게 해줄 생각의 씨앗들을 발견할 수 있다는 것이 이 책의 관점이다. 그리하여 이 책은 《논어》《장자》를 비롯한 일곱 편의 문헌에 나오는 수사학적 사유를 들여다본다. 예를 들어 《주역》의 '문언전'에 등장하는 '수사'(修辭)라는 말에는 '말을 닦음으로써 품성과 지덕을 닦는다'는 의미가 담겨 있다. '수사'의 이런 동아시아적 의미는 수사학의 윤리적 함의를 키워 나가는 데 지침이 될 수 있다고 이 책은 말한다.

그러나 수사학의 탄생과 발전의 경로로 보면, 수사학의 본령은 역시 고대 그리스에 있다. 오늘날 수사학으로 번역되는 '레토릭'(rhetoric)의 뿌리도 그리스어 '레토리케'(rhetorike)에 있다. 레토리케는 '레토르'(rhetor, 연설가)에서 파생한 말인데, 여기서 알 수 있듯이 레토리케란 '연설가의 기술'을 뜻한다. 풀어 쓰면 '연설가가 말로써 청중을 설득하는 기술'이 레토리케다. 그러므로 말과 글을 꾸민다는 오늘날의 의미는 수사학 탄생 시점에는 존재하지 않았다. 이 레토리케를 철학적으로 검토해 글로 남긴 사람이 플라톤이다. 플라톤은 초기 저작 《고르기아스》에서 레토리케를 정치 언어를 타락시키는 '사이비 기술'이라고 비판했다가, 중기 작품 《파이드로스》에 이르러서는 '말로써 혼을 이끄는 기술'이라고 좀 더 호의적으로 평가했다. 레토리케가 진리 그 자체를 이야기하는 것이 아니라는 점에서 철학에 미치지 못한다는 것은 분명하지만, 레토리케를 통해 높은 수준의 개연성을 지닌 좋은 의견들을 제시할 수 있고, 그런 의견으로 사람들을 바르게 이끌 수도 있다고 인정한 것이다.

플라톤의 논의를 이어받되 플라톤보다 훨씬 더 본격적으로 수사학을 해부한 사람이 아리스토텔레스다. 《수사학》이라는 저작에서 아리스토텔레스는 수사학의 연구 대상이 '연설가의 기술'이라고 명확히 규정했다. 또 연설을 '심의 연설, 법정 연설, 기념 연설' 세 가지로 나누었다. 심의 연설은 의회에서 하는 정치적 연설이고, 법정 연설은 소송 당사자가 하는 연설이며, 의례 연설은 국가 차원의 의식에서 하는 연설이다. 아리스토텔레스는 수사학의 핵심이 '설득'에 있다고 보고 설득의 세 요소도 밝혔는데, 연설가의 품성(에토스), 연설의 논리(로고스), 청중의 감정(파토스)이 그 셋이다. 연설이 목표에 이르려면 연설가의 품성에 대한 청중의 신뢰가 있어야 하고, 주장이 충분한 논거를 통해 입증돼야 하며, 그 결과로 청중의 마음이 움직여야 한다. 아리스토텔레스는 수사학의 기술적 차원을 중립적으로 다루었지만, 연설 기술의 궁극적 목표가 공동체 안에서 정의를 세우는 데 있음도 함께 강조했다.

아리스토텔레스가 확립한 수사학은 로마 공화정 시대에 한층 더 발전했는데, 그 발전의 정점에 선 사람이 마르쿠스 툴리우스 키케로(기원전 106~43)다. 키케로는 수사학에 관한 한, 이론과 실천을 겸비한 독보적인 인물이었다. 로마 공화정 말기에 정치가로 산 키케로는 오직 말의 힘으로 최고위직인 집정관에까지 올랐다. 집정관 시기에 '카틸리나 음모'를 네 번의 연설로 분쇄함으로써 '국부'의 칭호를 얻기도 했다. 그러나 이 영광의 정점에서 정적의 공격을 받고 1년 동안 추방당했고, 추방에서 돌아온 뒤에는 삼두정치 세력 사이에서 공화정을 지키려 분투하다 끝내 목숨을 잃었다. 이 어려운 시기에 키케로가 쓴 것이 《연설가에 대하여》(De Oratore)다. 키케로의 인생 역정이 보여주듯, 이 작품은 연설의 힘이 최절정에 이르렀다가 삼두정치 세력의 무력에 그 힘이 꺾이기 시작하는 때에 등장한 작품이다.

눈여겨볼 것은 키케로가 이 수사학 저작의 제목을 '연설가'로 잡았다는 사실이다. 수사학에서 관건은 '연설 기술'이 아니라 '연설하는 사람'이라는 것이다. 여기서 키케로는 아리스토텔레스의 수사학이 소홀히 다룬 '연설가의 윤리적 측면'에 한층 더 주목해 '이상적인 연설가'에게 필요한 세 가지 능력을 이야기한다. 첫째가 모든 영역을 두루 꿰뚫어 볼 수 있는 지적 능력이다. "사태를 객관화하여 보편의 지평에서 다룰 줄 아는 능력"이야말로 연설가에게 필요한 능력이다. 이런 능력을 키우려면 연설 기술만 연마해서는 안 되고, 논리학·자연학·윤리학을 포함한 철학적 앎을 갖추어야 한다. 둘째, 상황과 주제를 파악해 연설의 리듬을 조절할 줄 아는 능력이다. "섬세한 주제는 정밀하게, 무거운 주제는 장중하고 숭고하게, 일상적 주제는 가볍고 부드럽게" 표현할 수 있는 사람이 이상적인 연설가다.

셋째로 키케로가 제시하는 것이 윤리적 능력, 다시 말해 "공동체에 대한 의무감"이다. 정치 활동은 공동체의 일에 참여해 공공의 의무를 이행하는 일이기에 이 능력이야말로 연설가가 반드시 갖춰야 할 능력이다. 이 세 가지 능력을 두루 갖추었을 때 '이상적인 연설가'라고 할 수 있다. 키케로 편을 쓴 안재원(서울대 인문학연구원 교수)은 이 '이상적인 연설가'가 '이상적인 정치가'와 다르지 않다고 말한다. 키케로는 이상적인 연설가의 상을 그려냄으로써 말의 힘으로 정의를 실현하고 공화국을 위기에서 구할 참된 정치가의 상을 찾았던 것이다.

스토아 철학자의 내면에 들끓는
반스토아주의 열정

《세네카 비극 전집 1 · 2 · 3》_루키우스 안나이우스 세네카

　로마 제국 시대 초기 스토아 학파의 대표자인 루키우스 안나이우스 세네카(기원전 4~기원후 65)는 비극 작가이기도 했다. 세네카가 라틴어로 쓴 비극 작품은 모두 10편에 이르는데, 이 작품들이 서양 고전학자 강대진 경남대 연구교수의 손을 거쳐 우리말로 처음 완역됐다. 고대 비극 작품은 그리스인들이 쓴 작품들이 유명하지만, 로마인들도 그리스인들을 뒤따라 비극 작품을 썼다. 그러나 현재까지 온전히 전해지는 것은 세네카의 작품 말고는 없다. 세네카의 비극은 르네상스 시대를 거쳐 셰익스피어 · 코르네유 · 라신 같은 17세기 극작가들에게 큰 영향을 주었다.

　이베리아반도 코르도바에서 태어난 세네카는 칼리굴라 황제와 클라우디우스 황제 시대에 원로원 의원을 지냈다. 어린 네로의 개인교사이기도 했던 세네카는 네로가 황제가 된 뒤 네로 암살 음모에 가담했다는 부당한 혐의를 받고 자결을 강요당해 세

상을 떠났다. 세네카는 스토아 학파의 가르침을 본받아 온건하고 경건한 삶을 살았고, 그런 삶을 사는 중에 철학 작품과 비극 작품을 번갈아 썼다.

세네카의 비극 작품은 거의 모두 그리스 신화를 바탕으로 한다. 《헤라클레스》《트로이아 여인들》《포이니케 여인들》《메데이아》《파이드라》《오이디푸스》《아가멤논》《티에스테스》《오이테산의 헤라클레스》가 그것들이다. 유일하게《옥타비아》만 로마 제국을 배경으로 한 역사극이다. 그러나 이 작품들 가운데《오이테산의 헤라클레스》는 후대의 위작일 가능성이 있으며, 네로 시대를 배경으로 하여 세네카 자신이 직접 등장하는《옥타비아》는 위작이 거의 확실하다.

그리스 신화를 배경으로 한 세네카의 작품들은 거의 다 에우리피데스나 소포클레스가 쓴 작품들을 모범으로 삼은 것이어서 드라마의 구조와 내용에서 그리스의 영향이 매우 짙다. 그러나 동시에 세네카 자신의 독특한 관점과 미학적 장치가 새겨져 있어 나름의 고유성을 확보했다는 평가를 받는다. 주목할 것은 스토아 철학자 세네카와 비극 작가 세네카 사이에 드러나는 큰 간격이다. 두 세네카의 태도는 어떤 경우엔 너무 달라 거의 모순되기조차 한다. 메데이아의 복수를 그린 작품《메데이아》에서 그런 충돌을 확인할 수 있다.

콜키스 공주 메데이아는 고대 신화에서 가장 악명 높은 인물이다. 메데이아는 영웅 이아손을 도와 자기 나라의 보물 '황금양

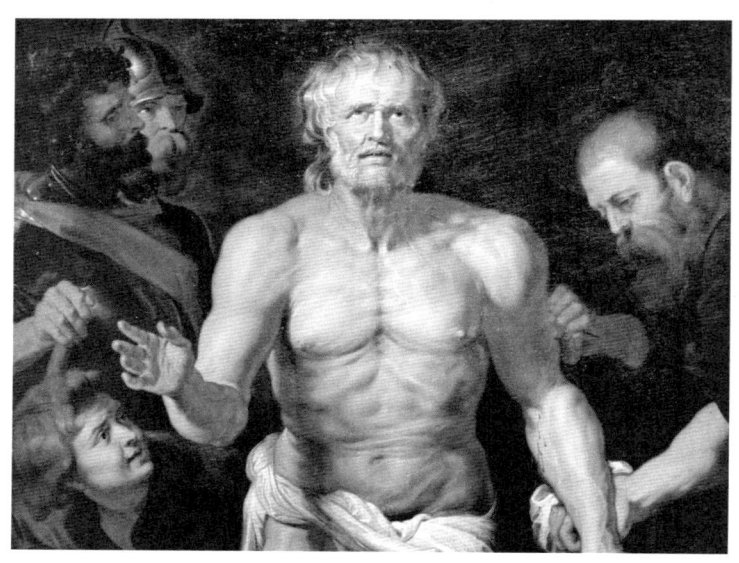

바로크 시대 화가 루벤스가 그린 〈세네카의 죽음〉.(1614)
로마 제국 시대 초기 스토아 학파의 대표자인 세네카는 네로 황제 암살에 가담했다는 부당한 혐의를 받고 자결을 강요당해 세상을 떠났다.

털'을 구해준 뒤 이아손과 함께 탈출한다. 메데이아는 친동생을 죽여 이아손을 뒤쫓는 콜키스 함선을 따돌리고, 이아손의 고향 이올코스에 와서는 왕권을 넘겨주지 않는 늙은 왕 펠리아스를 토막 내어 죽인다. 뒤에 이아손이 메데이아를 배신하고 코린토스 공주 크레우사와 결혼하자 크레우사를 불에 태워 죽인다. 악행은 여기서 그치지 않는다. 복수심에 불타는 메데이아는 이아손이 두 자식을 끔찍이 사랑한다는 사실을 알고 자기가 낳은 그 자식들을 이아손 눈앞에서 죽인다.

특히 눈길을 끄는 것은 메데이아가 거의 스토아적인 냉정함(아파테이아)으로 복수를 실행한다는 사실이다. 머뭇거리는 자신을 격려하거나 꾸짖는 모습도 스토아적인 태도를 보여준다. 극의 중간에 메데이아는 자신을 향해 "나는 메데이아가 될 것이다"라고 다짐하고 극의 마지막에 복수를 끝낸 뒤 이렇게 말한다. "이제 나는 메데이아다. 나의 재능은 악을 통해 성장했도다." 자기 자신을 완성시켰다는 선언이다. 이 말을 남기고 메데이아는 용이 끄는 수레를 타고 날아가고, 남겨진 이아손은 비탄 속에 "신들은 존재하지 않는다"고 절규한다.

세네카 작품 속 메데이아는 스토아적 침착함으로 스토아적 경건주의를 짓밟는, 가장 반스토아적인 사람이다. 스토아 철학자가 썼다고는 믿기지 않는 극의 전개이자 결말이다. 인간 세네카에게 스토아 철학만으로는 설명할 수 없는 복잡하고도 어두운 내면 세계가 있었음을 이 비극 작품은 증언한다.

인간의 자유의지를 가로막는
운명의 필연성은 없다

《운명론》_ 마르쿠스 툴리우스 키케로

    기원전 1세기의 로마인 마르쿠스 툴리우스 키케로는 고대 그리스 철학 정신이 라틴어로 옮겨 가는 데 통로 구실을 한 사람이다. 키케로가 말년에 쓴 《운명론》은 이 사상의 전도자가 그리스 철학을 어떻게 자기 것으로 소화해 새로운 언어로 표현했는지 생생히 알려주는 책이자, 신이 정해준 운명이 인간의 삶을 지배한다는 오래된 믿음을 반박함으로써 인간의 자유의지를 드높인 책이다. 그리스 철학 전문가 이상인 연세대 교수가 주석과 해제를 달아 우리말로 옮겼다.

    키케로는 철학자이기 이전에, 로마 공화정 말기의 격변을 온몸으로 통과한 정치가였다. 기사 계급 출신이었던 키케로가 귀족 계급 중심의 로마 정계에서 성공할 수 있었던 것은 빼어난 연설 실력 덕분이었다. 연설의 힘으로 키케로는 43살 때 로마 최고 관직인 집정관(콘술)에 올랐고, '카틸리나 음모'를 적발해 분쇄함으로써 '국부'라는 칭호를 얻었다. 그러나 곧이어 공화정의 토대를 흔드는 격랑이 밀려들었다. 군사 지도자 카이사르-크라수스-폼페이우스가 로마 정치를 장악하고 제1차 삼두정치를 폈다. 키케로가 삼두정치에 반대하자 카이사르파는 키케로가 '카틸리나 음모' 가담자들을 재판 없이 처형했다는 사실을 빌미로 삼아 정적을 공격했다. 키케로는 한동안 국외 망명을 떠났다. 기원전 44년 카이사르가 암살당했다. 공화정을 재건할 기회가 왔다고 판단한 키케로는 옥타비아누스와 손잡고 카이사르의 정치적 후계자 안토니우스의 탄핵을 주도했다. 하지만 옥타비아누스가 안토니우스와 화해하고 레피두스와 함께 제2차 삼두정치를 펴자 키케로의 정치적 입지는 하루아침에 사라졌다. 키케로는 안토니우스에게 죽임을 당했고 공화주의 꿈도 스러졌다.

키케로의 저술 작업은 크게 두 시기로 나뉜다. 먼저는 국외 망명에서 돌아온 뒤 로마 정치 외곽에 머무르던 때인데, 이때 《국가론》 《법률론》 같은 저작을 썼다. 두 번째는 카이사르 암살을 전후한 시기인데, 이 말년에 쓴 책 가운데 《신들의 본성에 관해》 《점술에 관해》 《운명에 관해》(운명론)는 '운명 삼부작'을 이룬다. 이중 《운명론》은 카이사르 암살 직후에 쓴 책이다. 눈길을 끄는 것은 카이사르파 정치가인 아울루스 히르티우스가 책 속의 대화 상대자로 등장한다는 사실이다. 당시 히르티우스는 차기 집정관으로 지명된 상태였는데, 키케로는 히르티우스를 끌어들여 안토니우스에게 맞서려고 했다. 히르티우스가 대화 상대자로 등장한 것은 이런 정치적 고려에 따른 것이었다.

키케로는 그리스 철학을 두루 공부했지만, 그중에서 특히 사유의 바탕으로 삼은 것이 신아카데미아 학파의 철학이었다. 플라톤 아카데미아의 적통을 이어받은 신아카데미아 학파는 모든 것을 의심의 눈으로 보며 끝없이 탐문하는 소크라테스적 태도를 철학 활동의 근간으로 삼았기에 회의주의 학파로 불린다. 그러나 이때의 회의주의(scepticism)는 진리는 알 수 없다는 불가지론을 뜻하는 것이 아니라, 어떤 학설이든 그대로 받아들이지 않고 철저히 따져 묻고 비판적으로 검토하는 탐구(skepsis)의 정신을 뜻한다. 키케로는 그런 정신으로 당대의 유력한 학파였던 스토아 학파와 에피쿠로스 학파의 학설을 해부해 그 내적 결함을 드러낸다.

이 책에서 키케로가 먼저 비판의 과녁으로 삼는 것이 "모든 일은 운명에 따라 일어난다"는 스토아 철학의 운명론, 그중에서도 이 철학을 체계화한 크리시포스의 주장이다. 주목할 것은 키케로가 스토아 철학의 운명론을 반박하는 데 에피쿠로스 학파의 학설을 활용한다는 점이다. 에피쿠로스는 데모크리토스의 원자론을 이어받아 세상 만물이 원자로 이루어져 있다고 보았다. 에피쿠로스 원자론의 독특함은 원자들 가운데 일부가 특별한 이유 없이 '경로 이탈 운동'을 한다는 주장에 있다. 원자의 그 경로 이탈에서부터 만물의 복잡한 운동이 일어난다. 에피쿠로스 학파는 이 원자론을 앞세워 스토아 학파의 운명론을 거부한다. 원자의 이유 없는 이탈이 만물을 변화시키는 것이지, 세상의 변화를 지배하는 신적인 운명이 따로 있는 게 아니라는 것이다. 두 학설의 대립에서 키케로는 에피쿠로스 학파의 손을 들어준다. "모든 일이 운명에 따라 일어난다는 것을 인정하느니, 차라리 에피쿠로스가 스토아 철학자들에게 먹인 이 한 방을 받아들이겠다."

그렇다고 해서 키케로가 에피쿠로스의 원자론을 모두 긍정하는 것은 아니다. 원자의 '이유 없는 이탈'은 자유를 보여주는 것 같지만, 따져보면 전혀 그렇지 않다. 에피쿠로스의 원자론은 다른 모든 것들과 마찬가지로 인간의 영혼도 원자로 이루어져 있다고 본다. 그런데 영혼의 원자가 이유 없이 이탈한다면, 그것은 인간의 자유를 보증하기는커녕 오히려 가로막는다. 원자가 아무 때나 멋대로 경로에서 이탈하는 것은 인간이 스스로 의지를 발동해 행동할 가능성을 배제하기 때문이다. 그래서 키케로는 "허구적 이탈로 도피하는 에피쿠로스보다 더 정신의 자발적 운동을 부정한 사람은 없다"고 단언한다. 우리 영혼 안에서 일어나는 것은 원자 이탈이 아니라 자유의지라는 것이다.

키케로는 이렇게 에피쿠로스도 스토아 철학도 모두 비판의 대상으로 삼는다. 그런데 논의의 후반부에 가면, 크리시포스의 스토아 철학이 운명론을 무조건 옹호하는 것이 아님이 드러난다. 크리시포스의 진정한 관심사는 운명론을 자유의지와 타협시키고, 더 나아가 자유의지의 우위를 입증하는 데 있다. 인간의 행위는 운명의 사슬을 따르기만 하는 것이 아니라 동시에 이성의 자유로운 본성을 따르며, 둘 가운데 더 결정적인 역할을 하는 것은 자유의 본성이라는 애기다. 인간의 행위를 결정하는 데서 운명의 사슬은 보조적인 역할을 할 뿐이고 인간의 의지가 주도적인 역할을 한다는 것이 크리시포스의 결론이다. 그러나 크리시포스의 논변은 적잖은 혼란을 일으킨다. 키케로는 크리시포스가 한편으로는 운명론을 주장하고 다른 한편으로는 자유론을 주장함으로써 상호 충돌의 진퇴양난에 빠진다고 비판한다.

키케로가 보기에 운명론을 강조하는 것은 어떤 식으로든 인간의 자유의지를 부정하거나 제약하는 결과에 이른다. 키케로가 이야기하려는 것의 핵심은 우리의 자유로운 의지와 결단을 봉쇄하는 운명의 필연성은 없다는 것이다. 바로 이 자유의 정신으로 키케로는 당대 로마 정치의 운명에 맞서 공화정 복원의 길을 찾으려고 분투했던 것이다. 키케로야말로 자유인이었다.

'영혼'이 '신'에 이르는 여정 그리는 플로티노스 신비철학

《아름다움에 관하여》_ 플로티노스

플로티노스(205~270)는 플라톤 철학을 일신해 '신플라톤주의'를 정립한 고대 후기 철학자다. 플로티노스의 작품은 '구론집'(엔네아데스)이라는 이름으로 묶여 있는데, 이 작품들 가운데 가장 먼저 쓴 것으로 알려진 글이 《아름다움에 관하여》다. 플로티노스 사상이 포괄적으로 논의되고 있어 고대 이래로 널리 읽힌 '플로티노스 입문서'이기도 하다. 이 저작이 플로티노스 전문가 송유레 경희대 철학과 교수의 번역을 거쳐 '정암고전총서'의 하나로 나왔다. 옮긴이의 꼼꼼한 주석과 상세한 해제가 독자를 플로티노스 저작 안으로 이끈다.

기원후 205년 이집트에서 태어난 플로티노스는 28살 때 철학에 뜻을 세우고 알렉산드리아로 갔다. 여기서 플라톤주의자 암모니오스 사카스를 스승으로 모시고 철학을 배운 뒤 39살 때 로마에 정착해 철학 학교를 열었다. 이 학교에는 황제 부부를 비롯해 여러 계층의 사람들이 두루 모였다. 플로티노스는 49살이 돼서야 책을 쓰기 시작했는데, 충직한 제자였던 포르피리오스가 스승 사후에 이 작품들을 편집해 모두 6권으로 펴냈다. 권마다 9편씩의 논문이 묶였다는 이유로 이 전집을 '구론집'(엔네아데스)이라고 부른다.

이 저작집은 플라톤 철학을 근간으로 하여 아리스토텔레스 철학과 스토아 철학을 포괄하고 있어 고대 후기 사유의 종합이라고 할 만하다. 플로티노스 사상은 지중해 세계에 드넓은 영향을 끼쳐 기독교 신학이 정립되는 데 주춧돌 노릇을 했고 이슬람 신학 탄생에도 중대한 기여를 했다. 특히 플로티노스 철학에 깃든 신비주의는 중세 기독교·이슬람 신비주의의 기원이 됐으며, 워즈워스·콜리지·에머슨·예이츠 같은 근대 시인에게도 영감의 원천이 됐다.

플로티노스 사상은 흔히 '유출론'이라고 불린다. 알 수 없는 궁극의 원천에서 우주 만물이 유출돼 나왔다고 해서 유출론이라고 한다. 플로티노스는 그 궁극의 원천, 곧 궁극의 실재를 '하나'(일자, to hen)라고 부른다. 이 '하나'에서 '정신'이 흘러나오고 '정신'에서 '영혼'이 흘러나온다. 그런가 하면 '하나'에서 나온 것 가운데 가장 '하나'를 닮지 않은 것이 '물질'(질료)이다. 마치 태양이라는 광원에서 나오는 빛이 광원에서 멀어질수록 광도가 약해져 사라지듯이, '하나'의 빛도 정신과 영혼을 거쳐 물질에 이르면 사라진다.

플로티노스는 플라톤의 '두 세계' 이론을 받아들여 존재 전체를 둘로 나누었다. 우리의 오감으로 알 수 있는 '이 세계'(감각계)와 지성을 통해서만 알 수 있는 '저 세계'(가지계)가 그것이다. 우리의 영혼은 이 두 세계의 중간에 걸쳐 있는 양서류적 존재다. 그리하여 육체라는 물질에 깃든 우리 영혼은 '이 세계'를 떠나 '저 세계'를 지향한다. 《아름다움에 관하여》는 '하나-정신-영혼-물질'이라는 유출론의 구도를 거슬러 올라가는 영혼의 여정을 이야기하는 저작이다.

그래서 이 저작은 우리의 감각으로 알 수 있는 이 물질 세계에서 이야기를 시작한다. 이때 플로티노스가 논의의 주제로 삼는 것이 '아름다움'(to kalon)이다. 플라톤은 아름다운 사물들이 아름다운 것은 거기에 아름다움의 형상(이데아)이 깃들어 있기 때문이라고 보았다. 플로티노스는 플라톤의 생각을 물려받아 아름다운 사물들을 아름답게 만드는 것은 그 형상이라고 말한다. 건축가가 지은 집이 아름답다면 그건 건축가의 머릿속에 든 집의 형상이 실제의 집에 구현됐기 때문이다.

그런데 세상에는 보이는 아름다움뿐 아니라 보이지 않는 아름다움(훌륭함)도 있다. 사람의 품성이나 덕망이나 지식이 그런 경우다. 그 아름다움을 알아보려면 영혼의 눈이 열려야 한다. 다시 말해 육체와 물질의 욕망에 매여 불순한 상태로 있던 영혼이 그 욕망에서 풀려나 순수한 상태로 올라서야 한다. 우리 영혼이 깨끗해지고 나서야 눈이 열려 보이지 않는 아름다움을 볼 수 있게 되는 것이다. 이렇게 정화를 통해 정신적인 아름다움을 알아본 영혼은 이제 아름다움 자체 곧 아름다움의 이데아를 향해 올라간다. 그 올라감을 플로티노스는 오디세우스가 마녀 키르케와 칼립소의 유혹을 떨치고 고향으로 돌아가는 것에 비유한다. 영혼의 상승은 영혼의 귀향이다.

 그 영혼이 도착하는 곳이 아름다움의 이데아로 이루어진 세계다. 플로티노스는 그 이데아 세계를 '정신'이라고 부른다. 우리 영혼이 순수해져 아름다움의 본질 자체를 직관할 때 열리는 것이 그 본질로 가득한 신적인 정신이라는 얘기다. 그러나 여정은 여기서 끝나지 않는다. 아름다움의 정신은 더 근원적인 것에서 나오기에 영혼은 한 번 더 도약해야 한다. 그렇게 해서 만나는 것이 '하나'다. '하나'가 모든 아름다움의 궁극적 원천이다. 플로티노스는 이 '하나'를 '좋음'(선, to agathon)이라고도 부른다. 궁극의 선인 그 '하나'를 가리키는 다른 말이 신(theos)이다. 영혼은 여정의 끝에 다다라 마침내 신과 '신비적 합일'을 이룬다.

 주목할 것은 플로티노스가 이 '영혼의 올라감'을 '내면 세계로 내려감'으로 이해한다는 사실이다. 영혼이 풍선처럼 하늘 너머로 상승하는 것이 아니라, 우리 마음 안으로 깊이 들어가 거기서 '정신'을 만나고 다시 신과 만나는 것이다. 그러나 안으로 들어간다고 해서 바로 신을 만날 수 있는 것은 아니다. 신과 합일하려면 우리 영혼이 신의 아름다움을 알아볼 수 있을 정도로 아름다워져야 한다. 그렇게 아름다워지려면 우리는 우리 안의 어둠과 더러움을 모두 씻어내야 한다. 영혼을 깨끗이 닦고 난 뒤에야 신의 아름다움과 하나가 될 수 있다.

더 주목할 것은 플로티노스 사상이 이 세상의 삶을 부정하지 않는다는 사실이다. 오디세우스의 여행을 끝낸 영혼은 다시 이 세상으로 돌아와 신에게서 얻은 '좋음'에 대한 지혜를 이웃에 나누어준다. 또 저 세계의 아름다움을 모범으로 삼아 이 세계를 아름다운 세계로 만드는 데 힘을 쏟는다. 그렇게 이 세계와 저 세계를 잇는 아름다움의 다리를 만드는 것이 신이 인간에게 준 사명이다. 플로티노스의 신비철학은 아름다운 세계, 아름다운 나라를 설계하고 추구하는 정치철학이기도 하다.

아리스토텔레스의 광활한 세계로 가는 문

《아리스토텔레스 선집》_아리스토텔레스

철학자 아리스토텔레스는 플라톤과 함께 서양 철학의 두 기둥을 이룬다. 아리스토텔레스의 학문 분야는 하도 넓어서 인간과 자연과 우주를 포함해 거의 모든 주제를 망라한다. 《아리스토텔레스 선집》은 현전하는 아리스토텔레스 저작집 가운데 주요한 부분을 발췌해 번역한 책이다. 조대호 연세대 교수를 비롯해 아리스토텔레스 전문가 다섯 사람이 번역 작업에 참여했다. 발췌 번역이라고는 해도 아리스토텔레스 철학을 둘러싼 핵심 논점이 된 대목들이 빠짐없이 들어가 있어 이 선집만으로도 아리스토텔레스 사상의 광활한 세계를 조망할 수 있다. 형이상학자 아리스토텔레스뿐만 아니라 논리학자·자연철학자·실천철학자 아리스토텔레스를 두루 만날 기회를 준다.

아리스토텔레스 철학은 자주 스승 플라톤 철학과 비교된다. '보이지 않는 이데아 세계'를 탐구한 스승과 달리 아리스토텔레스는 '눈에 보이는 현실 세계'를 깊이 탐사했다. 반대 방향으로 향하는 두 사상이 마주섬으로써 서양 철학은 팽팽한 긴장감 속에 전진할 수 있었다. 특히 현실 세계에 과학적으로 접근하는 아리스토텔레스 철학은 후대 자연과학의 발흥에 결정적인 동력을 마련해주었다. 아리스토텔레스 철학의 이런 현실주의 특성은 가계의 성격과도 관련이 있다. 아리스토텔레스의 부모는 모두 의사 집안 출신이었고, 아버지는 당대 신흥 강국 마케도니아의 궁정 의사였다. 아리스토텔레스의 탐구 기질은 의사로서 인체를 돌보고 질병을 치료한 아버지의 삶과 무관하지 않을 것이다. 17살 때 플라톤의 아카데미아에 들어간 아리스토텔레스는 젊은 나이에 '아카데미아의 지성'이라는 평판을 얻었다. 하지만 이 시기에 벌써 플라톤의 생각에 반대했고 스승의 이데아론을 '매미 소리'에 지나지 않는다고 비판했다.

아리스토텔레스는 평생 115가지 주제에 관해 550권의 저작을 쓴 것으로 알려져 있는데, 이 저작들은 외부용 저작(exoterikoi)과 내부용 저작(esoterikoi)으로 나뉜다. 출판을 목적으로 한 외부용 저작은 "황금이 흐르는 것 같은"(키케로) 유려한 문체로 쓴 글들이었는데 안타깝게도 거의 모두 소실됐다. 현전하는 저작은 소수 제자들을 대상으로 한 내부용인데, 강의의 자료로 쓴 것들이어서 문체가 아주 건조하다. 더구나 논의가 응축돼 있는 데다 내용이 모호하거나 상충하는 곳도 있어 이해하기 쉽지 않다. 그 때문에 몇몇 대목은 후대에 커다란 논란을 불러일으키기도 했다. 이를테면 《영혼론》에서 이야기하는 인간 영혼 속의 '지성'(nous)이 천상의 신과 동일한 것인지 아닌지를 두고 고대 이래 무수한 논쟁이 벌어졌다.

아리스토텔레스가 드넓은 학문 영역을 탐사할 때 어떤 마음으로 임했는지 알아볼 수 있는 구절이 《형이상학》 제1권 제1장에 나온다. 여기서 아리스토텔레스는 "모든 사람은 본성적으로 알고 싶어 한다"라는 문장으로 이야기를 시작한다. 사람들은 특별한 이유나 목적이 없이도 무언가를 보고 아는 즐거움에 "만사를 제쳐 두고" 달려드는데, 여기서 앎의 욕구가 본성적인 것임을 알아볼 수 있다. 그런데 앎 가운데서도 사물이나 사태의 원인과 원리를 아는 앎이 지혜(소피아, sophia)에 가까운 앎이다. 이어 아리스토텔레스는 놀라워함(타우마제인, thaumazein)에서 '지혜에 대한 사랑' 곧 철학이 시작된다고 말한다. 무언가를 보고 놀라워함은 '의문에 사로잡힘'으로 이어지고 그 의문을 해결하려는 집요한 노력을 거쳐 참다운 앎에 이른다는 것이다.

아리스토텔레스가 말하는 '놀라워함'은 천체와 우주 같은 드높고 웅장한 것에서만 나타나는 것이 아니라, 겉보기에 추하고 하찮은 것들에서도 나타난다. 아리스토텔레스는 《동물부분론》 제1권 제5장에서 이렇게 말한다. "보기에 징그러운 동물들에 대한 연구에서조차 그런 동물들을 만들어낸 자연은 그 원인들을 알아내고 본성적으로 지혜를 사랑하는 사람들에게는 헤아릴 수 없는 즐거움을 안겨준다. (…) 우리는 덜 가치 있는 동물들

서양 철학의 두 기둥을 이루는 플라톤(왼쪽)과 아리스토텔레스.
'보이지 않는 이데아 세계'를 탐구한 스승과 달리 아리스토텔레스는
'눈에 보이는 현실 세계'를 깊이 탐사했다. 반대 방향으로 향하는
두 사상이 마주섬으로써 서양 철학은
팽팽한 긴장감 속에 전진할 수 있었다.

을 연구하는 데 대한 유아적인 혐오증을 떨쳐버려야 한다. 왜냐하면 자연적인 사물들 속에는 무언가 놀라운 것이 존재하기 때문이다." 바로 이런 태도로 아리스토텔레스는 온갖 종류의 생물을 연구했고, 그 결과는 저작집의 3분의 1에 이르는 생물학 저술로 남았다.

아리스토텔레스의 이론 철학에 대한 사유가 가장 밀도 높게 집결된 곳은 《자연학》(physika)과 《형이상학》(metaphysika)이다. 《자연학》은 자연 세계의 변화와 운동의 원리를 설명하는 저작인데 오늘날로 치면 물리학에 해당한다. 후대의 학자들이 증언하는 대로 아리스토텔레스의 이 저작이 없었다면 갈릴레이의 물리학은 탄생하기 어려웠을 것이다. 이 저작에서 아리스토텔레스는 앞 시대 자연철학자들의 논의를 비판한 뒤 자연의 운동 원리에 대한 자신의 생각을 제시하는데, 특히 주목할 만한 것이 제8권에 등장하는 '부동의 원동자'에 대한 논의다. 여기서 천체의 회전운동을 일으키는 최초의 운동자 곧 '스스로는 움직이지 않으면서 다른 것들을 움직이게 하는 영원한 것'이 있어야 한다는 주장이 펼쳐진다. 아리스토텔레스는 이 부동의 원동자가 무엇인지 구체적으로 말하지 않는데, 그 원동자의 정체를 명명하는 곳이 《형이상학》이다.

《형이상학》 제12권은 아리스토텔레스의 신학이 응집된 저술인데, 여기서 아리스토텔레스는 다른 모든 것을 움직이게 하는 최초의 운동자를 가리켜 '신'이라고 부른다. 모든 운동의 중심에 있으면서 그 운동을 일으키는 이 신은 움직이지 않고 영원히 존재하는 자다. 그렇다면 이 부동자가 스스로 움직이지 않으면서 다른 것을 움직이게 하는 방법은 무엇일까? 아리스토텔레스는 신이 '욕구의 대상'이자 '사유의 대상'이기에 운동을 일으킬 수 있다고 말한다. 인간을 사례로 들어보면, 어떤 대상을 향한 사랑의 욕구가 생길 때 인간은 그 대상을 생각하며 그 대상을 향해 나아가려고 한다. 마찬가지로 신은 '가장 사랑받을 만한 존재'이므로 천체가 그 신을 향해 움직이게 되고 그 움직임은 천구의 구조상 원운동으로 나타난다. 천체의 운동을 일으키는 그 '신'이 근대 과학 시대에 들어와 '힘'(중력)으로 대체됐음을 알아보기는 어렵지 않다.

아리스토텔레스《시학》은 논리학 저술

《시학》_아리스토텔레스

 아리스토텔레스는 근대 학문 분과의 원형을 창출한 사람이다. 아리스토텔레스의 탐구 영역은 형이상학에서부터 논리학·자연학·윤리학·정치학·수사학에 이르기까지 광대하게 뻗어 있다.《시학》은 이 드넓은 탐구 영역 가운데 '시 예술'에 관한 이 철학자의 통찰이 담긴 저작이다. '인류 최초의 문학 이론서'로 불리는 이 저작의 새로운 번역본이 고대 그리스 철학 전문가 이상인 연세대 교수의 노고를 거쳐 나왔다. 원문과 번역문을 나란히 배치한 그리스어-한국어 대역본이다. 특히 주목할 것은 이 텍스트에 대한 역사적·분석적 연구를 담은 장문의 해제다. 여기서 역자는 그동안 문학 창작론으로 통용돼 온《시학》을 일종의 논리학 저작으로 재해석한다.
 그리스 북부에서 태어난 아리스토텔레스는 17살 때 플라톤의 아카데메이아에 들어가 20년 동안 스승의 가르침을 익혔다. 이

도제 시기에 아리스토텔레스의 학문 역량은 벌써 독자성을 띠기 시작했다. 아리스토텔레스는 수학에 기반을 둔 플라톤 사상을 의심 어린 눈으로 보았고, 천상이 아닌 지상 세계로 관심 영역을 넓혔다. 특히 논리학 연구에서 두각을 나타내 《토피카》(변증론)를 이 시기에 집필했다. 플라톤 사후 아테네를 떠난 아리스토텔레스는 10여 년 뒤 다시 아테네로 돌아와 자신의 학교 리케이온을 세우고 남은 인생을 교육과 저술에 바쳤다.

고대 작가 디오게네스 라에르티오스가 남긴 기록으로 보면, 아리스토텔레스의 저술은 모두 147종에 이르렀다고 한다. 그러나 이 방대한 저술 가운데 현존하는 것은 일부에 지나지 않는다. 아리스토텔레스 저작은 크게 '내부용 저술'과 '외부용 저술'로 나뉜다. 외부용 저술은 리케이온 바깥의 대중 교육용으로 쓴 것들인데, 탁월한 문체의 대화편으로 이루어졌다고 한다. 반면에 내부용 저술은 리케이온 학생들에게 강의할 목적으로 쓴 것들이어서 문체가 건조하고 압축적이다. 외부용 저술은 후대에 모두 소실되고 내부용 저술만 오늘날까지 내려온다.

이 살아남은 저술을 취합해 체계화한 사람이 19세기 독일 문헌학자 이마누엘 베커(Immanuel Bekker)다. 베커는 기원전 1세기에 아리스토텔레스 문헌을 최초로 정리해 분류한 안드로니코스의 전통을 따라 다섯 영역으로 저술을 나누었다. 논리학, 자연학, 형이상학, 윤리학·정치학, 수사학·시학이 그것이다. 그런데 이런 후대의 분류는 아리스토텔레스 자신의 학문 분류와 차이가 난다. 아리스토텔레스는 학문 연구 대상을 '테오리아'(theoria, 관조), '프락시스'(praxis, 행위), '포이에시스'(poiesis, 제작)로 나누었다. 테오리아는 인식 자체의 즐거움을 목적으로 삼는 이론적 학문에 대응하고, 프락시스는 인간의 정치적·윤리적 행위를 탐구하는 실천적 학문에 대응한다. 또 포이에시스는 삶의 편의에 복무하는 기술을 다루는 제작적 학문의 영역이다.

이 분류법을 아리스토텔레스 자신의 저술에 적용하면, 자연학·형이상학 저술은 테오리아(이론적 학문)에 속하고, 윤리학·정치학은 프락시스(실천적 학문)에 속한다. 그렇다면 시학은 어디에 속할까? 후대의 학자들은 '시학'(페리 포이에티케스, peri poietikes)이라는 말이 '포이에시스'에 연원을 두고 있다는 이유로 '제작적 학문'으로 분류했다. 문제는 아리스토텔레스가 시학이 어디에 속하는지 한 번도 밝힌 적이 없다는 사실이다. 아리스토텔레스는 제작적 학문에 속하는 것으로 건축술·직조술·제화술·제과술을 이야기했을 뿐이다. 시학은 서사시나 비극의 원리를 탐구하는 것이어서 사물 제작 기술과는 성격이 전혀 다르다. 그러니 '시학을 제작에 관한 학문으로 분류해도 되는가' 하는 물음이 나올 수밖에 없다.

이 오래된 물음에 새로운 답을 주는 것으로 근년에 주목받고 있는 것이 중세 이슬람 철학자들, 곧 알파라비·아비켄나·아베로에스의 아리스토텔레스 해석이다. 세 철학자는 모두 《시학》에 대한 주석서를 썼는데, 놀라운 것은 세 사람이 똑같이 《시학》을 논리학 저술로 분류했다는 사실이다. 어떻게 《시학》이 논리학 저술이 될 수 있는가? 논리학은 인간 이성의 사유 법칙을 탐구하는 학문이다. 이 사유 법칙을 그 내적 필연성에 따라 설명하는 것이 논리학이다. 모든 학문 활동은 이 논리학을 도구로 삼는다. 또 논리학은 불변의 법칙 혹은 불변의 원리를 그 필연성에 따라 밝힌다는 점에서 이론적 학문의 하나다. 이론적 학문 곧 자연학이나 수학이나 형이상학은 모두 불변하는 원리를 규명하는 것을 목표로 하기 때문이다.

그런데 시학이 탐구 대상으로 삼는 것은 시 곧 비극 속에 등장하는 개별 인간의 행위다. 개별 인간은 자연학이나 수학처럼 필연의 법칙을 따르지 않는다. 그러나 그렇다고 해서 행위가 아무렇게나 일어나는 것은 아니다. 인간은 삶을 통해 형성한 성격(에토스, ethos)에 따라 필연성에 가까운 개연성 있는 행위를 한다. 영웅적인 인간은 영웅적인 행위를 하고 비열한 인간은 비열한 행위를 한다. 그러므로 시학은 엄밀한 필연성은 아니더라도 그 나름의 법칙성을 지닌 대상을 탐구한다고 할 수 있다. 더 나아가 비극 작품은 그런 인간 행위를 완결된 드라마로 구성해야 한다. 이 구성이 탁월한 것이 되려면 그 행위들이 논리에 맞게 구축돼 통일성을 구현해야 한다. 이렇게 행위 법칙을 통해 논리적 통일성을 구축하는 시 예술이 바로 시학의 탐구 대상이다. 그러므로 시학은 필연성에 가까운 개연성을 따라 펼쳐지는 행위의 논리학, 삶의 논리학이 된다.

아리스토텔레스는 《시학》 본문에서 시인과 역사가의 차이를 이렇게 설명한다. "역사가는 일어난 일을 말하고 시인은 일어날 것 같은 일을 말한다. 따라서 시는 역사 서술보다 더 철학적이며 더 위대하다. 시는 보편적인 것을 말하고 역사 서술은 개별적인 것을 말하기 때문이다." 인간 행위를 대상으로 삼는다는 점에서 비극과 역사 서술은 유사하지만, 그 행위 속에서 보편적 원리를 찾아내고 보편적 논리를 구축한다는 점에서는 비극이 역사 서술보다 우월하다는 얘기다. 삶의 논리학이라는 새로운 이해의 빛 속에서 아리스토텔레스의 저작을 다시 읽으면, 《시학》은 창작의 비밀을 알려주는 지침서를 넘어 인간 존재의 본성을 탐구하는 철학적 텍스트로 나타난다.

신은 우주를 움직이고
영혼은 몸을 움직인다

《아리스토텔레스의 심리철학》_유원기

영혼이란 무엇인가? 사람이 죽으면 영혼은 하늘로 올라가는 것인가, 아니면 육체와 함께 영혼도 사라지는가? 아리스토텔레스는 이 유구한 물음을 철학적으로 묻고 분석적으로 탐구한 서양 최초의 철학자다. 영혼과 육체의 관계, 영혼과 생명의 관계를 규명함으로써 영혼이 불멸하는지 사멸하는지를 밝히려 한 사람이 아리스토텔레스다. 아리스토텔레스 전공자 유원기(계명대 교수)가 쓴 《아리스토텔레스의 심리철학》은 영혼에 관한 아리스토텔레스의 탐구를 깊숙이 들여다본 저작이다. 저자는 현대 아리스토텔레스 연구자들의 논의를 비판적으로 검토한 뒤 아리스토텔레스의 텍스트를 꼼꼼히 살펴 자신의 관점으로 아리스토텔레스가 말하는 영혼의 상을 빚어낸다.

아리스토텔레스의 생애는 세 시기로 나뉜다. 그리스 북부에서 태어나 17살 무렵 아테네의 플라톤 아카데미아에 들어가 20년 동안 수련한 시기가 제1기이고, 플라톤 사후 아테네를 떠나 12년 동안 그리스 각지를 돌던 시기가 제2기다. 이어 49살에 아테네로 돌아와 리케이온에 학교를 세우고 학생들을 가르치다 알렉산드로스 사후 다시 아테네를 떠나 죽음에 이르기까지가 제3기다. 아리스토텔레스는 방대한 저작을 남겼는데, 저술 시기는 대체로 제2기와 제3기로 모인다. 이 저작들 가운데 3분의 1가량이 현전하는데, 그것만으로도 200자 원고지 수만 장에 이른다. 이 엄청난 저작 가운데 가장 많은 분량을 차지하는 것이 천문학·생물학을 포함한 자연학 관련 저술이다. 영혼에 관한 논의가 담긴 《영혼론》('영혼에 관하여')은 이 자연학 분야에, 그중에서도 생물학 분야에 속해 있다. 오늘날 '심리철학' 하면 인간 심리를 떠올리는 것과 달리, 아리스토텔레스는 영혼론을 살아 있는 자연 사물 곧 생명체에 관한 탐구로 보았다.

이 책의 저자도 아리스토텔레스를 따라서 탐구의 출발점을 《자연학》으로 삼는다. 아리스토텔레스는 《자연학》 8권에서 생물을 '자신의 운동을 스스로 시작하는 자기운동자(autokinetos)'라고 규정하고, 그 생물 내부에 '부동의 원동 부분'과 '피동 부분'이 있다고 말한다. '부동의 원동 부분'이란 '움직이지 않는 채로 다른 것을 움직이게 하는 부분'이라는 뜻이고 '피동 부분'이란 '부동의 원동 부분의 지시를 받아 움직이는 부분'이라는 뜻이다. 《자연학》에 등장하는 이 생물 운동 규정을 상세히 살피는 곳이 바로 《영혼론》이다. 아리스토텔레스는 자연의 모든 사물이 '질료와 형상'으로 이루어져 있다고 보는데, 그 생각을 연장해 생물도 일종의 '질료와 형상'으로 이루어져 있다고 말한다. '육체와 영혼'이 그것이다. 주목할 것은 이때의 영혼이 뜻하는 것이 사람의 영혼만이 아니라 식물과 동물을 포함한 생물 전반의 영혼이라는 사실이다. 아리스토텔레스가 육체라고 부르는 것도 사람이나 동물의 육체만이 아니라 식물의 몸체를 포함한다. 요컨대 무생물과 달리 생명 있는 것들은 무엇이든지 '영혼과 육체'로 구성돼 있다는 것이 아리스토텔레스의 생각이다.

여기서 논점으로 불거지는 것이 과연 영혼이 육체와 분리될 수 있느냐 그렇지 않느냐 하는 문제다. 만약 분리될 수 있다면 영혼은 독자적 생명을 누릴 것이고, 그렇지 않다면 육체의 죽음과 함께 사멸할 것이다. 《영혼론》은 모두 3권으로 이루어져 있는데, 아리스토텔레스는 1권에서 '영혼은 육체에서 분리돼 독립적으로 존재하는 것이 아니다'라고 말한다. 반면에 3권에서는 인간 영혼의 사유 능력을 '능동적 지성'과 '수동적 지성'으로 나눈 뒤 수동적 지성은 죽음과 함께 소멸하지만 능동적 지성은 소멸하지 않는다고 말한다. 그렇다면 어느 쪽이 아리스토텔레스의 본디 생각인가? 이 물음에 답할 실마리는 이 책의 저술 시기에서 찾아볼 수 있다고 저자는 말한다. 《영혼론》의 제1권과 제2권은 후기(제3기)에 쓴 부분이고, 제3권은 중기(제2기)에 쓴 부분이다. 아리스토텔레스의 학설은 후기로 갈수록 플라톤의 영향에서 벗어난다. 플라톤은 영혼이 불멸한다고 보았다. 그러므로 '영혼 불멸론'은 플라톤의 영향이 남아 있던 시기의 생각이고, '영혼 사멸론'은 플라톤의 영향에서 벗어난 뒤의 생각이라고 볼 수 있다는 것이 저자의 판단이다. 이런 추정에 근거해 이 책의 저자는 아리스토텔레스의 생각이 "영혼은 육체의 죽음과 함께 사멸한다"는 데로 귀착했다고 해석한다. 저자의 이런 생각은 20세기 중반까지 유행한 '아리스토텔레스 사상의 점진적 발전' 이론을 기반으로 한 것이며, 오늘날에는 저자의 이런 생각에 동의하지 않는 아이스토텔레스 학자들이 다수다.

눈여겨볼 것은 아리스토텔레스가 말하는 영혼이 '부동의 원동자'라는 사실이다. 아리스토텔레스는 《자연학》에서 자연 전체 곧 우주 전체가 움직이려면, 그 자신은 움직이지 않으면서 다른 것들을 움직이게 하는 '부동의 원동자'가 있어야 한다고 말한다. 스스로 움직이지 않는 최초의 원동자가 움직임을 일으킴으로써 우주 만물이 운동한다고 보는 것이다. 이 최초의 원동자를 아리스토텔레스는 '신'이라고 명명한다. 이 동일한 원리가 생명체 안에도 있는데, 바로 영혼이 생명체 내부의 신처럼 스스로는 움직이지 않으면서 육체를 움직이게 하는 부동의 원동자 구실을 한다는 것이다. 이때 생명체의 운동에는 몸을 직접 움직이는 관절과 근육의 운동뿐만 아니라 소화 작용과 혈액 순환 같은 신진대사 활동까지 포함된다. 아리스토텔레스의 영혼은 심리만 관장하는 것이 아니라 생리도 관장한다.

그런데 영혼이 '부동의 원동자'라면, 다시 말해 그 자신은 움직이지 않으면서 육체를 움직이게 하는 것이라면, 그 작용은 어떤 방식으로 이루어지는가? 여기서도 우주와 신체의 유비 관계가 등장한다. 아리스토텔레스는 천체가 회전운동을 하는 것이 에테르라는 보이지 않는 물질 때문이라고 생각한다. 하늘을 가득 채운 에테르가 회전하여 천체의 원운동을 일으킨다고 보는 것이다. 마찬가지로 아리스토텔레스는 육체 안에 프네우마(pneuma)라는 보이지 않는 물질이 있어서 이 물질을 매개로 삼아 영혼이 모든 신체 운동을 일으킬 수 있다고 말한다. 프네우마라는 말은 본디 바람·공기·날숨을 뜻하며 거기서 후에 '성령'이라는 종교적 의미가 파생했다. 아리스토텔레스의 프네우마는 종교적 함의가 없는 단순한 '물질적 기운'이다. 신이 에테르를 매개체로 삼아 우주의 천체를 회전시키듯이, 영혼은 프네우마라는 물질을 통해 몸을 뜻대로 움직인다는 것이다.

아리스토텔레스 논리학의 정점

《아리스토텔레스의 분석론 전서》_아리스토텔레스

아리스토텔레스는 스승 플라톤과 함께 서양 학문의 비조 자리에 서 있다. 아리스토텔레스의 학문 영역은 광활해서 생물학부터 신학까지 거의 모든 문제를 포괄했고, 이 드넓은 연구로 오늘날 통용되는 대다수 학문의 토대를 마련했다. 아리스토텔레스의 연구 분야에는 '논리학'도 있는데, 논리학 저작 중 가장 중요한 것으로 꼽히는 책이 《분석론》이다. 이 책의 첫 번째 권 〈분석론 전서〉가 우리말로 처음 번역됐다. 아리스토텔레스 논리학 전문가 김재홍 정암학당 연구원이 40여 년에 이르는 아리스토텔레스 연구 끝에 산출한 결실이다.

아리스토텔레스는 주저 《형이상학》에서 학문을 이론적 학문, 실천적 학문, 제작적 학문으로 분류했다. 이론적 학문에는 수학·자연학·신학·형이상학 같은 앎(인식)을 목표로 하는 학문이 포함되며, 실천적 학문에는 윤리학과 정치학이 포함되고, 제작적 학문에는 시학·수사학이 배정된다. 눈여겨볼 것은 아리스토텔레스의 학문 분류에서 논리학이 빠져 있다는 사실이다. 아리스토텔레스에게 논리학은 학문 자체가 아니라 학문으로 들어가는 데 필요한 예비 작업, 다시 말해 학문과 사유에 필요한 일종의 도구를 습득하는 작업이었다. 그래서 후대 사람들은 아리스토텔레스의 논리학 저술을 하나로 묶어 '오르가논'(organon, 도구)이라고 불렀다. 논리학은 학문 활동에 쓰이는 올바른 사유 방법을 안내하는 학문이다.

아리스토텔레스의 '오르가논'은 《범주론》《명제론》《분석론》(전서·후서)《변증론》《소피스트적 논박》으로 이루어져 있다. 《범주론》은 문장의 주어와 술어를 구성하는 '낱말'의 특성을 탐구한다. 《명제론》은 이 낱말들로 이루어진 명제를 탐구 대상으로 삼는다. 《분석론》은 이 명제들의 논리적 관계를 탐사한다. 《변증론》은 《분석론》과 마찬가지로 명제들의 논리적 관계를 밝히지만, 특히 대화와 문답에서 나타나는 논리에 주목한다. 또 《소피스트적 논박》은 이런 변증론적 추론 가운데 '잘못된 추론'에 초점을 맞춘다. 이 여러 논리학 저술 가운데 아리스토텔레스 논리학의 정점을 보여주는 것이 《분석론》이다. 이 저서를 통해 아리스토텔레스는 서양 논리학의 창시자이자 논리적 사유의 천재로서 영원히 이름을 남기게 됐다.

《분석론》이 분석하는 것은 '학문적 추론'이다. 다시 말해 학문이 학문으로서 자립하려면 갖춰야 할 올바른 추론의 형식적 구조를 분석하는 것이 《분석론》이다. 따라서 《분석론》의 주제는 오늘날의 용어로 말하면 '형식 논리학'이다. 아리스토텔레스는 이 형식 논리학의 아이디어를 수학, 특히 기하학에서 빌려 왔다. 아리스토텔레스 당대에 벌써 기하학은 높은 수준에 이르러 있었고 추상적 사유의 모범으로 통했다. 이 《분석론》 가운데 '전서'가 형식적 추론의 '예비적 논의'를 담고 있다면, '후서'는 '전서'에 입각해 '학문적 추론' 자체를 다룬다.

〈분석론 전서〉가 분석하는 '추론'은 그리스어로 '실로기스모스'(syllogismos)라고 한다. 이 '실로기스모스'에서 '아리스토텔레스 논리학' 하면 사람들이 곧장 떠올리는 '삼단논법'(syllogism)이라는 말이 나왔다. 그러나 삼단논법은 후대에 아리스토텔레스 논리학을 변형한 것이어서 아리스토텔레스 분석론 자체에서는 찾아볼 수 없다. 실로기스모스라는 말은 아리스토텔레스에게서는 '명제들을 함께(syl-) 모아놓음(-logos)'을 뜻한다. 명제들을 모아놓고 그 내적 관계를 밝힌다는 뜻이다.

잘 알려진 삼단논법의 사례는 다음과 같다. "모든 사람은 죽는다. 소크라테스는 사람이다. 그러므로 소크라테스는 죽는다." 이 삼단논법을 〈분석론 전서〉의 아리스토텔레스 방식으로 서술하면 이렇게 된다. "만일 모든 사람이 가사적(죽는) 존재이고 소크라테스가 사람이라면, 소크라테스는 가사적 존재다." 이 명제를 다시 형식 논리로 바꾸면 이렇게 된다. "만일 A(소크라테스)가 모든 B(사람)에 속하고, B(사람)가 C(가사적 존재)에 속한다면,

A(소크라테스)는 C(가사적 존재)에 필연적으로 속한다." 이렇게 형식 논리를 통해서 전제에서 결론을 끌어내는 추론의 구조를 분석하는 것이 〈분석론 전서〉의 일이다. 〈분석론 전서〉에서 말하는 추론은 오늘날 연역(deduction)이라고 불린다. 연역 추론이 〈분석론 전서〉의 주제인 셈이다.

〈분석론 후서〉에서 아리스토텔레스는 이 '추론의 형식적 구조'를 '학문적 인식'에 적용한다. 주목할 것은 추론의 형식적 구조는 '전제에서 필연적으로 도출되는 결론'만 따질 뿐이지 그 전제 자체의 참과 거짓을 문제 삼지 않는다는 점이다. 반면에 '학문적 인식'은 참된 전제에서부터 필연적으로 도출되는 참된 결론을 대상으로 한다. 올바른 전제에서 올바른 방식으로 결론이 도출됐을 때, 그 학문적 증명을 두고 아리스토텔레스는 '논증'(apodeixis)이라고 부른다. 〈분석론 후서〉는 이렇게 연역 추리를 통해 올바른 논증과 학문적 인식에 이르는 길을 살핀다.

이 대목에서 물음이 불거진다. 학문적 연역 추론이 내세우는 '참된 전제' 혹은 '보편적 전제'는 어디에서 온 것인가? 이 문제를 아리스토텔레스는 〈분석론 후서〉 말미에서 다룬다. "어떤 전제가 참된 것임을 우리는 어떻게 아는가" 하는 물음에 아리스토텔레스가 내놓은 대답은 '귀납'(induction)이다. 연역이 보편적인 전제에서 특수한 결론을 끌어내는 것이라면, 귀납은 특수한 것들, 곧 개별적인 사례들에서 보편적인 결론을 끌어내는 것이다. 이 귀납을 통해서 우리는 올바른 전제를 확보한다. 다시 말해 경험을 통해서 쌓은 특수한 것들에 대한 지식을 종합해 거기서 보편적인 결론을 내고, 그 결론을 학문적 사유의 전제로 삼는 것이다.

학문의 참된 인식은 일차로 연역적 추론에 기반을 두지만, 전체로 보면 연역과 귀납의 합동 작품임이 이로써 드러난다. 그 학문적 인식에 이르는 사유의 길을 안내하는 것이 《분석론》이며, 그 《분석론》의 현관에 놓인 책이 〈분석론 전서〉다. 18세기 독일 철학자 칸트는 논리학이 "아리스토텔레스 이래로 한 발짝도 더 전진하지 못했다"고 말했다. 아리스토텔레스가 논리학을 완성했다는 뜻이다. 이 책은 출발 단계에서 벌써 정상의 높이에 이른 그 논리학의 웅장한 풍경으로 독자를 이끈다.

경제학 뿌리는 고대 그리스 '오이코노미아'에 있다

《아리스토텔레스 가정경제학》

　경제학(economics)은 근대에 태어난 학문으로 여겨진다. 스코틀랜드 도덕철학자 애덤 스미스(Adam Smith, 1723~1790)가 근대 경제학의 아버지로 거명되고, 스미스의 저서 《국부론》(1776)이 근대 경제학의 출범을 알린 저작으로 꼽힌다. 그러나 경제학의 뿌리를 찾아 올라가면 《국부론》 탄생보다 2000년 앞선 고대 그리스에까지 이른다. 그 고대 그리스 시대 경제학의 모습을 알려주는 저작 가운데 하나가 아리스토텔레스의 이름으로 내려온 《오이코노미케》(oikonomike)다. 이 책이 김재홍 정암학당 연구원의 역주를 거쳐 '아리스토텔레스 가정경제학'이라는 제목으로 나왔다.

　이 책에서 '가정경제학'이라고 옮겨진 '오이코노미케'는 '오이코스'(oikos)와 '노모스'(nomos)의 합성어다. '집'을 뜻하는 '오이코스'는 단순히 건물을 가리키는 데 그치지 않고, 부부와 자녀로 이루어진 가정과 그 가정에 딸린 재산, 곧 토지와 농지와 노예를 포괄한다. 또 '노모스'는 그 동사형(네메인, nemein)이 가리키는 대로 '분배·할당·관리·감독·경영'이라는 뜻을 품고 있다. 따라서 두 단어가 합쳐진 '오이코노미아'(oikonomia)는 가정관리 또는 가정경영을 의미한다. 이 말에 '기술'을 뜻하는 어미가 붙어 '오이코노미케'(oikonomike)가 나왔다. 오이코노미케는 가정관리술 또는 가정경영술을 가리킨다. 경제학의 맨 처음 모습은 '가정경제학'이었던 것이다.

이 책은 아리스토텔레스의 이름을 빌려 통용돼 온 일종의 위서다. 그렇다면 누가 언제 이 책을 쓴 것일까? 문헌학자들은 아리스토텔레스 사후(기원전 322년) 50년 사이에 아리스토텔레스학파 사람들이 이 텍스트의 원본을 썼으며, 이 원본에 후대의 가필이 더해져 지금의 모습이 된 것으로 본다. 눈여겨볼 것은 이 텍스트의 배후에 두 종의 책이 있다는 사실이다. 그중 하나가 플라톤의 동시대인 크세노폰이 쓴 《가정경영론》(오이코노미코스)이고, 다른 하나가 '가정경영'(오이코노미아)을 다룬 아리스토텔레스의 《정치학》 제1권이다. 이 두 사람의 주요 논의가 이 책의 이론적 바탕을 이룬다.

플라톤과 유사하게 대화체 저술을 남긴 크세노폰은 《가정경영론》에서 소크라테스를 주인공으로 등장시켜 '가정경영'에 관한 크세노폰 자신의 생각을 상술한다. 재산을 늘리려면 가장은 어떤 역할을 해야 하며 아내는 집안을 어떻게 꾸려야 하는지 그리고 남편과 아내는 어떻게 합심해야 하는지를 차근차근 이야기한다. 반면에 아리스토텔레스의 글은 '정치학'이라는 큰 범주의 하위 범주로서 '오이코노미아'를 좀 더 학술적으로 엄밀하게 기술한다. 아리스토텔레스는 "모든 폴리스(정치 공동체)는 오이코스(가정 공동체)로 구성돼 있다"고 말한다. 오이코스가 합쳐져 폴리스가 됐다는 얘기다. 따라서 폴리스를 거론하려면 먼저 오이코스에서 이야기를 시작해야 한다. 또 폴리스의 통치를 이해하려면 오이코스의 통치 곧 오이코노미아를 알아야 한다. 오이코노미아가 '정치학'의 출발점이 되는 것이다.

크세노폰-아리스토텔레스의 논의와 함께 살펴볼 것이 오이코노미아 의미의 확장이다. 오이코노미아의 본디 뜻은 '가정을 다스리고 관리하는 일'이지만, 이미 고대에 그 말의 외연은 크게 넓혀져 있었다. 그리하여 오이코노미아는 폴리스의 경제적 관리, 더 나아가 폴리스와 폴리스의 관계를 가리키는 말로 사용됐다. 심지어 기원전 3세기 철학자 에피쿠로스는 오이코노미아를 '우주와 자연의 질서'를 가리키는 데 쓰기도 했다. 그런가 하면 기원후 1세기 역사학자 스트라본은 이집트를 이야기하던 중에 "좋은 오이코노미아는 일자리를 창출한다"고 오늘날과 거의 같은 의미로 썼다.

이 책은 이렇게 오이코노미아의 의미망이 넓어져 가는 길의 어떤 지점을 보여주는 텍스트다. 먼저 이 책의 첫 부분(제1권)은 아리스토텔레스와 유사한 방식으로 국가의 관리와 가정의 관리가 어떻게 다른지 살핀 뒤 가정관리를 이론적으로 간략히 설명한다. 이어 제2권에서는 재정을 '왕과 총독과 국가와 개인'의 네 경우로 나누어 각각의 수입원을 이야기한 뒤, '군주들이 재산을 획득한 다양한 방책'을 78가지 사례를 들어 설명한다. 오이코노미아가 '가정관리'를 넘어 '국가관리' 차원으로 확장돼 가고 있음을 보여주는 명확한 사례라고 할 만하다. 특히 이 제2권에서 국가 재정을 설명하는 중에 오늘날의 '국민경제'(political economy)에 해당하는 '폴리티케 오이코노미아'라는 용어가 처음으로 등장한다.

이 책의 마지막을 이루는 제3권은 제2권의 논의에서 방향을 확 바꿔 결혼 생활에서 남편과 아내의 의무를 살핀다. 이 제3권은 그리스어 원본은 사라지고 라틴어 번역본만 남아 있는 데다 텍스트의 성격도 제1권이나 제2권과 다르게 윤리학적 성격이 강해, 근래의 아리스토텔레스 연구자들 사이에서 경시돼 왔다. 그러나 제3권이 아리스토텔레스의 윤리학과 거리가 있는 것은 사실이라고 해도, 크세노폰이 《가정경영론》에서 이미 집안을 이끌어 가는 두 주체로서 남편과 아내의 관계를 소상히 다룬 바 있기 때문에 오이코노미아와 무관한 논의라고 볼 수는 없다.

더구나 이 제3권의 내용은 후대에 끼친 영향만 보면 제1권이나 제2권보다 오히려 크다고 할 수 있다. 특히 눈길을 끄는 것이 남편과 아내의 관계와 관련해 '조심스러운 배려'를 권장하는 대목이다. 이 텍스트는 "남편과 아내가 한마음으로 집을 꾸리는 것보다 더 좋은 것은 없다"며 "옳은 일을 하기 위해 관대하게 서로 섬기라"고 조언한다. 아내에게는 이런 말도 한다. "확실히 행운을 잘 이용하는 것은 하찮은 일도 시시한 일도 아니다. 하지만 역경을 잘 견디는 것은 틀림없이 더 존경스럽다." 위대한 정신만이 큰 불의와 고통 속에서도 바른 행실을 지켜 나갈 수 있다는 권고다.

　이런 권고에 담긴 윤리관은 남편을 주인으로, 아내를 보조자로 보는 크세노폰이나 아리스토텔레스의 경우보다 부부 평등의 관념에 좀 더 다가간 것이라고 볼 수 있다. 이 책 제3권의 '부부의 결합과 일치'에 관한 논의는 11세기에 아랍어 번역판이 나온 뒤 이슬람 세계에 깊은 영향을 주었고 중세 이후 유럽에도 적잖은 영향을 주었다고 한다. 오늘날 우리가 생각하는 것과 달리 고대에 경제학과 윤리학은 따로 떨어진 것이 아니었음을 이 텍스트에서 엿볼 수 있다.

아리스토텔레스 '불온 사상'이 키운 토마스 신학

—

《토마스 아퀴나스》_박승찬

　박승찬 가톨릭대 철학과 교수가 쓴 《토마스 아퀴나스》는 서양 중세 최고의 신학자 토마스 아퀴나스(Thomas Aquinas, 1225~1274)의 삶과 사상을 살피는 여행기다. 아퀴나스가 태어나 어린 시절을 보낸 이탈리아 남부 로카세카 성에서 시작해 아퀴나스의 유해가 묻힌 프랑스 남부 툴루즈까지 답사한 기록이 담겼다.

　부유한 귀족 란돌포 아퀴노의 아들로 태어난 아퀴나스는 15살에 나폴리대학에 입학하는데, 여기서 '토마스 신학'에 막대한 영향을 끼치게 될 아리스토텔레스 철학을 만난다. 당시 아리스토텔레스 철학은 아랍 세계를 거쳐 막 유럽에 알려진 낯선 철학이었고, 플라톤 사상에 입각해 있던 전통 중세 신학과 어긋나는 지점이 많았다. 보수적인 가톨릭교회는 그 새로운 철학을 이단으로 몰아 배척했다. 하지만 그 시절 유럽 대학은 이 새로운 '불온 사상'에 열광했다. 아퀴나스가 공부한 나폴리대학이 그런 곳 가운데 하나였다. 교황 세력과 대립하던 신성로마제국 황제 프리드리히 2세는 자신의 영향권 안에 있던 나폴리대학이 아리스토텔레스 철학을 가르치고 연구하는 것을 의도적으로 지원했다. 아퀴나스는 이런 흐름을 타고 아리스토텔레스 철학 속으로 깊숙이 들어갔다. 이 시기에 아리스토텔레스 철학에 더해 10대의 아퀴나스에게 지울 수 없는 영향을 준 것이 도미니코회였다. 도미니코회는 교회의 타락을 비판하고 수도자들의 청빈을 앞세운 탁발수도회였다. 아퀴나스는 도미니코회 수사들의 설교에 감동해 이 신생 수도회에 입회했다. 고위 성직자가 되기를 바라던 부모는 아퀴나스의 선택을 되돌리려 모든 노력을 다했지만 아들의 뜻을 꺾지 못했다. 젊은 아퀴나스를 지적으로 감화한 것이 아리스토텔레스였다면, 도덕적으로 감화한 것은 도미니코회였다.

나폴리대학에 이어 아퀴나스의 탐구를 이끈 곳이 파리대학이었다. 파리대학은 당시 유럽 지성의 중심이자 아리스토텔레스 철학의 요람이었다. 아퀴나스는 아리스토텔레스 철학에서 미래의 신학 체계를 쌓아 올릴 기둥을 찾아냈다. 파리대학이 아퀴나스에게 안긴 또 다른 행운은 저명한 신학자 알베르투스 마그누스(Albertus Magnus, 1193~1280, 대알베르투스)와의 만남이었다. 파리대학 교수로 있던 알베르투스는 아퀴나스의 학문적 역량을 알아보고 가장 아끼는 제자로 삼았다. 알베르투스는 신학 박사 학위를 받은 아퀴나스가 파리대학 교수가 되는 길도 열어주었

중세 신학의 완성자 토마스 아퀴나스.
당대의 위험한 사상으로 통하던 아리스토텔레스 철학을
신학의 근간으로 삼은 아퀴나스는 생전에 여러 차례 공격받았고
사후에도 토마스 신학의 여러 명제가 이단으로 단죄받았다.

다. 아퀴나스는 첫 번째 파리대학 재임(1256~1259) 이후 10년 뒤 한 번 더 파리대학 교수를 지냈다. 파리대학은 아퀴나스의 사상이 영근 곳이다.

아퀴나스는 49년의 짧은 생애 동안 400권에 이르는 저작을 남겼는데, 이 초인적인 작업의 결과물 가운데 가장 중요한 것이 《신학대전》이다. 《신학대전》은 200쪽 분량의 책으로 50권에 이른다. 길지 않은 인생에 어떻게 그토록 방대한 저작을 쓸 수 있었을까? 비결은 '구술'이다. 아퀴나스는 3~4명의 비서에게 각기 다른 주제의 책을 동시에 구술했다. 해당 주제들에 대한 학문적 통달과 인간의 한계를 넘어서는 비범한 집중력이 없으면 불가능한 일이다. 그렇게 저술에 몰두하던 아퀴나스는 1273년 12월 나폴리의 산 도메니코 마조레 수도원에서 축일 미사를 봉헌하던 중 "갑자기 무엇엔가 얻어맞은 듯한" 상태에서 '신비한 체험'을 했고, 이후 모든 저술 활동을 중단했다. 아퀴나스는 비서에게 "이제껏 내가 쓴 모든 것은 지푸라기만도 못하게 여겨진다"는 말을 남기고 이듬해 3월 세상을 떠났다.

토마스 신학은 당대의 위험한 사상으로 통하던 아리스토텔레스 철학을 근간으로 삼아 구축된 것이었기에, 아퀴나스 생전에 여러 차례 공격받았고 사후에도 토마스 신학의 여러 명제가 이단으로 단죄받았다. 그러나 아퀴나스의 영향력은 사후에 오히려 커졌다. 1323년 교황 요한 22세는 아퀴나스를 성인으로 선포했고 토마스 신학은 이단의 사슬에서 모두 풀려났다.

초인을 창조하고자 한
중세 연금술의 야망

《프로메테우스의 야망》_ 윌리엄 뉴먼

연금술이라는 말은 과학의 빛이 들기 이전 옛 시대 인간의 기괴한 욕망이 빚어낸 헛된 꿈을 즉각 떠올리게 한다. 우리가 아는 대로 연금술은 황금을 만들려 한 신비주의자들의 망상이기만 했던 것일까? 연금술과 근대 과학 혁명은 아무런 관련이 없는 것일까? 미국의 과학사학자 윌리엄 뉴먼(William Newman)의 2004년 저작 《프로메테우스의 야망》은 서양 연금술의 역사를 찬찬히 되밟아 연금술에 대한 통념을 깨뜨리는 책이다. 특히 이 책은 중세 말기 연금술사들의 저작을 살펴 연금술이 오늘날의 '생명 복제'와 유사한 꿈을 꾸었음을 보여준다.

연금술은 헬레니즘 시기에 태어나 중세 아랍에서 흥성했다가 13세기에 유럽으로 역수입돼 17세기까지 위세를 떨쳤다. 이 책에서 뉴먼은 이 연금술의 역사를 '자연과 기예의 논쟁'이라는 틀로 해석해 연금술의 역사적 실상에 다가간다. '자연과 기예의 논쟁'이란 '자연이 우월하냐, 기예(기술·예술)가 우월하냐'를 두고 르네상스 시대를 전후해 벌어진 논쟁을 말한다. 이 논쟁에 지침을 제공한 사람이 11세기 페르시아 철학자 아비켄나(980~1037, 이븐 시나)다. 아비켄나는 이런 말을 했다. "기예는 자연보다 허약하며 자연을 극복하기는커녕 섬길 수밖에 없다." 인간의 기예는 자연의 탁월함을 결코 뛰어넘을 수 없다는 선언이다. 이 선언에 정면으로 도전한 사람들이 중세 연금술사들이었다. 연금술사들은 연금술이 물질을 변성시킴으로써, 다시 말해 수은 같은 비천한 금속을 황금 같은 고귀한 금속으로 바꾸어냄으로써 자연을 '완전성'으로 이끌 수 있다고 믿었고 그 믿음을 증명하려고 끊임없이 실험했다. 이 책은 연금술의 실험 정신이 17세기 보일과 18세기 라부아지에로 이어지는 근대 화학 혁명의 지적 기원이 됐다고 말한다. 연금술은 일견 터무니없어 보이는 탐구 활동을 통해 근대의 문을 열어준 과학 혁명의 선구자이자 조력자였다.

연금술의 역사를 탐사하는 길에 이 책이 특히 눈여겨보는 것이 중세 말기 연금술을 혁신한 스위스 의사 파라켈수스 폰 호헨하임(Paracelsus von Hohenheim, 1493~1541)과 파라켈수스의 저작으로 알려진 《사물의 본성에 관하여》(De natura rerum)다. 이 저작에서 파라켈수스는 인공의 방법으로 인간을 만들어낼 수 있다고 주장했다. 그 인공 인간을 부르는 이름이 호문쿨루스(homunculus)다. 파라켈수스의 '인공 인간' 아이디어가 어디서 왔는지 알려면 아리스토텔레스 시대로 거슬러 올라가야 한다.

아리스토텔레스는 《동물발생론》에서 남성의 '정액'과 여성의 '생리혈'이 만나 태아가 형성된다고 기술했다. 독특한 것은 아리스토텔레스가 자신의 '질료-형상 이론'에 입각해 여성과 남성의 가치를 아주 다르게 매겼다는 사실이다. 남성의 정액은 '순수 형상'에 가까운 것인 데 반해 여성의 생리혈은 '순수 질료'에 가깝다. 이 둘이 자궁에서 만날 때 정액이 주도권을 쥐면 남아가 생성되고 생리혈이 주도권을 쥐면 여아가 생성된다. 형상은 고귀하고 질료는 저급하다. 따라서 순수 형상에서 태어난 남아는 순수 질료에서 태어난 여아에 비해 선천적으로 우월하다. 아리스토텔레스는 남녀 차별을 생물학적으로 정당화했다.

그런데 생물 발생에는 '유성 발생'만 있는 것이 아니다. 아리스토텔레스는 당대의 보편적 믿음을 따라 '자연 발생'도 있다고 보았다. 적절한 환경이 갖춰지면 꿀벌이나 진드기 같은 생명체가 저절로 생겨난다는 것이 자연 발생설이다. 중세의 연금술사들은 아리스토텔레스의 이 두 가지 발생을 하나로 결합할 길은 없는지, 다시 말해 인간의 태아가 자연 발생의 방식으로 생겨날 수는 없는지를 물었다. 바로 그 물음에 답한 것이 파라켈수스의 《사물의 본성에 관하여》다. 여기서 파라켈수스는 생리혈을 인공의 플라스크에 밀봉한 뒤 자궁과 유사한 환경 속에 놓아 두면 오직 질료로만 된 여성적인 괴물이 탄생한다고 주장하고 그 괴물을 '바실리스크'(basilisk)라고 불렀다.

더 주목할 것은 그 다음이다. 만약 남성의 정액을 플라스크에 밀봉해 자궁과 유사한 환경에 넣어 두면, 일정 시간이 지난 뒤 아주 작은 남자아이가 생겨난다. 이 작은 남아를 부르는 이름이 호문쿨루스다. 정액은 순수 형상이므로 호문쿨루스는 물질성에서 해방된 순수 존재이고 그래서 몸이 투명에 가깝다. 이 작은 인간이 자라나 성숙한 상태가 되면 '세상의 모든 지식'을 저절로 알게 된다. 호문쿨루스는 '살아 있는 정신'이자 일종의 인공 초인이다. 이 호문쿨루스의 창조를 두고《자연의 본성에 관하여》는 '모든 비밀 위의 비밀'이라고 부른다. 호문쿨루스 창조야말로 자연의 불완전성을 완전성으로 이끌어 올리는 연금술의 최종 승리를 보여준다. 이것이 뉴먼이《사물의 본성에 관하여》를 통해 그려 보여주는 근대 초기 연금술의 야망, 다시 말해 인간을 창조하고자 하는 '프로메테우스의 야망'이다.

  뉴먼의 설명은 연금술에 관해 그동안 나온 상당수 견해들과 정면으로 충돌한다. 역자(박요한 서울대 인문의학교실 석사)는 '해제'를 통해 뉴먼이 논박하려는 것이 분석심리학자 카를 융의 해석과 융 이론을 받아들인 종교학자 미르치아 엘리아데의 해석이라고 설명한다. 융은 연금술의 '물질 변성'이 남성과 여성의 정신적 통합을 나타낸다고 보았고, 엘리아데는 연금술을 자연의 성스러움을 추구하는 것으로 해석했다. 또 융과 엘리아데의 논의를 이어받은 페미니즘 과학사가들은 연금술사들이 자연을 거룩한 여성으로 숭배했다고 보고 연금술의 세계관이 반자연적인 가부장적 과학의 대안이 될 수 있다고 주장했다.

그러나 뉴먼의 재해석을 통해 드러난 파라켈수스의 연금술은 철저한 남성 우월주의에 입각해 자연을 복속시켜야 할 대상으로 삼고 있음을 보여준다. 그렇다면 중세 말기의 연금술사들이야말로 근대 경험주의 주창자 프랜시스 베이컨의 직계 선조라고 해야 할 것이다. 베이컨은 인간이 자연을 정복해 지배해야 한다고 주장했다. 바로 그런 이유로 뉴먼은 중세의 연금술이 "헤르메스적으로(비의적으로) 출발하지만 베이컨적으로 끝난다"고 말한다. 뉴먼의 탐사를 통해 연금술의 이미지는 거의 반대로 뒤집힌다. 중세 연금술은 근대 과학을 낳은 모태였을 뿐만 아니라 근대 과학이 일으킨 종교적·윤리적 논쟁의 섬뜩한 전조이기도 했던 것이다.

르네상스 문 연 페트라르카 '창작의 비밀'

《나의 비밀》_프란체스코 페트라르카

《신곡》을 쓴 단테 알리기에리(Dante Alighieri, 1265~1321)가 서양 중세의 가을을 통과한 시인이라면, 한 세대 뒤에 태어난 프란체스코 페트라르카(Francesco Petrarca, 1304~1374)는 고전 부흥의 빛을 불러낸 이탈리아 르네상스 최초의 시인이다. 페트라르카는 산문 작가로도 이름이 높았는데, 이 작가가 라틴어로 쓴 산문 작품 〈나의 비밀〉, 〈고독한 생활〉, 〈종교적 여가〉가 우리말로 처음 번역돼 나왔다. 페트라르카 연구자 김효신 대구가톨릭대 교수가 세 편을 모두 우리말로 옮겼다. 특히 이 세 편 가운데 시인의 내적 갈등을 고백한 〈나의 비밀〉은 페트라르카 산문의 최고봉으로 꼽힌다.

페트라르카는 이탈리아 중부 아레초에서 태어났다. 당시 페트라르카의 아버지는 피렌체의 정치적 격변에 휘말려 단테와 함께 고향을 떠나 망명 중이었다. 어린 페트라르카는 아버지를 따라 프랑스 남부 아비뇽으로 건너가 거기서 자랐다. 아비뇽은 로마 교황청이 옮겨와 있던 새로운 종교 중심지였다. 페트라르카는 10대 때 아버지의 뜻대로 몽펠리에대학과 볼로냐대학에서 법학을 공부했으나 1326년 아버지가 죽자 법학 공부를 그만두고 문학 창작에 몰두했다. 페트라르카 인생에 중대한 전환점이 된 사건은 1327년 23살 때 아비뇽의 성 클레르 성당에서 젊은 유부녀 라우라를 만난 일이었다. 단테에게 베아트리체가 영원한 뮤즈였듯이, 라우라는 이루지 못할 사랑의 쓰라림으로 젊은 페트라르카의 창작 혼에 불을 지른 또 다른 뮤즈였다. 그 불꽃은 1348년 라우라가 먼저 세상을 떠난 뒤에도 꺼지지 않고 타올랐다.

페트라르카는 고전문헌학의 아버지라는 타이틀도 지녔는데, 알프스 산속 수도원 지하 서고에 묻혀 있던 고대 라틴어 문헌을 찾아내 세상에 알린 사람이 페트라르카였다. 이 문헌 발굴 작업을 통해 고대 그리스·로마 전통의 부활을 이끎으로써 페트라르카는 르네상스 시대 인문주의의 선구자가 됐다. 이탈리아 속어로 작품을 쓴 단테와 달리, 페트라르카가 라틴어로 문학 창작을 시작한 이유도 열렬한 고전 문학 사랑에 있었다. 그런 라틴어 사랑이 빚은 작품이 서사시 〈아프리카〉다. 한니발을 물리친 로마 장군 스키피오를 찬양하는 그 작품으로 페트라르카는 1341년 로마 시의회가 주는 계관시인의 영예를 얻었다. 그러나 얼마 지나지 않아 이 서사시의 문학적 성취에 만족하지 못하고 1342년부터 이탈리아 속어로 서정시를 쓰기 시작했는데, 이것이 페트라르카 최고의 작품으로 평가받는 서정 시집 《칸초니에레》다. 연인 라우라에게 바친 《칸초니에레》는 이후 400년 동안 유럽의 시 문학을 지배할 페트라르카풍을 일으켰다.

이 시집을 써 나가던 때에 집필한 라틴어 산문이 〈나의 비밀〉이다. 이 작품은 일종의 대화체 소설이라고도 할 수 있는데, 페트라르카 자신을 대변하는 인물 '프란체스코'와 중세 기독교 체계를 세운 교부철학자 '아우구스티누스' 그리고 '진리의 여신'이 등장한다. 진리의 여신이 지켜보는 가운데 아우구스티누스와 프란체스코가 사흘 동안 '영혼의 병'을 치유하는 방법을 놓고 대화한다. 페트라르카는 29살 때 아우구스티누스의 《고백록》을 처음 만난 뒤 되풀이해서 이 저작을 읽었다. 작품 속 아우구스티누스는 프란체스코의 정신적 스승으로서 내면의 갈등에 시달리는 프란체스코에게 종교적 구원의 길을 안내한다.

주목할 것은 이 작품에 등장하는 아우구스티누스가 역사적 실존 인물 아우구스티누스와 완벽하게 일치하지는 않는, 페트라르카의 상상력이 스며든 인물이라는 사실이다. 작품 속 아우구스티누스는 《고백록》을 인용해 자기 생각을 이야기하기도 하지만, 더 빈번하게 인용하는 것은 키케로나 베르길리우스 같은 로마시대 작가들의 작품이다. 심지어 페트라르카의 서사시를 직접 따와 이야기하기도 하며, 페트라르카가 다른 작품에서 주장하는 것을 그대로 반복하기도 한다. 그렇게 보면 작품 속의 아우구스티누스와 프란체스코는 각각 페트라르카 자신의 한쪽 면을 특화한 인물이라고 할 수 있다. 아우구스티누스가 종교적 구원을 열망하는 페트라르카를 대변한다면, 프란체스코는 세속적 쾌락과 명성에 매달리는 페트라르카를 보여준다. 이 두 사람이 '진리(진실)의 여신' 앞에서 치열한 대화를 이어 가게 함으로써 페트라르카 자신의 내적인 갈등을 진솔하게 고백하는 것이다. 바로 이런 이유로 이 작품은 고대 그리스·로마의 대화편 형식을 이어받되 그 형식을 태반으로 삼아 근대 고백 문학을 잉태했다는 평가를 받는다.

작품 속 아우구스티누스와 실존 인물 아우구스티누스의 불일치는 이 작품에 서술된 아우구스티누스 사상 자체에서도 발견된다. 작품의 '첫 번째 대화'에서 인간의 자유의지를 강조하는 대목이 그런 경우다. 여기서 아우구스티누스는 인간을 죄악에 빠뜨리는 것도 자유의지이지만, 인간을 그 죄악에서 끌어내 영원한 행복에 이르게 하는 것도 자유의지라고 말한다. 실제의 아우구스티누스가 인간에게 자유의지가 있기에 죄를 범하고 악에 빠진다고 말한 것은 사실이다. 그러나 자유의지가 있다고 해서 인간이 곧장 선을 이루고 행복을 얻을 수 있는 것은 아니다. 《자유의지론》을 비롯한 여러 저작에서 아우구스티누스는 자유의지가 신의 은총과 함께할 때만 구원에 이를 수 있음을 강조한다. 신의 은총과는 무관하게 자유의지만으로 행복에 도달할 수 있다고 이야기한 것은 고대 스토아 학파 철학이었다. 작품 속 아우구스티누스는 그 스토아 철학자에 가깝다.

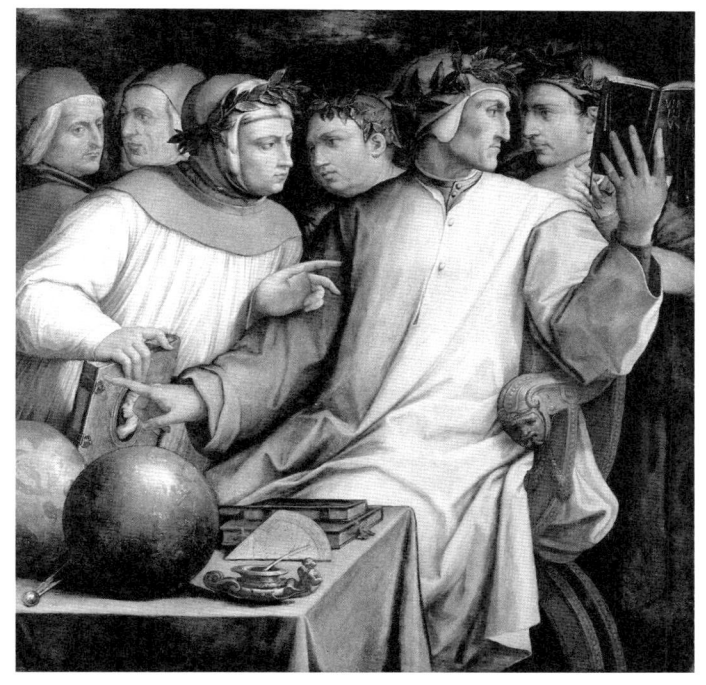

르네상스 화가 조르조 바사리의 〈토스카나의 여섯 시인〉.(1544)
왼쪽에서 세 번째, 책에 오른손을 올린 인물이 페트라르카이고,
그 옆에 왼손에 책을 들고 있는 인물이 단테 알리기에리다.

이렇게 신의 은총을 슬며시 제쳐놓는다는 점에서 페트라르카의 〈나의 비밀〉은 중세의 신 중심주의에서 근대의 인간 중심주의로 나아가는 도상에 있는 작품이라고 할 수 있다. 인문주의 곧 인간주의가 페트라르카와 함께 시작하는 것이다. 특히 이 작품의 마지막에 이르러 프란체스코가 한편으로 아우구스티누스의 충고를 받아들이면서도 다른 한편으로 자신의 욕망을 포기하지 않겠다고 말하는 대목은 의미심장하다. "말씀하신 것처럼 구원의 올바른 길을 가는 편이 훨씬 안전하다는 것은 알고 있습니다. 하지만 욕구를 억누를 수가 없습니다." 종교적 구원을 소망하면서도 세속의 기쁨과 영광을 포기하지 않는 이 분열된 내면이야말로 근대적 인격의 원형을 보여준다. 이 내적 모순이 페트라르카의 창작에 동력이 됐을 것이다.

'탈무드의 뿌리' 유대인의 법전을 읽는다

《미쉬나》(전 6권)_권성달 외 번역·주해

《탈무드》는 '유대인의 지혜서'로 우리에게 알려져 있다. 그러나 엄밀히 말하면《탈무드》는 유대교의 법전에 관한 주석서다. 《탈무드》의 뿌리가 되는 그 법전이《미쉬나》(미슈나)인데, 이 법전 전체를 우리말로 번역하고 주해한 책《미쉬나》(전 6권)가 나왔다. 《미쉬나》 전체 번역·주해는 동아시아를 통틀어 이번이 처음이다. 유대학과 히브리어학을 전공한 연구자 9명이 4년을 꼬박 들여 함께 작업한 결과다. 도중에《미쉬나》 번역·주해 연구책임자인 최창모 전 건국대 중동연구소 소장이 번역 작업을 마치고 출판을 준비하던 중 병환으로 세상을 뜨기도 했다. 이 전집에는《미쉬나》의 역사적·문화적 배경지식을 일목요연하게 알려주는 최중화 부산장신대 교수의《미쉬나 길라잡이》도 함께 묶였다.

유대 민족은 서양 중세 이래 '책의 민족'이라고 불렸다. 이때 '책'이 가리키는 것이 구약성서와 《미쉬나》와 《탈무드》다. 구약성서의 앞부분 '모세오경'의 계율을 법전화한 것이 《미쉬나》이고, 《미쉬나》를 해석하고 확장한 것이 《탈무드》다. 《미쉬나》의 텍스트가 성립한 것은 로마 제국의 강압 정책으로 고대 이스라엘이 해체되던 기원후 1~3세기다. 이 시기에 발생한 큰 사건 가운데 하나가 기원후 70년 예루살렘 성전이 로마군에 의해 파괴된 일이다. 성전을 중심으로 하던 유대 신앙이 거점을 잃은 것인데, 이후 유대인들은 저마다 일상에서 신앙을 이어 갈 수밖에 없는 처지에 놓였다. 이때 유대인의 생활과 신앙을 규율하는 법전 구실을 한 것이 《미쉬나》다. 《미쉬나》를 포함한 '성스러운 책'이 있었기에 유대인은 2000년 동안 정체성을 지켜나갈 수 있었다.

'미쉬나'는 히브리어 동사 '샤나'에서 파생한 말이다. '샤나'는 '반복하다, 공부하다'를 뜻하며 여기서 나온 명사 '미쉬나'는 '공부, 학습'을 뜻한다. 이 어원에서 짐작할 수 있듯이, '미쉬나'는 스승이 제자들에게 반복해서 가르친 것, 제자들이 반복해서 학습한 것이라는 의미를 품고 있다. 입으로 전해 오던 유대교 율법(토라)을 가르침과 배움의 과정을 통해 해석하고 정리한 것이 《미쉬나》다.

《미쉬나》의 출현은 로마 지배가 일으킨 거대한 변동의 결과다. 그 변동에 대응하는 과정에서 유대 사회 내부에서 율법 해석이 분화했는데, 그 분화를 보여주는 것이 기원후 1세기 힐렐과

샤마이를 우두머리로 하는 두 학파의 등장이다. 힐렐 학파와 샤마이 학파는 율법 해석에서 뚜렷한 차이를 보였다. 힐렐이 율법을 개방적이고 진보적으로 해석했다면, 샤마이는 엄격하고 보수적으로 해석했다. 두 학파의 율법 해석은 5세대에 걸쳐 200년 가까이 경쟁하다가 3세기 초에 랍비 '예후다 하나씨'에 이르러 오늘날 우리가 보는 《미쉬나》로 집성됐다. 또 이 텍스트를 뿌리로 삼아 이후 5세기 말까지 《미쉬나》 주해서인 《탈무드》가 성립했다. 흥미로운 것은 예후다 하나씨가 힐렐의 7대손이었는데도 샤마이 학파의 보수적인 가르침을 해석의 중심으로 삼았다는 사실이다.

《미쉬나》가 성립하던 시기는 유대인들의 저항이 로마 제국의 탄압으로 번번이 꺾이던 때였다. 예루살렘의 성전이 파괴됐을 뿐만 아니라, 132년에는 유대 지도자 바르 코크바가 이끄는 대규모 반란이 일어났다. 로마 역사가 카시우스 디오는 이 반란으로 유대인 58만 명이 죽임을 당하고 마을 985곳이 불탔다고 전한다. 그러나 《미쉬나》는 이런 정치적·사회적 사건에는 거의 아무런 관심도 보이지 않는다. 오직 구전 율법을 모으고 해석하는 일에만 몰두한다. 사회적 격변은 텍스트의 배후에 그림자처럼 어른거릴 뿐이다.

《미쉬나》는 모두 여섯 '권'에 예순세 '부'로 이루어져 있다. 각 부는 장으로 구성돼 있고, 장에는 절이 들어 있는데, 이 절을 또 '미쉬나'라고 부른다. 미쉬나는 율법의 최소 단위를 가리키는 말이자 이 율법을 모아놓은 텍스트 전체의 이름이기도 하다. 《미쉬나》의 각 권을 차례로 보면 다음과 같다. 제1권 '제라임'(농경)은 농업 생산물을 거두어 헌물로 바치는 일을 규정하고, 제2권 '모에드'(절기)는 안식일과 명절을 설명하며, 제3권 '나쉼'(여성들)은 가족에 관련된 법을 종합한다. 제4권 '네지킨'(손해)은 민법과 형법에 관한 조항을 설명하며, 제5권 '코다쉼'(거룩한 것들)은 제사와 성전에 관련된 법을 모으고, 제6권 '토호롯'(정결한 것들)은 정결과 부정에 관해 이야기한다.

독특한 것은 율법을 설명할 때, 하나의 해석만 제시하지 않고 랍비들의 여러 견해를 두루 소개한다는 사실이다. 여기서 《미쉬나》가 단순한 법전이 아니라 율법과 관련한 해석을 비교함으로써 율법 이해의 폭을 넓히는 일종의 학습서 노릇을 함께 하고 있음을 알아볼 수 있다. 그렇더라도 《미쉬나》의 기본 성격은 어디까지나 율법 해석서라는 데 있다. 구약성서 '출애굽기'의 "안식일에는 일하지 말라"라는 명령을 보자. 성서는 구체적으로 무엇이 '일'인지는 말해주지 않는다. '미쉬나'는 모두 39가지 일이 있다고 목록을 만들어 답한다. 바느질, 밭갈이, 추수하기, 곡식 갈기 같은 것이 안식일에 해서는 안 되는 일이다.

《미쉬나》 제1권 '제라임'은 농경을 주제로 하지만 그 시작(제1부)은 '브라홋'(기도)이다. 인간 삶의 기본이 먹고사는 문제를 해결하는 것이기에 농사를 첫 권에서 다루지만, 동시에 기도 곧 '신의 말씀을 듣는 일'이 먹는 일보다 더 중요하며 모든 것이 기도에서 시작해야 한다는 것이 텍스트 편집자의 믿음이었음을 책의 순서에서 읽어낼 수 있다. '제라임'의 제2부는 '페아'인데, 히브리어로 '모퉁이'라는 뜻이다. '추수할 때 남겨 두어야 하는 밭 가장자리의 일부'가 '페아'다. '페아'는 다시 셋으로 나뉜다. 첫째, 추수할 때 일부러 남겨 두는 것, 둘째, 추수하다가 떨어진 것, 셋째, 추수한 뒤 잊어버리고 가져오지 않은 것.

이 세 가지는 다시 거두어들이면 안 된다. 왜 안 되는가? 먹을 것이 없는 사람들에게 돌아가야 할 몫이기 때문이다. 이웃의 어떤 사람도 굶주리는 일은 없어야 한다는 것이 이 가르침의 정신이다. 《미쉬나》의 토대가 되는 '모세오경'은 그렇게 베풀어야 할 사람으로 이방인·고아·과부를 거명한다. 랍비 문학을 깊이 연구한 20세기 철학자 에마뉘엘 레비나스가 타자의 현상학에서 불러내는 타자 곧 이방인·고아·과부의 출처가 어디인지 여기서 알아볼 수 있다.

4천 년 전 '1인칭 사실주의' 소설

《최초의 소설 시누헤 이야기》

인류가 낳은 최초의 서사시로 기원전 2000년경 메소포타미아에서 탄생한 〈길가메시 서사시〉가 꼽힌다. 그렇다면 인류 최초의 소설은 언제 태어났을까? 최초의 소설은 〈길가메시 서사시〉와 거의 같은 시대에 고대 이집트에서 출현했다. 이집트학 전문가 유성환(서울대 인문학연구소 선임연구원)의 《최초의 소설 시누헤 이야기》는 고대 이집트 초기 소설 가운데 하나인 《시누헤 이야기》를 번역하고 해제를 단 책이다. 고대 이집트의 역사와 언어, 문학과 종교에 관한 지식도 상세히 담아 소설의 이해를 돕는다. 《시누헤 이야기》는 근년에 영문 중역본이 나온 바 있지만, 원전 번역은 이 책이 처음이다. 고대 이집트어의 다섯 판본을 저본으로 삼고 여러 언어의 번역본을 참조하여 우리말로 옮겼다. 국내 이집트학 연구의 이정표로 기록될 만한 작업이다.

고대 이집트 역사는 크게 초기 왕조-고왕국-중왕국-신왕국-후기 왕조로 나뉜다. 이 다섯 시기 가운데 고대 이집트사의 중심이 되는 것이 고왕국(기원전 2680~2160)—중왕국(기원전 2055~1650)—신왕국(기원전 1550~1069) 세 시기다. 고왕국은 거대한 피라미드가 조성된 문명의 도약기이고, 중왕국은 인간의 내면이 발견되고 내세와 영생의 관념이 퍼진 문명의 성장기이며, 신왕국은 람세스 2세를 비롯해 개성 강한 파라오들이 배출된 문명의 전성기다. 신왕국 멸망 이후 고대 이집트는 긴 혼란기와 페르시아-그리스-로마 지배기를 거치며 종말에 이르렀다.

이 이집트 문명의 정신적 내용은 고유한 이집트 문자가 있었기에 전해질 수 있었다. 흔히 '상형문자'라고 부르는 그 문자를 이집트 학자들은 '성각문자'(hieroglyphs)라고 부른다. 성각문자가 출현한 때는 메소포타미아 쐐기문자 발명 시기와 겹치는 기원전 3250년경이다. 표의문자와 표음문자가 뒤섞인 성각문자는 여러 차례 변형을 거쳤다. 먼저 '성각문자 흘림체'로 바뀌었고 다시 필기체로 바뀌었는데, 이 필기체를 '신관문자'라고 한다. 기원전 650년경에는 신관문자를 더 간략화한 민용문자가 등장했다. 글자체의 이런 변화와 함께 고대 이집트어도 여러 차례 바뀌었는데, 특히 중왕국 시대 이집트어는 고대 이집트 '고전어'로서 이후 이집트 문명이 끝날 때까지 독보적인 지위를 누렸다. 그 중왕국 시대에 고전어로 창작되고 신관문자로 기록된 서사문학이 꽃피었는데, 이 시기에 나온 《시누헤 이야기》는 고대 이집트 문학의 최고 걸작으로 꼽힌다.

중왕국은 고대 이집트 3000년 역사의 31왕조 가운데 제11왕조, 제12왕조, 제13왕조를 포괄한다. 《시누헤 이야기》의 역사적 배경은 제12왕조를 개창한 아멘엠하트 1세(기원전 1985~1956)와 그 뒤를 이은 센와세레트 1세(기원전 1956~1911)가 다스리던 시대다. 이 소설의 필사본은 지금까지 32점(파피루스 7점, 석편 25점)이 발견됐는데, 다른 서사문학과 비교해 압도적으로 많은 분량이다. 이 소설에는 '찬가' '비문' '포고문' '서신' '일지' 같은 당시 공식적 표현 양식이 망라돼 있다. 그런 이유로 이 소설은 서기관 양성 학교에서 교과서로 사용됐다. 학생들은 공문서의 본보기가 담긴 이 소설을 통째로 외우고 베껴 썼다.

《시누헤 이야기》는 '자전적 기록'(autobiography) 형식으로 쓴 1인칭 주인공 시점의 소설이다. 자전적 기록은 고왕국 말기에 등장한 서사 양식인데, 귀족이 분묘에 자신의 업적을 기록한 데서 출발했다. 이 자서전 양식이 소설의 틀이 된 것이다. 주인공 시누헤는 아멘엠하트 1세의 궁정 관리로 설정돼 있다. 이야기의 줄거리는 다음과 같다. 왕태자(센와세레트 1세)의 정벌 전쟁을 수행하던 시누헤는 국왕이 서거했다는 소식을 듣고 두려움에 갈피를 잡지 못하다 진영을 이탈한다. 국경을 넘어 팔레스타인 지역까지 도망간 시누헤는 그곳 선한 족장의 도움을 받아 정착하고 그 족장의 장녀와 혼인한다. 이어 위기가 온다. 시누헤를 시기한 다른 족장이 싸움을 걸어온 것인데, 시누헤는 적수를 제압하고 위기를 영광으로 바꾼다. 이방의 땅에서 풍요로운 삶을 누리던 시누헤는 고향을 잊지 못하고 돌아갈 길을 찾는다. 늙은 시누헤에게 왕이 포고령을 내려 탈영의 죄를 사면하고 귀국을 허락한다. 돌아온 시누헤는 왕의 자비 속에 죽음과 영생을 준비한다.

《시누헤 이야기》의 플롯을 끌고 가는 '물음'은 두 가지다. 하나는 "왜 시누헤는 도주했는가"다. 소설은 그 이유를 정확히 밝히지 않는다. 이 물음에 답이 될 수 있는 것이 아멘엠하트 1세 암살설이다. 고대 이집트에서 파라오는 절대적 존재였지만, 궁중에선 암투가 자주 벌어졌고 암살도 적지 않았다. 여러 역사적 자료를 보면 아멘엠하트가 암살당한 것은 사실인 것 같다. 그렇다면 시누헤는 왜 도망했을까? 자신이 모시던 왕자가 암살에 연루된 것을 알게 돼 이대로 있다간 죽음을 면할 수 없다고 판단했기 때문이었을 가능성이 크다. 암살을 둘러싼 그 비밀스러운 내막이 이야기의 문을 열고 플롯을 끌어간다. 이야기를 이끄는 다른 하나의 물음은 "왜 시누헤는 귀향하려고 하는가"다. 답의 핵심은 이집트인의 생사관에 있다. 그 시대 이집트인은 이방의 땅에 묻혀서는 영생을 얻지 못한다고 생각했다. 죽어서 영생을 얻으려면 이집트로 돌아가 이집트 방식으로 장례를 치러야 한다. 죽음 이후를 염려하는 시누헤의 그 마음이 소설 후반부를 이끌어 가는 것이다.

더 눈여겨볼 것은 소설의 문학적 장치들이다. 왕의 죽음 소식을 들은 왕태자가 급히 왕궁으로 돌아가는 장면을 소설은 이렇게 묘사한다. "매는 원정대에게는 알리지 않은 채 종자들만 거느리고 날아올랐다." 이때의 매는 '오시리스 신화'에서 오시리스의 후계자가 되는 호루스의 상징이다. 왕의 후계자인 태자를 매로 비유한 데다, 쏜살같이 달려가는 장면을 '날아올랐다'고 표현한 데서 창작자의 문학적 재능을 알아볼 수 있다. 소설 전체는 사실적인 이야기로 이루어져 있는데, 동시대의 〈길가메시 서사시〉와 비교해보면 이 소설의 사실주의는 더 도드라진다. 또 고향을 그리워하는 시누헤가 신에게 이집트로 자신을 보내 달라고 애절하게 기도하는 장면은 '개인 신심'을 보여주는 가장 오래된 기록이라는 점에서 종교사적 주목을 받는다. 개인의 내면이 발견되고 묘사되기 시작하는 순간을 이 소설이 품고 있는 것이다.

4장

영성과 개벽의 정치를 찾아서

"공동체 살리는 '면역'은 약이자 독"

《사회 면역: 팬데믹 시대의 생명정치》_로베르토 에스포지토

　로베르토 에스포지토(Roberto Esposito)는 안토니오 네그리, 조르조 아감벤의 뒤를 이어 현대 이탈리아 정치철학의 위상을 높이고 있는 학자다. 에스포지토에게 명성을 안겨준 것은 《코무니타스》(1998), 《임무니타스》(2002), 《비오스》(2004)로 이어지는 '생명정치 삼부작'인데, 이 책들 가운데 특히 '면역'의 문제를 철학적으로 파고든 《임무니타스》는 코로나바이러스 창궐과 함께 새삼스럽게 주목받았다. 2022년에 출간한 《사회 면역: 팬데믹 시대의 생명정치》는 에스포지토가 《임무니타스》에서 정립한 '철학적 면역학'을 구체적으로 설명해 달라는 사회적 요구에 응답해 집필한 책이다.

　이 책의 논의를 수월하게 이해하려면 에스포지토가 구축한 '코무니타스'(communitas)와 '임무니타스'(immunitas)라는 개념을 알아 둘 필요가 있다. 라틴어에서 가져온 두 낱말은 서로 대

립하면서 보완하는 일종의 쌍개념이다. 먼저 코무니타스를 보면, 이 낱말은 통상 공동체로 번역되는데 에스포지토는 이 말의 뿌리를 살펴 아주 다른 의미를 끄집어낸다. 코무니타스는 '함께·공동'을 뜻하는 접두사 '콤'(com)과 '무누스'(munus)가 합성된 말이다. 무누스는 '의무·책임'을 뜻함과 동시에 '선사·선물'을 뜻한다. 무언가를 선사할 의무가 무누스다. 그러므로 코무니타스는 '선사의 의무를 공동으로 진 사람들의 집합'으로 새길 수 있다. 공동체란 공통의 정체성을 소유한 집단을 뜻하기에 앞서, 타자에게 내 것을 선물로 내주어야 하는 의무를 함께 이행하는 집단을 뜻한다. 이런 의미의 공동체는 '타자에게 열려 있음' 곧 개방성을 본질로 한다.

그러면 임무니타스는 무얼 뜻하는가? 이 라틴어 단어도 '무누스'에 부정 접두사 '임'(im)이 합쳐진 말이다. 그러므로 '선사의 의무(무누스)가 없음'이 임무니타스의 본디 의미다. 임무니타스는 어떤 공동의 의무에서 면제돼 있는 상태, 일종의 면책특권을 가리킨다. 외교사절의 면책특권이 임무니타스다. 이 말이 뒤에 '공동체가 겪는 역병에서 벗어나 있는 상태' 곧 면역이라는 의미로 확장됐다. 이런 의미의 임무니타스가 19세기 이후 면역학의 발달로 일상적 의미를 지배하게 됐다. 에스포지토는 이 면역학적 의미를 염두에 둠과 동시에 이 말의 뿌리로 돌아가 정치적·사회적·문화적·제도적 차원의 임무니타스에 주목한다. 그런 의미의 임무니타스는 코무니타스와 뗄 수 없는 결합 관계를 이룬다. 왜 그런가?

코무니타스는 '개방돼 있는 집합체'여서 외부의 공격에 취약할 수밖에 없다. 그러므로 코무니타스가 자립하려면 반드시 임무니타스라는 보호 장치가 필요하다. 여기서 임무니타스는 공동체를 둘러싼 방어벽의 이미지로 나타난다. 공동체가 없다면 방어벽은 존재할 이유가 없고, 방어벽이 없다면 공동체는 존속할 수 없다. 이렇게 코무니타스와 임무니타스는 서로를 전제로 삼는다. 더 주목할 것은 그렇게 공속하는 코무니타스와 임무니타스의 내적인 모순 관계다. 임무니타스는 코무니타스가 존속하려면 반드시 필요하지만, 임무니타스가 지나치게 강해지면 코무니타스의 생존 자체를 위협한다. 외부로 난 통로가 폐쇄되면 공동체가 일종의 감옥이 돼 사람이 살 수 없게 되는 것과 같다. 백신의 과다 투입이 목숨을 앗아가는 것도 같은 현상이다. 그러므로 임무니타스가 제 기능을 하려면 한계를 넘지 않아야 한다.

에스포지토는 코무니타스와 임무니타스의 모순적 관계를 통해 민주주의라는 제도를 설명한다. 민주주의는 모든 구성원이 평등하게 참여하는 '인민 주권'을 핵심으로 삼는다. 그런데 이 평등성이라는 원칙이 절대화하면 민주주의 자체가 죽어버리는 역설이 벌어진다. 인민의 일반의지가 무차별로 적용될 때 인민독재라는 전제정치가 나타나 개인들의 차이를 휩쓸어버리는 것이다. 그런 위험을 제어하려면 인민의 일반의지가 그대로 관철되는 것을 막을 장치가 필요하다. 그것이 '선거제-대표제'라고 에스포지토는 말한다. 선거로 대리인을 뽑아 의회로 내보내는 대표제가 인민독재를 막는 길이다. 대표제는 '뛰어난 자들의 정치'라는 의미에서 일종의 귀족정치라고 할 수 있다.

그러나 귀족정치가 과도해지면 소수 엘리트가 모든 것을 지배하는 과두정치로 떨어진다. 대표제라는 장치가 민주주의를 지켜주는 면역 구실을 하지만, 그것이 과잉이 되면 민주주의를 죽이는 독극물로 변하고 마는 것이다. 면역이 없을 때도 민주주의는 파괴되지만 과도한 면역도 민주주의를 파괴한다. 에스포지토는 면역을 '파르마콘'(pharmakon)에 비유한다. 그리스어 파르마콘은 약과 독을 동시에 뜻한다. 임계치를 초과해 투입하면 약은 독이 된다. 그러므로 중요한 것은 코무니타스와 임무니타스 사이의 균형이다.

에스포지토는 이 둘의 관계를 인류 문명 전체로 확장해 일반화한다. 《문명 속의 불만》에서 프로이트는 인간 삶의 근원적 모순을 문명화 과정을 통해 설명했다. 문명화란 인간에게 내장돼 있는 공격 성향을 문화적 훈육을 통해 제어하는 것을 뜻한다. 폭력 본능에 백신을 주입하는 것이 문명화다. 그러나 문명화를 거친다고 해서 본능적 충동이 사라지는 것은 아니다. 공격적 충동의 방향이 바뀔 뿐이다. 타자로 향하던 공격성이 방향을 바꿔 자기 자신을 치받게 되는 것이다. 이때 형성되는 것이 내면의 초자아다. 초자아의 감시와 질타 속에 죄의식이 자라난다. 문명화를 통해 공동체의 평화를 이루는 과정은 인간 내부에 죄의식이라는 신경증을 창출하는 일이기도 하다. 문명화 곧 면역화는 공동체의 안전을 불러오지만 그 대가로 개인의 신경증을 낳는다. 이 관계는 풀리지 않는 모순 관계다. 여기에 삶의 비극성이 있다. 중요한 것은 그런 모순 속에서 양쪽의 낭떠러지 사이로 난 좁을 길을 거쳐 최선의 답을 찾아가는 일이다.

에스포지토는 코로나바이러스 팬데믹이라는 사태로 돌아온다. 팬데믹 국면에서 자유를 지킬 것이냐 생명을 살릴 것이냐를 두고 논란이 벌어졌다. 이 논쟁을 깨끗이 해결할 방법은 없다. 생명을 살리는 것이 우선일 수밖에 없지만 자유의 가치를 포기할 수도 없다. 둘 사이에서 균형을 잡고 길을 찾는 것, 이것이 정치가 할 일이며 그 일을 할 때 정치는 '생명을 살리는 정치'가 된다.

잃어버린 자유주의 역사 되찾기

《자유주의의 잃어버린 역사》_헬레나 로젠블랫

　오늘날 정치 용어 가운데 '자유주의'(liberalism)라는 말처럼 논란을 부르는 말도 달리 찾기 어렵다. 미국에서 자유주의는 '큰 정부'를 지향하는 이념으로 쓰이는 데 반해 유럽에서는 '작은 정부'를 옹호하는 이념으로 쓰인다. 자유주의는 때로는 진보주의와 결합하기도 하고 때로는 보수주의와 어울리기도 한다. 자유주의라는 말의 의미를 명확하게 이해할 길이 없을까? 스웨덴 출신으로 미국에서 활동하는 역사학자 헬레나 로젠블랫(Helena Rosenblatt) 뉴욕시립대 교수가 쓴《자유주의의 잃어버린 역사》는 자유주의라는 말의 역사를 면밀하게 살펴 자유주의의 '잃어버린 고리'를 되찾아냄으로써 자유주의 이념의 윤곽을 명료하게 드러낸다. 특히 영국과 미국이 자유주의 이념의 산실로 알려져 있는 것과 달리 프랑스와 독일이 자유주의 이념의 탄생과 성장에 결정적 기여를 했음이 이 책을 통해 분명해진다.

저자는 먼저 자유주의가 근대 정치 이념으로 등장하기 이전의 역사, 곧 '자유주의의 전사'를 탐사함으로써 '자유'의 본디 의미를 복원하려 한다. 그 본디 의미를 알아야만 자유주의라는 말이 왜 그토록 많은 혼란을 불렀는지 이해할 수 있기 때문이다. 이 책은 자유주의라는 말의 뿌리를 찾아 고대 로마로 돌아간다. 리버럴(liberal)이라는 말의 라틴어 단어는 '리베랄리스'(liberalis)이고 그 명사형은 '리베랄리타스'(liberalitas)인데, 그 말은 '자유로운 자로 태어난 사람에게 걸맞은 덕성'을 뜻했다. 노예가 아닌 자유 시민으로서 동료 시민을 고귀하고 너그러운 방식으로 대하는 것이 리베랄리타스였다. '자유로운 인간'이란 제멋대로 살아가는 이기적인 인간이 아니라 관용의 정신으로 무장하고서 사회적 의무를 다하는 인간, 도덕적 용기를 지니고 자기 절제를 실천할 줄 아는 인간을 뜻했다. 로마 정치가 키케로가 쓴 《의무론》은 이런 의미의 리베랄리타스를 설파한 대표적인 저작이다.

여기서 알 수 있듯이 리베랄리타스는 근본적으로 상류 계급의 미덕이었다. 이 고전적인 의미에 큰 변화가 일어난 것은 근대의 문이 열린 뒤, 특히 17세기 이후 계몽주의가 시대의 주된 흐름이 된 뒤의 일이다. 이 시기의 특징은 '리버럴함'이 종교적 관용을 뜻하게 된 데서 찾아볼 수 있다. 저자가 주목하는 것은 18세기 독일에서 나온 '리버럴 신학'이다. 이 신학은 도그마의 제약에서 벗어나 비판적인 질문에 마음을 여는 신학, 교리보다 도덕을 강조하는 신학이었다. 여기서 더 나아가 이 책은 '리버럴'의 의미가 정치적으로 분명한 성격을 띠게 된 것으로 1776년 미국의 〈독립선언문〉과 그 뒤를 이은 미국 헌법을 든다. 미국 헌법을 통해 리버럴함은 군주가 신민에게 베푸는 관대함이나 귀족이 서민에게 베푸는 관후함이 아니라 인민이 스스로 세운 헌법을 통해 자신들에게 자유로움과 너그러움을 보장함을 뜻하게 됐다. '리버럴'이라는 말에 정치적 의미가 스며들기 시작한 것이다.

자유주의라는 말이 탄생하는 데 직접적 계기가 된 것은 프랑스대혁명이었다. 1789년 일어난 프랑스대혁명은 초기에 유럽 지식인들의 열광적인 지지를 얻었으나 공포정치로 과격화한 끝에 1794년 로베스피에르 처형으로 막을 내렸다. 그 직후에 프랑스 정치가 뱅자맹 콩스탕(Benjamin Constant)이 '리버럴의 원칙'을 주창하고 나섰는데, 콩스탕은 공포정치를 거부함과 동시에 반혁명도 거부함으로써 혁명이 이룬 '리버럴한 성과'를 온전히 지켜 내고자 했다. 콩스탕이 제시한 리버럴의 원칙은 반혁명 세력으로부터 공화정을 수호하고, 법치와 평등, 헌법과 대의제를 지켜내며, 언론의 자유와 종교의 자유를 옹호하는 것을 뜻했다. 콩스탕의 기대와 달리 프랑스혁명은 나폴레옹 독재로 귀결했고, 황제 나폴레옹은 유럽 전역에서 정복 전쟁을 일으켰다. 이 전쟁에 맞서 스웨덴과 에스파냐에서 일어난 저항 세력을 지칭하는 말로 '자유주의'라는 말이 등장했다. 프랑스혁명의 성과를 받아들여 실현하려는 세력의 정치적 운동을 가리켜 '자유주의'라는 용어가 처음으로 쓰이기 시작한 것이다.

저자는 이 대목에서 자유주의와 민주주의가 어떤 경로로 결합했는지 상세히 살핀다. 자유주의자들은 초기에 민주주의에 대한 불신을 감추지 않았다. 대중이 정치의 주체가 된다는 민주주의 원리가 자유주의 원칙을 무너뜨리고 독재를 불러들이기 쉽다고 보았기 때문이다. 1848년 혁명으로 프랑스 대통령이 된 루이 나폴레옹이 그 전형적인 경우를 보여준다. 삼촌 나폴레옹 1세를 모범으로 삼은 루이 나폴레옹은 1851년 친위 쿠데타를 일으켜 의회를 해산한 뒤 1852년 국민투표를 통해 황제(나폴레옹 3세)로 등극했다. 자유주의자들은 나폴레옹 3세의 '민주적 독재'를 카이사르주의 또는 보나파르트주의라고 불렀다.

그러나 자유주의자들이 민주주의를 두려워하기만 한 것은 아니다. 민주주의와 자유주의를 조화시키려는 움직임도 이 시기에 나타났는데, 1861년 에이브러햄 링컨이 미국 대통령이 된 것, 그 뒤 자유당 지도자 윌리엄 글래드스턴이 영국 총리가 된 것이 두 이념의 통합 가능성을 보여주었다. 이 무렵 프랑스 언론인 오귀스트 네프처가 〈시대〉라는 신문을 창간하고 그 첫 호에서 자유주의 정당의 목적은 민주주의를 계몽하는 것이라고 주장했다. 민주주의는 멈출 수 없는 시대의 대세이므로 자유주의자들이 민주주의를 끌어올려 독재로 치닫지 않도록 하는 것이 중요하다는 주장이었다. 여기서 '자유주의적 민주주의'(liberal democracy, 자유민주주의)가 처음으로 역사에 얼굴을 내밀었다.

19세기 후반 상황에서 이 책이 주목하는 것은 '두 종류의 자유주의'가 치열한 싸움을 벌였다는 사실이다. 그 전장은 독일이었고 쟁점은 '자유방임이냐 정부 개입이냐'였다. 당시 유럽에서 영향력이 큰 경제 사상은 '자유방임주의'였다. 19세기 전반기에 활동한 프랑스 경제학자 프레데리크 바스티아가 그 사상의 대표자였다. 여기에 맞서 1870년대에 등장한 것이 독일의 '윤리적 경제학'이었는데, 이 학파는 자유방임이 국민 대다수의 삶을 구렁텅이로 몰아넣는다면서 정부의 개입을 통해 빈곤과 질병과 무지를 퇴치하고 불평등을 제어해야 한다고 주장했다. "단순히 자유에만 신경을 쓸 것이 아니라 자유를 가능케 하는 여건에도 신경 써야 한다"는 것이 이 윤리적 경제학자들의 생각이었다. 독일 경제학자들은 자신들의 사상을 '새 자유주의'(New Liberalism)라고 불렀다. 독일의 윤리적 경제학은 이웃 나라에 즉각 영향을 주었고 프랑스와 영국과 미국에서 큰 논쟁을 불러일으켰다.

'새 자유주의'는 정부의 적극적인 경제 개입을 강조함으로써 사회주의와 가까워지게 된다. 자유주의 사상가 존 스튜어트 밀도 말년에는 사회주의 사상에 온전한 관심을 기울여야 한다고 역설했다. 1893년 영국의 자유주의 주간지는 "일하는 사람들의 운명에 공감하고 너그러운 마음을 품는 것을 사회주의라고 부른다면 그 면에서 우리는 모두 사회주의자다"라고 말했다. 반면에 비슷한 시기에 영국의 사회철학자 허버트 스펜서는 일체의 정부 개입에 반대하고 철저한 자유방임을 주장했다. 스펜서의 사상은 미국의 제자 윌리엄 그레이엄 섬너에게 그대로 이어졌는데, 섬너는 독일 사상을 '돌팔이 수법'이라고 비난했다. 하지만 미국의 경제학자들은 윤리적 경제학 편에 섰다. 이 시기에 미국 경제학 교수진이 독일 유학파로 채워졌고 이 경제학자들이 '자유방임 자유주의'에 맞서 '정부 개입 자유주의'를 옹호했던 것이다. 이런 흐름을 타고 20세기 미국 철학자 존 듀이는 자유주의에 두 종류가 있으며, 자신이 지지하는 자유주의는 더 높은 평등을 추구하고 정부의 힘을 빌려 금권정치에 맞서는 자유주의라고 주장했다. 듀이의 진보적 자유주의 혹은 자유주의적 사회주의는 1933년 프랭클린 루스벨트의 대통령 취임과 함께 뉴딜 정책으로 이어졌다. 그리하여 정부 개입을 강조하는 진보적 자유주의가 미국 자유주의의 본령이 됐다.

하지만 역사는 여기서 그치지 않았다. 제2차 세계대전과 그 후의 냉전 시기에 자유주의는 한 번 더 커다란 변화를 겪는다. 그 변화는 자유방임을 주장하는 보수적 자유주의 세력이 루스벨트의 뉴딜 정책을 강력하게 비판함으로써 시작됐다. 1944년 《예속의 길》을 펴낸 프리드리히 하이에크(Friedrich Hayek)가 보수파의 대표자였다. 하이에크는 '자유주의적 사회주의'라는 것은 형용모순이며, 개인의 자유를 보호하는 것이 정부의 역할이라고 주장했다. 영국의 개인주의 사상에서 나온 자유주의가 진정한 자유주의이며 자유주의적 사회주의는 독일에서 온 가짜 자유주의라고 목소리를 높였다. 루스벨트식 뉴딜 정책은 독일의 운명을 되풀이하다 전체주의로 끝날 수밖에 없다는 것이 하이에크의 믿음이었다. 하이에크 부류의 비판은 냉전이 시작된 뒤 점점 더 거세졌고, 뉴딜 자유주의는 '사회주의', 심지어 '공산주의'로 불렸다. 이런 공격에 밀려 미국의 자유주의자들은 자유주의의 요구를 낮추어 '개인의 권리와 이익'을 앞세우기 시작했다. 그 결과가 오늘날 우리가 보는 자유주의, 곧 개인의 권리를 최우선으로 삼는 자유주의다.

저자는 자유주의의 핵심 가치가 '개인의 권리와 이익'에 있는 것이 아니라 '공공선의 증진, 공동체에 대한 헌신, 이기심을 넘어선 도덕적 성숙'에 있다고 강조하며 자유주의의 본디 가치를 바로 보아야 한다고 말한다. 이 책이 역사적 경로를 통해 그려낸 자유주의는 오늘날 통용되는 자유주의보다는 진보적 공화주의를 더 닮았다. 자유주의는 공화주의와 상충하기는커녕 그 본디 이념에서 보면 공화주의와 분리될 수 없는 이념이라는 것을 이 책은 선명하게 보여준다.

반마키아벨리적 마키아벨리즘

《국가이성론》_조반니 보테로

    조반니 보테로(Giovanni Botero, 1544~1617)는 '국가이성'이라는 말을 퍼뜨린 근대 초기 이탈리아 정치사상가다. 보테로는 앞 시대 니콜로 마키아벨리(Niccolò Machiavelli, 1469~1527)의 정치사상을 논박하는 것을 자신의 이론적 입각점으로 삼았는데, 그 이론이 집약된 저작이 《국가이성론》(Della Ragion di Stato)이다. 근대 서구 정치 세계에 큰 영향을 준 보테로의 이 대표 저작이 마키아벨리 전문가 곽차섭 부산대 명예교수의 손을 거쳐 우리말로 나왔다.

    보테로가 활동한 시기는 프로테스탄트 종교개혁과 가톨릭의 대항 종교개혁이 맞부딪치고 그 사이에서 절대군주제라는 초기 근대 국가 체제가 등장하던 때였다. 이 혼란의 한복판에서 보테로는 가톨릭이라는 종교와 절대주의라는 정치가 조화를 이룰 길을 찾았다. 사보이아 공작령에서 태어난 보테로는 15살 때 삼촌

이 신부로 있던 시칠리아 팔레르모의 예수회 학교에 들어갔다. 하지만 삼촌이 갑자기 세상을 떠나자 이듬해에 로마대학으로 옮겼다. 이때 시작된 보테로의 긴 학업 시대는 파리-밀라노-파도바-제노바-토리노 등지의 예수회 학교를 옮겨 다니며 20년 가까이 계속됐다. 상급자의 권위주의를 견디지 못한 반항심 강한 성격이 유랑에 가까운 잦은 이동의 원인이 됐다.

보테로는 어렵사리 신학 과정을 마치고 예수회 사제 서품을 받았지만, 36살 때(1580) 예수회를 떠났다. 그러나 라틴어 시작을 비롯한 뛰어난 지적 역량을 인정받아 밀라노의 카를로 보로메오 대주교에게 발탁됐고, 대주교가 죽고 난 뒤에는 카를로의 어린 사촌 페데리코 보로메오의 가정교사 겸 고문이 됐다. 페데리코는 1587년 추기경이 되고 1595년 밀라노 대주교가 됐는데, 이 시기에 보테로는 파리와 로마에 오래 체류하며 왕권과 종교가 갈등하던 당시 유럽의 정치 상황을 깊숙이 들여다보았다. 그 경험을 자신의 관점으로 해석해 1589년에 펴낸 책이 《국가이성론》이다. 이 책은 출간과 동시에 큰 반향을 일으켰고 곧 유럽의 여러 나라 언어로 번역돼 17세기 '국가이성 논쟁'의 불을 지폈다.

'국가이성'은 보테로 당대에 마키아벨리의 정치사상을 가리키는 말로 쓰였다. 보테로는 이 말을 책의 제목으로 삼음으로써 국가이성을 독자적으로 논구하겠다는 의지를 드러낸다. 이 책은 서두에서 "국가이성이란 무엇인가" 묻고 "영지(나라)를 창건하고 보존하며 확장하는 데 적합한 수단에 대한 지식"이라고 정의한다. 이때의 '이성'(ragion)은 이성 말고도 '도리·이유·원리' 따위 여러 의미를 품고 있는데, 보테로의 서술을 통해 이해해보면, 국가이성이란 '국가 통치 원리' 혹은 '국가 통치 기술'을 뜻한다. 따라서 《국가이성론》은 국가를 다스리는 방법과 원리를 두루 살피는 책이라고 할 수 있다. 이 책이 국가 운영에 필요한 조세·통상·산업·사법·관료제도·도시계획 같은 문제에 관한 체계적인 해답을 제시하는 데서 국가이성의 함의를 확인할 수 있다.

정치사상사 차원에서 더 주목할 것은 이 책이 마키아벨리의 주장에 반대하는 저작이라는 점이다. 이런 사실은 책의 서문 격인 '헌정사'에 명확히 드러나 있다. 보테로는 마키아벨리를 "양심의 부재 위에 국가이성이라는 것을 세워놓은 불경스러운 저술가"라고 부른다. 또 그런 사람이 "국가의 경영과 통치에서 따라야 할 규범과 이상"을 제시한 사람으로 평가받는 데 경악을 금치 못했다고 말한다. 보테로의 비난대로 마키아벨리는 《군주론》에서 "위대한 일을 이룬 군주들은 신의 따위는 아랑곳하지 않고 교활함으로 사람들의 머리를 혼란케 할 줄 알았던 사람들"이라고 썼다. 보테로는 마키아벨리의 '사악한' 주장에 맞서 "군주는 교활성(astuzia, 계략)이 아니라 분별(prudenza, 신중함)을 천명해야 한다"고 말한다. 악한 국가이성에 선한 국가이성으로 대응하는 것이다.

보테로가 특히 반발하는 것은 마키아벨리의 기독교 비판이다. 마키아벨리는 《로마사 논고》에서 기독교가 인간의 비천함을 강조하고 세속사에 대한 경멸을 가르쳐 국가를 쇠퇴의 길로 몰아넣었다고 주장했다. 마키아벨리의 주장에 맞서 보테로는 종교와 정치가 결코 적대적이지 않음을 입증한다. 그런데 바로 이 지점에서 보테로의 반마키아벨리즘은 아이러니한 역전을 보여준다. 마키아벨리가 '정치적 유용성'의 관점에 서서 종교적 미덕을 배제하듯이 보테로도 '정치적 유용성'의 관점에 서서 종교적 미덕을 옹호하는 것이다.

보테로의 아이러니는 종교가 군주에게 어떤 이익을 가져다주는지 말하는 대목에서 분명해진다. "종교는 신민을 군주에게 복종케 하고, 전쟁에 임해서는 용감하게 만들며, 위험에 처해서는 담대하게 해준다." 기독교야말로 군주에게 가장 유용하다. 왜냐하면 기독교는 "필요한 경우에 신민의 몸과 재산뿐만 아니라 그들의 영혼과 양심까지도 그 아래 두도록" 하며, "온건한 군주뿐 아니라 무도한 군주에게까지도" 복종하게 함으로써 "평화를 어지럽히지 않으려면 이 모든 것을 참아야 한다고 가르치기 때문이다." '사악한 교의'를 가르친 마키아벨리와 그리 다르지 않은 태도로 종교가 정치에 얼마나 유용한지 설득하는 것이다.

보테로의 이런 반마키아벨리적인 마키아벨리즘은 군주에게 '분별'을 택하라고 권하는 데서도 거듭 나타난다. 군주가 교활한 술책을 멀리하는 것은 그렇게 하는 것이 군주의 이익에 부합하기 때문이다. "군주의 결정에서는 이익이 다른 모든 것에 앞선다는 점을 확고한 사실로 받아들여야 한다." 모든 것이 군주의 이익으로 귀결되는 것이다.

이 책에서 군주는 국가와 사실상 같은 존재로 나타난다. 보테로가 말하는 '국가이성'은 '군주이성'이다. 보테로의 책은 마키아벨리의 《군주론》과 마찬가지로 군주의 '통치 기술'을 조언하는 책이다. 차이점이 있다면, 마키아벨리의 경우에 《로마사 논고》에서 《군주론》과는 사뭇 다른 논조로 공화주의 비전을 제시하지만, 보테로에게는 공화국과 군주국 사이를 오가는 마키아벨리의 고뇌가 없다는 사실이다. 보테로의 책은 절대주의 왕정의 교과서라고 할 만하다. 더 나아가 이 책이 서술하는 국가의 보존과 확대에 관한 지침에서 기독교적 미덕을 앞세워 국가 이익을 관철해 온 근대 서구 세계의 대외 전략을 읽어내는 것도 어렵지 않다.

인민의 안전 못 지키는
통치자는 버림받는다

《법의 기초》_토머스 홉스

　니콜로 마키아벨리가 근대 정치사상의 새벽이라면, 토머스 홉스(Thomas Hobbes, 1588~1679)는 그 사상의 아침을 연 사람이다. 사회계약과 인민주권은 홉스의 사상을 출발점으로 삼는다. 홉스의 정치사상을 대표하는 저작으로 《시민론》과 함께 《리바이어던》이 꼽히는데, 이 저작들의 토대가 되는 작품이 《법의 기초》다. 홉스 정치철학의 시작을 알리는 이 책이 홉스 전문가 김용환 한남대 명예교수의 손을 거쳐 우리말로 처음 번역됐다.
　영국 서남부 시골에서 목사의 아들로 태어난 홉스는 어린 시절에 벌써 천재성을 드러냈다. 초등학교 때 그리스어와 라틴어를 익혔고 15살에 옥스퍼드대학에 입학했다. 홉스의 언어적 재능은 대학 입학을 앞두고 그리스 비극 작가 에우리피데스의 《메데이아》를 라틴어로 번역한 데서 확인된다. 홉스 인생에 큰 전환점이 된 것은 대학 졸업 뒤 윌리엄 캐번디시 가문의 가정교사로 들어간 일이다. 홉스의 청장년 시기는 캐번디시의 아들과 손자를 가르치며 자기 학문의 기초를 닦는 수련기였다. 홉스는 이 시기에 여러 차례 유럽 여행을 다녀오기도 했는데, 이때 갈릴레이를 비롯해 당대 최고의 학자들을 만나 물리학과 기하학에 눈 뜨고 학문 방법론을 터득했다.

이 긴 학습기를 지나 50대에 이르러서야 홉스는 학자로서 이름을 알리기 시작했다. 그 첫 저작이 바로 1640년에 쓴 《법의 기초》다. 홉스가 이 책을 쓰던 시기는 영국에서 의회파와 왕당파 사이 갈등이 급격히 고조되던 때였다. 홉스는 단호하게 왕당파의 편에 섰다. 홉스의 그 저서도 의회파에 맞서 왕당파를 옹호하는 것을 목적으로 삼았다. 이 책을 쓴 직후 영국이 내전의 위기에 휩싸이자 홉스는 프랑스로 망명해 그곳에서 10여 년을 보냈다. 그 사이 영국은 올리버 크롬웰이 이끄는 청교도혁명을 겪었고, 망명지에서 홉스는 《시민론》(1642)과 《리바이어던》(1651)을 써서 자신의 정치사상을 더욱 정교하게 제시했다.

홉스 학문 방법의 특징은 자연-인간-사회를 수미일관한 체계로 쌓아 올린다는 데 있다. 홉스는 자연을 구성하는 기본 단위를 물체(body)라고 부르는데, 이 물체가 인간의 경우에는 신체로 나타나고, 그 신체들이 모여 사회 또는 국가라는 거대한 신체를 구성한다. 물체(신체)의 이 세 존재 상태를 기술할 때 홉스가 쓰는 것이 '분해와 결합'의 방법이다. 고장 난 시계를 예로 들어 보자. 이 시계를 최소 단위까지 분해한 뒤 거기서 고장 난 부품

영국의 근대 정치사상가 토머스 홉스.
"통치자보다 상위에 있는 법은 인민의 안전이다."

을 찾아내 교체하고 다시 하나씩 짜맞춰 본래대로 조립하는 것이 분해와 결합의 방법, 다른 말로 하면 분석과 종합의 방법이다. 이 방법을 사회라는 신체에 적용해 살피는 것이 홉스의 '정치론'이고, 이 정치론을 처음으로 논술한 저작이 바로 《법의 기초》다.

《법의 기초》에서 홉스는 인간 본성을 꼼꼼히 분석하는 데서 시작해 '자연 상태'를 서술하는 데로 나아간다. 홉스는 자연 상태를 모든 인간이 평등한 상태이자 그 인간들 각자가 자기 생명을 지킬 수만 있다면 무슨 일이든 저지르는 상태라고 정의한다. 인간의 행동을 규제하는 보편적 틀이 없는 이런 상태에서 인간들은 서로가 서로에게 적이 될 수밖에 없다. 자연 상태는 곧 전쟁 상태다. 그러나 인간은 본성적으로 평화를 바라기에 전쟁 상태를 한없이 방치할 수 없다. 인간들은 이성의 명령인 '자연법'에 따라 전쟁 상태를 끝내고 평화를 가져올 계약을 맺는다. 이것이 홉스가 말하는 사회계약이다.

눈길을 끄는 것은 홉스가 이 사회계약을 설명하는 과정에서 민주주의를 도입한다는 사실이다. 전쟁 상태를 끝내려면 사람들이 모여 집단적인 합의에 도달해야 한다. 그러려면 다수의 동의를 구하는 민주적 방식을 쓰지 않을 수 없다. 합의는 전쟁 상태를 중단하는 데서 그치지 않는다. 사람들은 민주적 방식으로 소수 혹은 일인에게 통치권을 몰아주는 정치 체제를 세운다. 그 결과가 귀족정 또는 군주정이다. 홉스는 여기서 군주정을 최종 방안으로 옹호한다. 군주정이 다른 어떤 체제보다 결함이 적다는 것이 홉스가 내세우는 근거다. 다수가 투표를 통해 각자의 권리를 내려놓고 주권을 군주에게 양도하면 그 결과로 절대군주정이 성립한다. 이렇게 민주적 합의를 앞세우는 《법의 기초》의 설명 방식은 《리바이어던》의 설명 방식과 확연히 다르다. 《리바이어던》에서 홉스는 원초적 민주주의에 관한 서술을 대폭 생략해 그 흔적만 남겨 두었다.

《법의 기초》-《시민론》-《리바이어던》의 집필 과정은 홉스 정치사상이 개축되고 증축되는 과정이기도 하다. 그 양상을 알려주는 것이 종교 문제 서술이다. 종교에 관한 홉스의 서술은 뒤로 갈수록 비중이 커져 《리바이어던》에 이르면 책의 절반을 차지한다. 종교적 갈등이 영국 내전이 벌어지게 된 원인이기에 이 문제를 해결하지 않고는 안전한 국가를 만들 수 없다고 보았던 것이다. 이 문제의 해법으로 홉스가 제시하는 것이 '교회 위에 국가가 있다'는 원칙이다. 신앙의 쟁점을 결정하는 것은 통치 권력이며 그리스도교 왕국에서 신에 대한 복종은 통치자에 대한 복종으로 나타난다는 것이 홉스의 논리다.

홉스는 후에 이런 주장을 상술한 《리바이어던》을 유럽에 망명 중이던 찰스 2세에게 헌정했다. 하지만 찰스 2세는 홉스의 헌정을 거부했다. 인민의 민주적 합의를 통해 절대왕권이 성립한다는 사회계약 원리를 받아들일 수 없었던 것이다. 대신에 찰스 2세는 인민에게 책임을 지지 않아도 되는 왕권신수설을 채택했다. 바로 여기에 홉스 정치철학의 근대성이 있다. 홉스가 제시한 사회계약은 뒤에 존 로크와 장자크 루소를 거쳐 인민주권론으로 확립되고, 인민의 뜻을 배반하는 통치자는 제거해야 한다는 논리로 나아간다. 그 논리의 실마리가 이미 《법의 기초》에 들어 있다. "인민에 대한 통치자의 의무"를 이야기하는 대목이 그 실마리를 보여준다. 여기서 홉스는 "통치자보다 상위에 있는 법은 인민의 안전이다"라고 언명함으로써 국민의 생명과 선익을 보호하는 데 통치자가 최선의 노력을 해야 한다고 명시한다. 이런 노력을 다하지 못한 통치자는 인민에게 버림받을 수 있음을 논리적으로 허용하고 있는 셈이다. 반동적 주장이 정치의 진보를 이끄는 역설을 홉스의 저작은 품고 있다.

선출된 공직자의 권력 남용 막으려면

《페더럴리스트 페이퍼스》_알렉산더 해밀턴 · 제임스 매디슨 · 존 제이

　미국혁명은 프랑스혁명과 함께 근대 민주주의 체제 성립과 확산에 가장 중요한 모델을 제공한 정치적 변혁으로 꼽힌다. 미국혁명의 정신은 1789년 미국 헌법 제정으로 구현됐는데, 이 헌법의 이론적·사상적 바탕에 대한 가장 권위 있는 설명을 제공하는 역사적인 문헌이 《페더럴리스트 페이퍼스》다. 1995년 처음 우리말로 완역된 이 문헌이 동일한 번역자(김동영 울산대 명예교수)의 손을 거쳐 29년 만에 개역돼 나왔다. 새 번역본은 본문의 모호한 대목을 설명해주는 역자 주석을 상세히 달아 독자의 이해를 돕는다.

　《페더럴리스트 페이퍼스》에 담긴 논의를 이해하려면 이 문헌이 작성되고 출간된 시대적 상황을 알아 둘 필요가 있다. 애초 미국 헌법은 두 단계를 거쳐 제정됐다. 1776년 북아메리카 동북부 13주가 영국의 지배에 맞서 독립을 선언한 뒤 1781년에 만든

〈연합 규약〉이 첫 헌법에 해당한다. 이 〈연합 규약〉을 비준한 13주를 부르는 이름이 아메리카합중국이었다. 그러나 이 시기의 아메리카합중국은 매우 느슨한 '국가연합' 수준에 지나지 않았다. 연합 중앙에는 입법부만 존재했고 행정부도 사법부도 없었다. 13주는 모두 독립 국가로서 각자 주권을 보유했고 조세권과 외교권도 각자 행사했다. 그러다 보니 느슨한 연합으로는 공동의 안전과 이익을 지키기 어렵다는 목소리가 높았다.

이런 상황에서 1787년 5월 각 주 대표들이 필라델피아에 모여 헌법 수정을 논의하다가 아예 13주를 연방국가로 통합하는 새 헌법을 만들었다. 새 헌법이 발효되려면 9주 이상의 비준이 필요했다. 이 새 헌법을 놓고 미국 지도층이 '페더럴리스트'(연방주의자)와 '안티페더럴리스트'(반연방주의자)로 나뉘어 대립했다. 안티페더럴리스트는 13주가 단일 연방으로 통합되는 것보다는 몇 개의 국가연합으로 나뉘는 것이 더 낫다는 주장을 폈다. 이때 반대 움직임에 맞서 알렉산더 해밀턴(Alexander Hamilton, 1755~1804), 제임스 매디슨(James Madison, 1751~1836), 존 제이(John Jay, 1745~1829)가 나섰다. 세 사람은 '왜 강력한 연방이 필요한지' 설명하는 기고문 85편을 1787년 10월부터 1788년 5월까지 뉴욕주 신문에 연속으로 싣고 그 글들을 묶어 《페더럴리스트 페이퍼스》로 출간했다. 이 책이 출간된 직후 뉴햄프셔 주가 9번째로 새 헌법을 비준하고 뉴욕주도 뒤따랐다. 세 사람은 고대 그리스·로마 이래 수많은 정치 체제의 역사를 두루 검토하면서 연방국가 건설이 필요함을 역설했다. 특히 매디슨이 쓴 글들은 미국 헌법의 근본 사상을 가장 잘 설명한 것으로 평가받는다.

이 문헌에서 먼저 주목할 것은 집필자들이 대원칙으로 삼은 '공화정' 곧 '공화주의 정체'다. 매디슨은 이 책의 39번째 글에서 "모든 권력을 국민의 다수로부터 위임받고, 그렇게 권력을 위임받은 사람들이 정해진 기간 통치하는 정부"를 '공화정'이라고 정의한다. 국민 다수에 기반을 두고 그 국민 다수로부터 권력을 한시적으로 위임받아 통치하는 정부가 공화정부다. 매디슨은 소수 특권층이 권력을 독점하는 국가는 공화국이 아니라고 단언한다.

이런 전제 위에서 이 문헌은 강력한 연방정부가 필요한 이유를 살핀다. 문헌이 먼저 제시하는 것이 '공동 방위'의 이점이다. 작은 나라로 분열돼 있을 때보다 큰 나라로 합쳐져 있을 때 외부의 침략에 더 잘 대응할 수 있다는 것이다. 또 연방정부 곧 '큰 공화국'을 세우는 것은 다수파의 전횡으로부터 소수파를 보호하는 데도 유리하다. 왜 그런가? 작은 공화국의 경우엔 특정한 이해관계를 지닌 당파가 다수를 확보해 소수파를 배척하기가 훨씬 쉽기 때문이다. 나라가 크고 인구가 많을수록 특정 당파가 다수를 장악하기가 그만큼 어려워진다는 것이다.

여기서 알 수 있는 것이 미국 헌법 제정자들이 처음부터 '소수파 보호'를 민주주의 혹은 공화주의의 핵심 요소로 보았다는 사실이다. 미국이라는 나라가 생겨난 역사를 살펴보면 이런 생각이 설득력을 얻은 이유를 짐작할 수 있다. 미국은 영국에서 탄압받던 종교적 소수파가 신앙의 자유를 찾아 대서양을 건너 정착한 데서 출발했다. 그러므로 다수파, 곧 종교적으로 우세한 세력이 소수파, 곧 종교적으로 열세인 세력을 탄압하는 것을 어떻게 막느냐가 관심사였다. 그리하여 이 문헌은 나라가 크면 종파가 다양해지고 종파가 다양해질수록 특정 종파가 다수파가 돼 소수파를 억압하기 어려워진다는 논리를 편다.

이런 발상의 연장선에서 나오는 것이 '작은 공화국의 직접민주제'보다 '큰 공화국의 대의민주제'가 더 낫다는 주장이다. 직접민주제로 운영되는 작은 나라에서는 특정 당파가 다수파가 돼 소수를 억압할 가능성이 크지만, 큰 나라에서는 이럴 가능성이 작아진다. 특히 대의제를 통하면 덕망 있는 대표들이 선출될 수 있고 그런 만큼 직접민주제의 폐해도 방지할 수 있다. 집필자들은 고대 아테네를 사례로 들어 직접민주제가 대의민주제보다 더 쉽게 다수파의 전횡을 허용하며 나라의 혼란을 키운다고 주장한다. 이렇게 직접민주제를 비판하고 대의민주제를 옹호하는 것이 이 문헌의 특징 가운데 하나다.

그러나 큰 공화국에 이런 장점이 있다고 하더라도, 그 정부가 곧바로 국민의 자유와 이익에 봉사하는 정부가 되는 것은 아니다. 매디슨은 51번째 글에서 선출된 공직자가 권력을 남용하고 국민 위에 군림할 위험이 있음을 강조하며 그런 위험의 원천을 '인간의 본성'에서 끌어낸다. 인간이라는 피조물은 야심 덩어리

여서 제약을 받지 않으면 자신의 권력을 함부로 쓰게 돼 있다는 것이다. "애초에 정부란 무엇인가? 인간성에 대한 가장 큰 불신의 표출이 아니면 무엇이겠는가? 만약 인간이 천사라면 어떤 정부도 필요 없을 것이다. 또 천사가 인간을 다스린다면 정부에 대한 외부적 통제도 내부적 통제도 필요 없을 것이다."

그러므로 권력의 남용을 막으려면 다른 권력의 견제를 빌리는 수밖에 없다. 이 상황을 두고 매디슨은 "야심에는 야심으로 대항해야 한다"고 말한다. 그 방법 가운데 하나가 삼권분립이다. 입법부와 행정부와 사법부가 독립해 서로 견제하도록 하는 것, 이것이 권력 남용을 막는 길이다. 권력자가 국민을 억압하지 못하게 하려면 견제와 균형의 원리가 제도로 구현돼야 하는 것이다.

"혁명은 역사의 기관차다"

《카를 마르크스와 프리드리히 엥겔스의 저작·기고문·초안》_
카를 마르크스·프리드리히 엥겔스

2021년 카를 마르크스와 프리드리히 엥겔스 저작의 학술 정본인 《마르크스 엥겔스 전집》(MEGA, 메가)의 첫 한국어 번역본(전집 제2부 제3권 제1분책과 제2분책)이 출간된 이후 3년 만에 두 번째 번역본(전집 제1부 제10권)이 나왔다. 마르크스 사상 연구자 이회진(한국연구재단 인문학술연구교수)이 최호영(중앙대 중앙철학연구소 선임연구원), 서익진(프랑스 그르노블사회과학대학 경제학 박사), 강신준(동아대 경제학과 명예교수)과 함께 우리말로 옮기고 책임편집자로서 번역문 전체를 수정했다.

메가판은 그동안 국내 번역본의 저본으로 통용되던 《마르크스 엥겔스 저작집》(MEW, 메프)과 여러 면에서 차이가 있다. 핵심은 엄밀한 문헌학적 고증을 거쳐 텍스트 자체를 애초의 모습 그대로 복원하고, 마르크스와 엥겔스의 저술을 빠짐없이 모두 한자리에 모았다는 데 있다. 이번에 나온 '전집 제1부 제10권'에서도 문헌학적 엄밀성과 저술 복원의 정밀성에 들인 공력이 그대로 확인된다. 해당 문헌들을 연대순으로 편집한 본문을 한 권에 담고, 본문의 집필 과정과 전승 과정, 텍스트의 변경 사항과 교정 사항, 주석과 해설을 별책에 담았다.

'전집 제1부 제10권'은 1849년 7월부터 1851년 6월까지 2년 동안 마르크스와 엥겔스가 쓴 저술 가운데, 사적인 편지를 뺀 모든 글을 연대순으로 묶었다. 이 책의 부제가 알려주는 대로, 여기에는 마르크스가 쓴 〈1848년에서 1850년까지 프랑스 계급투쟁〉, 엥겔스가 쓴 〈독일 제국헌법투쟁〉과 〈독일 농민전쟁〉 같은 중요한 문헌이 들어 있다. 문헌들이 작성된 시기는 마르크스가 유럽의 반혁명 물결에 떠밀려 런던으로 망명한 때와 겹친다. 1849년 8월 런던에 도착한 마르크스에게는 일생에 가장 궁핍한 시기가 닥쳤고 경찰의 감시와 압박이 일상을 짓눌렀다.

그러는 중에도 마르크스는 최초의 국제적 공산주의 운동 단체인 '공산주의자동맹'의 의장으로서 엥겔스와 함께 활동했다. 이 책에는 그 시절 공산주의자동맹 내부의 사상적·실천적 갈등을 소상히 보여주는 회의록이 실려 있다. 이런 조직 활동에 더해 마르크스는 독일에서 펴내던 〈신라인신문〉의 뒤를 이어 〈신라인신문-정치경제 평론〉을 발행했다. 1850년 1년 동안 모두 6호까지 나온 이 간행물에 마르크스와 엥겔스는 여러 편의 논문과 평론을 발표했는데, 여기에 실린 글들이 '전집 제1부 제10권'의 몸통을 이룬다. 이 글들에는 당대의 중요한 정치적·사상적 문제에 대한 마르크스와 엥겔스의 이론적·실천적 개입 양상이 분명히 드러나 있다.

이 시기에 마르크스가 쓴 글 가운데 가장 중요한 글이 〈1848년에서 1850년까지 프랑스 계급투쟁〉일 것이다. 이 글은 마르크스 문헌사 차원에서 보면 〈공산당선언〉(1848)과 〈루이 보나파르트의 브뤼메르 18일〉(1852) 사이에 놓인다. 1848년 프랑스 2월 혁명이 '7월왕정'을 무너뜨리고 공화정을 회복한 뒤 혁명이 유럽으로 번져 나가다 나폴레옹의 조카 루이 보나파르트가 프랑스 공화국 대통령으로 당선돼 점차 반동화하는 격변의 시기를 다룬다. 마르크스는 이 글에서 자신이 세운 '역사적 유물론'을 동시대의 역사를 분석하는 데 처음으로 적용했다. 통상의 역사 서술이 정치적 사건을 정치 세력 사이의 갈등을 중심에 두고 서술하는 것과 달리, 이 글은 '토대와 상부구조'의 틀에서 정치적 사건을 경제적 토대로 소급해 설명한다. 근본 대립은 프롤레타리아트와 부르주아지의 대립이다. 마르크스는 이 대립을 토대로 삼아 거기에서 파생하는 수많은 계급적 갈등을 통해 정치적 사건의 변화를 서술한다.

마르크스가 이 글에서 '노동자 계급의 역사적 사명' 가운데 하나로 '프롤레타리아트 계급 독재'라는 개념을 처음 제출한 것도 주목할 대목이다. 마르크스는 '프롤레타리아 독재'를 '계급 차별을 전면적으로 폐지하는 데 더해 계급 차별에 기초한 생산관계 전체를 폐지하고, 생산관계에 상응하는 사회관계 전체를 폐지하며, 사회관계에서 유래한 이념 전체를 전복하기 위해' 반드시 통과해야 할 역사적 단계로 규정한다. 마르크스주의 변혁론의 가장 중요한 테제가 여기서 처음 등장한 것이다.

"혁명은 역사의 기관차다"라는 마르크스의 유명한 문장도 이 글에서 발견할 수 있다. 그 혁명은 단순히 혁명가들의 주관적 의지만으로는 이루어질 수 없고 객관적 조건이 갖추어졌을 때에야 일어날 수 있다. 그 문제에 대한 논의를 이 책에 실린 다른 글(〈평론: 1850년 5월에서 10월까지〉)에서 찾아볼 수 있다. 여기서 마르크스와 엥겔스는 혁명의 요건으로 "근대의 생산력과 부르주아적 생산 형태가 서로 모순에 빠지는" 상황을 거론한다. 생산력과 생산관계의 모순이 "새로운 공황"으로 폭발할 때 그 결과로서 혁명이 일어난다는 것이다. 그런 객관적 조건을 무시한 채 혁명을 일으키려는 시도는 모두 완강한 장벽에 부딪혀 "튕겨 나갈" 수밖에 없다.

그러나 이론가의 머리와 혁명가의 심장이 언제나 하나를 이루는 것은 아님도 이 책은 알려준다. 마르크스와 엥겔스는 이론가로서는 혁명의 객관적 조건을 강조했지만, 혁명가로서는 당대의 자본주의가 충분히 발전해 프롤레타리아 혁명의 시기가 무르익어 가고 있다는 전망을 놓지 않았다. 훗날 엥겔스는 마르크스의 〈프랑스 계급투쟁〉을 책으로 펴낼 때(1895년) '서문'에 이렇게 썼다. "역사는 우리와 비슷하게 생각하는 모든 사람이 틀렸음을 증명했다. 역사는 당시 대륙의 경제 발전 수준이 자본주의적 생산을 철폐할 만큼 성숙하기에는 아직 한참 멀었다는 것을 분명히 보여준다."

이 책 속의 마르크스 이론에는 빛과 함께 그림자가 어른거린다. 그러나 마르크스가 구사하는 강렬한 문체에는 그 그림자를 뚫고 독자를 끌어당기는 힘이 여전히 있다. 루이 보나파르트 치하의 프랑스 부르주아지의 모습을 묘사하는 문장이 사례가 될 만하다. "부르주아지는 젊은 시절의 힘을 되찾기 위해 어렸을 때 옷을 끄집어내 자신의 노쇠한 사지에 걸치고 억지로 즐거워하려는 노인네와 같다." 그 늙은 부르주아지의 공화국이 역사에 이바지하는 바가 하나 있는데, '혁명을 키우는 온실' 구실을 한다는 것이다. 마르크스의 문장을 읽은 당대 독자들의 마음에 노쇠한 부르주아지의 나라를 하루라도 빨리 치우고 혁명을 불러와야겠다는 생각이 자연스레 일었음 직하다.

가치 다신주의 시대의 정치 윤리

《직업으로서의 과학/직업으로서의 정치》_막스 베버

막스 베버(Max Weber, 1864~1920)는 《프로테스탄티즘의 윤리와 자본주의 정신》을 비롯해 수많은 저술로 현대 학문에 심원한 영향을 준 독일 사회학자다. 베버의 저작 가운데 일반인에게 가장 널리 읽힌 것이 《직업으로서의 과학/직업으로서의 정치》인데, 국내에도 여러 종의 번역본이 나와 있다. 두 편의 강연문을 묶은 이 저작이 베버 전문가 김덕영 독일 카셀대 교수의 새 번역 작업을 거쳐 '막스 베버 선집' 네 번째 권으로 나왔다. 이 번역본에는 본문 분량에 육박하는 상세한 역자 주석과 베버 학문 세계 전체를 조망하는 가운데 강연 내용을 해설하는 긴 해제가 달려 있다. 역자는 그동안 '학문'으로 번역돼 오던 말(Wissenschaft)을 '과학'으로 바꾸었다.

두 강연 가운데 앞엣것(《직업으로서의 과학》)은 1917년 11월 뮌헨에서 열렸고, 뒤엣것(《직업으로서의 정치》)은 1년여 뒤인 1919년

1월 같은 곳에서 열렸다. 베버 강연을 기획한 단체는 '자유학생연맹' 바이에른 지부였다. 당시 독일은 19세기 후반 이래 급속한 산업화를 겪었는데 그 여파로 독일 대학은 전문 기술을 가르치는 직업훈련소와 유사한 곳이 됐다. 자유학생연맹은 이런 변화에 맞서 대학의 참된 정신을 되찾아야 한다고 주장했다. 특히 이 단체에 속해 있던 대학생 알렉산더 슈바프는 1917년 5월 발표한 글에서 정신노동이 돈벌이용 직업이 되고 말았다고 비판했다. 이 글이 반향을 일으키자 연맹 지부가 '직업으로서의 정신노동'이라는 연속 강연을 기획했고, 베버의 두 강연은 그 연속 강연의 일부로 열렸다.

두 강연에서 베버는 자신의 시대 인식을 바탕에 깔고 '과학이라는 직업'과 '정치라는 직업'을 새로운 관점에서 해석한다. 베버의 시대 인식은 '탈주술화'(탈마법화)라는 말로 요약할 수 있다. 세계에 대한 주술적 이해가 오랜 합리화 과정을 거쳐 축출당한 시대가 우리 시대라는 인식이다. 이때 탈주술화는 공동체를 통일해주던 종교적 믿음이 깨져 나갔다는 뜻이다. 그리하여 특정한 신념이나 신앙이 전체를 아우르지 못하고 각자가 저마다 세운 가치를 신봉하는 '가치 다신주의' 시대가 열렸다. 바로 이런 상황에서 과학(학문)을 직업으로 삼은 학자들과 정치를 직업으로 삼은 정치인들이 어떤 윤리적 태도를 지녀야 하는지를 철학적으로 성찰하는 것이 두 강연문이다.

첫 번째 강연문에서 베버는 당시 널리 퍼져 있던 학문에 관한 통념을 반박한다. 학문은 학생들을 '진정한 존재', '진정한 예술', '진정한 자연', '진정한 신', '진정한 행복'에 이르는 길로 이끌어 '이 세계의 의미'를 밝혀준다는 통념을 해체하는 것이다. 베버는 합리화가 지배하는 우리 시대에는 어떤 학문도 이런 기능을 하지 않는다고 단언한다. 학문은 "우리가 어떻게 살아야 하는가", "우리가 무엇을 해야 하는가"라는 물음에 답을 주지 않는다. 학문의 본분은 객관적 사실을 분석하고 설명하는 것이지 '진정한 가치'를 찾는 것이 아니다.

베버의 학문 규정은 학자-교수에 대한 비판으로 이어진다. 당대 독일의 대학 교수들은 자신의 주관을 앞세워 학생들에게 인격의 도야를 역설하고 가치관과 세계관, 신조와 이념을 설파했다. 베버는 이런 교수들을 두고 '강단 예언자'라고 부른다. 신의 말씀을 받아 공동체에 전하는 예언자가 과거의 유물이 된 마당에, 교수들이 그런 역할을 자임해 '교사'가 아니라 '지도자'가 되려 한다는 비판이다. 이런 행태는 학문의 본질을 망각한 처사다. 베버는 학자에게 지도자가 되려는 욕구를 억제하는 자기 절제가 필요하다고 말한다. 학자가 자기 절제를 견지하려면 "확고한 내적 소명 의식"을 품고 "직업적인 '일상의 요구'"에 헌신해야 한다.

베버는 이런 자기 절제 속에서 연구와 교육의 역량을 키우는 것을 '지적 성실성'이라고 부르고, 이 지적 성실성이 '학자의 인격'을 이룬다고 말한다. 요컨대 지적 성실성을 핵심으로 하는 자

독일 사회학자 막스 베버.
책임 윤리를 기본으로 삼아 신념을 관철하는 것,
이것이 베버가 강조한 현실 정치에 필요한 윤리적 자세다.

기 절제야말로 이 시대가 학자에게 요구하는 '윤리적 자세'다. 이런 말을 할 때 베버의 마음에는 어떤 '체념'의 정서가 배어 있다. 예언자 없는 시대에 학자는 학문의 방법과 생각의 기술을 훈련시키는 데 만족해야 한다는 체념이다. 베버는 이 체념이 오늘날 학문의 불가피한 요구이며 '교사의 직분'을 넘어서지 않는 것이야말로 학자의 윤리라고 강조한다.

정치라는 직업을 다루는 두 번째 강연도 가치 다신주의라는 시대 인식을 바탕에 깔고 있다. 여기서 베버는 정치인에게 가장 필요한 자질로 '열정과 책임감과 현실감각'을 꼽는다. 베버가 말하는 열정은 무분별한 낭만주의적 흥분이 아니라 특정한 대의 곧 정치적 이념·이상·목표를 향한 헌신이다. 책임감이란 허영심에 들뜨거나 자아도취에 빠지지 않고 "대의에 대한 책임 의식을 행위의 길잡이로 삼는 것"을 뜻한다. 현실감각이란 "내적 집중과 평정 속에서 현실을 수용하고 판단할 수 있는 능력, 곧 사물과 인간에 대해 거리를 둘 수 있는 능력"이다. 정치인에게 '거리 두기 능력'의 없다면 정치에 '대죄'를 짓는 것이라고 베버는 일갈한다. 결국 뜨거운 열정을 냉정한 현실감각과 어떻게 통합하느냐가 정치인으로서 성패의 관건이 된다.

베버가 더 강조하는 것은 '정치와 윤리의 관계'다. 이 관계를 베버는 '신념 윤리'와 '책임 윤리'를 대비해 설명한다. 신념 윤리란 행위의 동기와 의도를 중시하는 윤리이며, 책임 윤리는 행위의 결과와 그 결과에 따르는 책임을 중시하는 윤리다. 이 둘 사이에는 "심연과도 같은 차이"가 있다. "만약 순수한 신념에서 나오는 행위의 결과가 나쁘다면, 신념 윤리가는 그 결과에 대한 책임을 행위자가 아니라 세상, 즉 다른 사람들의 어리석음으로 돌린다. 반대로 책임 윤리가는 인간의 평균적인 결함들을 고려하며 또 자기 행위의 결과를 예측할 수 있었던 한에서는 그 결과를 다른 사람에게 떠넘길 수 없다고 생각한다." 정치인이라면 책임 윤리를 기본 원칙으로 삼아야 한다. 어떤 신념도 보편성을 지닐 수 없는 가치 다신주의 시대이기에 신념만으로는 정치의 윤리가 바로 설 수 없다. 동시에 신념 윤리가 없다면 책임 윤리는 공허한 것이 되고 만다. 책임 윤리를 기본으로 삼아 신념을 관철하는 것, 이것이 현실 정치에 필요한 윤리적 자세다.

"진정한 정치는 자유주의 너머에 있다"

《로마 가톨릭교와 정치적 형식》_카를 슈미트

20세기 독일 법학자 카를 슈미트(Carl Schmitt, 1888~1985)는 '위험한 정치사상가'의 맨 앞자리에 놓일 만한 사람이다. 슈미트의 정치사상은 '자유주의 정치'에 대한 단호한 비판으로 요약될 수 있는데, 이런 슈미트 사상의 성격이 20세기 후반 이래 자유주의 정치의 한계를 뚫고 나가려는 좌파의 정치적 상상력을 자극했다. 《로마 가톨릭교와 정치적 형식》은 슈미트의 위험한 사상이 담긴 초기 저작 가운데 하나다. 이 책에서 슈미트는 로마 가톨릭교의 정치적 특성을 준거로 삼아 자유주의 정치를 비판한다.

슈미트는 가톨릭을 신봉하는 보수적인 독일 중산층 집안에서 태어났다. 슈미트를 키운 그 '가톨릭 보수주의'가 훗날의 정치사상에 이념적 토대를 제공했다. 법학으로 박사학위를 받은 슈미트는 30살 무렵부터 저술 활동을 시작해 《독재》(1921), 《정치신학》(1922), 《로마 가톨릭교와 정치적 형식》(1923), 《정치적인 것의 개념》(1927)을 잇따라 발표해 학계의 신성으로 떠올랐다. 슈미트가 초기 저술 활동을 하던 그 시기는 독일이 제1차 세계대전에서 패배하고 극심한 혼란을 겪던 때였다. 사회민주당 당수 출신 프리드리히 에베르트가 바이마르 공화국 초대 대통령이 됐으나, 바이마르 체제는 좌우익 극단주의의 위협에 끝없이 흔들렸다. 슈미트의 저작은 바로 이 시기의 허약한 바이마르 자유주의 체제를 겨냥했다.

슈미트에게 자유주의 정치는 정치 자체의 고유한 본질을 해체하는 정치다. 자유주의 정치는 산업자본주의 체제의 산물로서 산업의 합리적 관리가 목표인 정치, 그러므로 진정한 의미의 정치라고 할 수 없는 정치다. 슈미트는 비슷한 시기에 쓴 다른 저작(《정치신학》)에서 자유주의를 '모든 문제, 심지어 형이상학적 진리까지도 토론과 협상으로 해소하려는 사고방식'이라고 비판하고, 자유주의 정치를 "결정적 대결, 피비린내 나는 결전"을 의회의 토론으로 바꿀 수 있다고 믿음으로써 끝없이 대화만 하는 정치라고 공박한다. 슈미트는 의회주의의 이런 '어정쩡함'에 '결단주의'를 맞세운다. 이 책의 출발점에도 정치에 대한 슈미트의 이런 생각이 놓여 있다.

이 책에서 특히 눈길을 끄는 것은 프롤레타리아 공산주의와 부르주아 자유주의를 산업자본주의의 쌍생아로 보는 슈미트의 관점이다. "현대 산업 경영자의 세계상과 산업 프롤레타리아의 세계상은 마치 쌍둥이 형제처럼 닮았다." 둘 다 모든 것을 경제적 사고에 귀속시킨다는 점에서 똑같은 지반을 공유한다. 슈미트는 러시아혁명을 이끈 레닌의 1920년 연설의 한 구절을 거론한다. "공산주의란 소비에트 권력에다 국도 전체의 전력 공급을 더한 것이다." '전력 공급의 방법과 관련해 누가 옳은지'를 두고서만 다툰다는 점에서 자유주의 세계의 자본가들이나 공산주의 세계의 프롤레타리아트나 다를 것이 없다. 미국의 금융가도 러시아의 볼셰비키도 "경제적 사고를 위한 투쟁"에서만큼은 한목소리를 내는 것이다.

이 두 세력의 경제주의적 발상 속에서 발견할 수 있는 것은 "정치의 고유한 영역은 없다"는 반정치적 사고다. 슈미트는 이런 생각에 단호히 반대한다. 경제적·기술적 사고로는 도저히 포착할 수 없는 '정치적인 것'이 따로 존재한다. 그런 사태를 보여주는 것으로 슈미트는 자본가와 노동자의 다음과 같은 주장을 든다. 자본가는 노동자에게 "내가 너희를 먹여 살리고 있다"고 말한다. 반대로 노동자는 "우리가 너희를 먹여 살리고 있다"고 맞받는다. 이런 '중대한 사회적 대립'은 경제적 차원에서는 해결될 수 없다. 왜냐하면 이 대립은 단순히 '생산과 소비를 둘러싼 싸움'이 아니라 경제적인 것과는 차원이 다른 '도덕적 신념의 파토스로부터 생겨나는 대립'이기 때문이다. 이 문제를 풀려면 정치를 사유하지 않으면 안 된다.

여기서 슈미트는 '의회주의의 대리'와 '가톨릭교의 대표'를 마주 세운다. 의회주의는 '투표하는 개인'을 단순히 대리하는 이들

독일 정치사상가 카를 슈미트.
자유주의에 대한 단호한 비판으로 요약될 수 있는
슈미트의 정치사상은 20세기 후반 이래 자유주의 정치의
한계를 뚫고 나가려는 좌파의 정치적 상상력을 자극했다.

을 뽑는 데 머문다. 의회는 대리자들의 모임이다. 반면에 "가톨릭교는 시종일관 '위로부터' 대표한다." 다시 말해 가톨릭교회는 "다스리고 지배하며 승리하는 그리스도를 대표한다." 의회는 익명성의 지배 아래 인격 없는 세력을 대신할 뿐이지만, 가톨릭교는 교황이라는 분명한 인격적 권위를 통해서 엄격한 위계질서 속에 그리스도의 지배를 드러낸다.

슈미트는 가톨릭교회의 정치적 특성을 한 번 더 거론한다. 가톨릭교회는 추기경단이라는 귀족제 요소와 추기경단이 선출한 교황의 지배라는 '전제 군주제' 요소를 동시에 지녔다. 더 나아가 교황은 출신이 미천한 사람 중에서도 뽑힐 수 있다는 점에서 민주제적 성격도 지녔다. 이 세 가지 성격의 통합 속에서 교회는 교황을 정점으로 하는 위계적 조직체로서 가톨릭 세계를 다스린다. 가톨릭교회는 인간 공동체를 대표할 뿐만 아니라 "인간이 된 신으로서 그리스도 자신을 인격적으로 대표한다." 그런 대표야말로 경제적·기술적 사고를 넘어서는 교회의 우월성을 보여준다. 슈미트는 가톨릭교회와 산업자본주의가 합일되는 것은 불가능하다고 말한다. 왜냐하면 가톨릭교회는 '이해관계자 연합'이 아니라 도덕적 이상 아래 통일된 '정치적 국가'를 목표로 삼고 있기 때문이다.

슈미트가 보기에 가톨릭의 이런 정치 형식은 결코 사라질 수 없으며 현대 국가에서 어떤 방식으로든 구현되지 않을 수 없다. 특이한 것은 러시아 공산주의가 그 가능성의 영역에서 배제되지 않는다는 점이다. 러시아 공산주의는 경제적 사고로 정치를 해소하려고 하지만 정치의 본질이 사라지지 않는 이상, 결국 "경제적 기반 위에 새로이 확립된 권력으로부터 새로운 종류의 정치가 생겨날 것"이기 때문이다. 그렇다고 해서 슈미트가 러시아 공산주의의 미래에 판돈을 거는 것은 아니다. 슈미트는 19세기 이탈리아 혁명가 주세페 마치니가 제시했던 '도덕적인 의무로 뭉친 민족공동체'의 이념을 구현하는 '서유럽 문명' 쪽에 선다.

요컨대 자유주의의 허약한 타협 정치를 폐기하고 권위의 지배 아래 도덕적 공동체를 실현할 정치가 독일에서 나타나기를 기대하는 것이다. 슈미트가 나치 집권 초기에 히틀러 독재를 지지한 것도 이런 기대의 결과였다. 그러나 얼마 지나지 않아 기대는 환멸로 끝나고, 슈미트는 "나치 이념에 충실하지 않다"는 비판을 받고 히틀러 체제로부터 떨어져 나간다.

샤머니즘이 중국 고대 사상을 낳았다

《중국 사상의 기원》_리쩌허우

리쩌허우(李澤厚, 1930~2021)는 동서양 철학을 종합해 독자적인 사상 체계를 세운 현대 중국 철학의 거목이다. 리쩌허우의 대표작으로는 《중국고대사상사론》《중국근대사상사론》《중국현대사상사론》이 꼽히는데, 이 3부작 말고도 여러 종의 저서가 국내에 번역돼 있다. 《중국 사상의 기원》(2014)은 중국사상사론 3부작에서 다루지 않은 상고시대 이전으로 돌아가 중국 사상이 어디에서 기원했는지 철학적으로 규명하는 책이다. 리쩌허우는 기원전 3000년 이전 신석기 시대부터 본격화한 무술(巫術, 샤머니즘) 전통에서 원시 사상이 태어나 '이성화 과정'을 거쳐 고대 사상으로 성장했다고 말한다.

논의의 출발점은 하·은·주 시대 이전 고대 중국인의 신앙 형태다. 신석기 고고학 연구를 보면, 이 고대인들은 천신 숭배와 조상 숭배를 함께했는데 조상 숭배가 천신 숭배에 점차 가까워져 하나로 합쳐졌다. 이때 하늘을 섬기는 일을 맡은 이가 무(巫) 곧 샤먼이었다. 상고시대에 이르면 정치적 우두머리인 군(君, 군왕)이 무(샤먼)를 통합했다. 군왕이 최고의 샤먼이 돼 하늘과 인간을 소통시킴으로써 정치적 결단을 내리고 행동을 지도했다. 이런 사태를 갑골문에서 찾아볼 수 있다. "묻습니다. 왕이 춤을 추면 길할까요?" 갑골문의 이런 내용은 왕이 최고 샤먼으로서 하늘을 섬기며 춤을 추었음을 알려준다.

그렇다면 이 무(巫, 샤먼, 샤머니즘)의 특질은 무엇인가? 갑골에 새겨진 '무'(巫)를 보면 이 글자는 "비를 기원하는 것 혹은 비를 기원하며 춤을 추는 것"과 관련이 있다. 농경 민족에게 하늘에서 내리는 비는 생존과 직결된 문제였기에, 무사(巫師, 샤먼)가 해야 할 가장 큰 일은 비를 부르며 춤을 추는 것이었다. 리쩌허우는 샤먼의 이런 가무 행위를 '무술 의례'라고 부른다. 주목할 것은 이때의 하늘이 인간이 무조건 복종해야 할 초월적 절대자가 아니었다는 사실이다. 하늘은 인간 세계에 길과 복을 주어야 할 대상, 그래서 필요하다면 무술 행위를 통해 강박하고 제어해야 할 대상이었다.

더 주목할 것은 무술 의례에서 '정감적 요소'가 매우 중요했다는 사실이다. 무술 의례는 무사와 참가자가 모두 무아지경에 빠지는 광적인 양상을 띠었다. 비이성적이고 무의식적인 강렬한 정동, 달리 말해 '디오니소스적인 광기'가 무술 행위에 넘쳐났다. 바로 이런 열광적인 무술 행위에서 드러나는 것이 '신명'이다. 신은 인간 세계 너머에 있는 절대자가 아니라 인간 세계 안에서 인간과 함께하는 신명이다. 눈여겨볼 것은 무술 의례가 디오니소스적인 상태에 머물지 않았다는 사실이다. 무아지경의 열광적 정감은 인간 이성의 제어를 받아 엄격한 형식과 복잡한 의례를 갖추었다. 디오니소스적 광기가 아폴론적인 규율과 결합한 것이다.

리쩌허우는 오랜 세월에 걸쳐 이 무(巫)가 사(史)로 나아갔다고 말한다. 여기서 '사'라는 말이 먼저 뜻하는 것이 '점'이다. 점을 쳐 미래를 예견하고 그 내용을 기록함으로써 사(사관)가 생겨났다. 점에는 복(卜, 거북점)과 서(筮, 시초점)가 있다. "복과 서는 무와 직접적으로 관련돼 있으며 무로부터 발전해 온 정태적 형식이다." 복과 서로 점을 치는 행위는 복잡한 숫자 연산을 요구한다. 그 연산을 통해 이성적 사고가 강화된다. 동시에 이 점치는 행위에는 '무(샤머니즘)의 특질'이 보존돼 있다. "정성을 다하면 영험해진다"는 원칙이 점의 샤머니즘적 특성을 알려준다. 점을 치는 사람은 반드시 외(두려움), 경(공경), 충(충실), 성(정성)의 마음을 다해야 한다. 하늘을 향해 '외경충성'의 마음으로 점을 칠 때 미래를 제대로 볼 수 있는 것이다. 바로 이 마음의 활동 속에 신이 신명으로서 현현하고 계시한다. '무에서 사'로 나아가는 이성화 과정은 이렇게 강렬한 정동의 신앙을 동반했다.

이 책은 그 과정을 촉진한 것이 전쟁이었다고 말한다. 중국 상고시대는 유례가 없을 정도로 전쟁이 많은 시기였다. 전쟁은 상황을 객관적으로 엄정하게 볼 수 있는 이성의 힘에 좌우됐다. 고도로 냉정한 이지적 태도로 전략과 전술을 짜내는 것이 승패의 관건이었다. 그 전쟁을 군왕이 주도하는 가운데 샤머니즘 의례의 비이성적 성분은 줄어들고 이성적 성분은 커졌다고 리쩌허우는 말한다.

이어 이 책이 주목하는 것이 '무'가 '사'가 되는 과정이 '무'가 '예'(禮)가 되는 과정과 병행했다는 사실이다. 주나라 초기에 "주공이 예악을 만들었다"는 역사 기록이 그런 사정을 보여준다. 리쩌허우는 하늘에 대한 샤머니즘적 외경에서 예와 덕(德)이 함께 나왔다고 말한다. 신명에 대한 외경이 내면으로 향하면 군왕의 '덕'이 되고, 밖으로 향하면 사회의 '예'가 된다. 예란 샤머니즘의 무술 의례가 이성화·체계화돼 성립한 사회의 규범과 준칙이다. 이렇게 예가 확립됨으로써 무술 의례의 인문화·이성화 과정이 완성의 경지에 이르렀다.

그러나 '무의 이성화' 과정은 예에서 끝나지 않는다. 세월이 흐르면서 예는 본질을 잃어버리고 형식만 남게 됐다. 이때 이 예의 본디 정신, 곧 '외경충성의 마음'을 되찾을 것을 촉구하고 나선 이가 공자다. 공자는 예의 그 본디 정신을 '인'(仁)이라고 불렀다. 공자는 말한다. "사람으로서 어질지 않으면 예가 무슨 소용인가?" 그리하여 "공자는 인으로 예를 해석하여 사회의 외재적 규범을 개체의 내재적 자각으로 변화시켰다." 무술 의례의 기본 정감을 인문화·이성화해 윤리적으로 새롭게 해석한 것이 공자의 인이다. 주나라 초기에 주공이 샤머니즘의 의례적 측면을 예로 완성했다면, 춘추시대에 공자는 샤머니즘의 정감적 측면을 인으로 완성했다. 공자는 전통 사상의 '전환적 창조자'였다.

책은 '무'의 전통이 유교와 함께 도교의 원류가 됐음도 강조한다. 공자의 인(어짊)을 이어받은 것이 유교라면, 노자의 지(지혜)를 이어받은 것이 도교다. 노자가 가르친 지혜의 중심에 있는 것이 '도'(道)와 '무'(無)인데, 이 둘이 모두 무술 전통에서 나왔다. 도(道)는 이름 지을 수 없고 붙잡을 수 없는 하늘의 길, 신명의 운행을 가리키며, 무(無)는 보이지 않고 들리지 않으나 모든 것을 낳고 키우는 그 신명의 자취 없음을 가리킨다. 그러므로 "무(無)는 무(巫)이며 무(舞)다". 샤먼이 춤을 춰 불러오는 그 신명이 바로 무(無)이며, 그 신명의 흐름이 바로 도(道)라는 얘기다.

"주체 없는 과정이 중국 사유의 특징"

《고요한 변화》_프랑수아 줄리앙

프랑수아 줄리앙(François Jullien)은 현대 유럽 철학에서 독특한 지위를 점하는 프랑스 철학자다. 그 독특함은 이 철학자의 예외적인 학문 이력에서 나온다. 줄리앙은 파리고등사범학교를 나와 그리스 철학 연구로 교수 자격을 얻은 뒤 중국으로 건너가 중국학을 공부했다. 수십 년의 중국 사상 연구는 줄리앙에게 유럽 바깥에서 유럽 사유를 볼 수 있는 시야를 열어주었다. 그렇게 얻은 시야로 줄리앙은 중국 사상과 유럽 사상을 맞대면시키는 작업을 해 왔는데 《고요한 변화》(2009)는 그런 작업의 한 양상을 보여주는 저작이다.

이 책의 제목으로 쓰인 '고요한 변화'는 명말청초 유학자 왕부지가 쓴 역사서 《독통감론》에 나오는 "은밀한 이동과 고요한 변화"라는 말에서 따왔다. 줄리앙은 이 말이 유럽 사유와 중국 사유가 극명하게 대비되는 지점을 보여준다고 말한다. 중국 사유가 '고요한 변화'로 세상사를 이해하는 데 반해, 유럽 사유는 그런 변화를 보지 못하는 맹점을 안고 있다는 것이 줄리앙의 통찰이다. 이 책은 유럽 사유의 맹점을 선명히 드러내는 사례로《장자》'지락' 편의 구절을 제시한다. 부인의 죽음에 북 치며 노래를 부르는 장자를 친구가 나무라자 장자가 말한다. "헤아릴 수 없음에 뒤섞인 가운데 변하면 기가 있고 기가 변하면 현실화하며 현실화함이 변하면 삶이 있다." 이 구절을 프랑스어 번역가는 이렇게 옮겼다. "빠져나가고 포착 불가능한 어떤 것이 기로 변하고 기는 형태로, 형태는 삶으로 변한다."

프랑스어 번역문은 원문을 나름대로 충실하게 옮긴 것이라고 할 수 있다. 그러나 두 문장에는 결정적인 차이가 있는데, 프랑스어 번역문에 나오는 '어떤 것'(quelque chose)이라는 말이다. 중국어 원문에는 없는 '어떤 것'이라는 명사가 주어로 등장해 문장 전체를 이끌어 가는 것이다. 이렇게 '어떤 것'이 주어로 상정되면 "그 어떤 것은 어디서 오는가" 하는 물음이 자연스럽게 따라 나오게 된다. 또 이런 물음은 '어떤 것'의 기원을 찾아 거슬러 올라가 "창조주가 그 기원 아닌가" 하는 물음에까지 이르게 된다. 중국어 원문에서는 나올 이유가 없는 물음이 유럽어로 옮겨지자마자 튀어나오는 것이다.

여기가 중국 사유와 유럽 사유가 확연히 갈리는 지점이다. '주어'를 전제하는 유럽어에서는 만물의 변화를 '주어 곧 주체'(sujet, subject)의 행동으로 설명하는 것을 자명하게 여긴다. '주어 곧 주체'는 그리스 사유의 '기체'(히포케이메논, hypokeimenon)에서 온 말이다. 기체란 어떤 사태의 '바탕에 깔려 있는 실체'를 뜻한다. 그 기체가 바로 변화를 일으키는 주체다. 그러나 중국 사유는 양상이 다르다. 기체 혹은 주체가 능동적인 행위로 상황을 이끌어 가는 것이 아니라 상황이 흐름을 따라 스스로 바뀌어 간다. 《역경》 '계사전'에 나오는 "궁하면 변하고 변하면 통하고 통하면 오래 간다"라는 말이 그런 주체 없는 변화를 보여준다.

반면에 유럽어의 사유는 주체를 전제하지 않고서는 변화를 설명하지 못한다. 유럽 사유의 그런 특징을 일찍이 보여준 사람이 아리스토텔레스다. 아리스토텔레스는 기체 곧 주체가 운동함으로써 변화가 일어난다고 생각했다. 더 주목할 것은 아리스토텔레스가 그 변화를 시작이 있고 끝이 있는 것으로 여겼고, 그 끝을 목적(텔로스)으로 이해했다는 사실이다.

이를테면 아리스토텔레스는 '건축 행위'라는 운동이 '건축된 집'이라는 목적에 이르러 끝난다고 보았다. 그러나 이런 식의 이해로는 변화의 '이행 과정'을 제대로 설명할 수 없다. 늙음이라는 변화를 보자. 늙음은 주체의 행위의 결과인가? 아리스토텔레스는 배움·치료·성장과 함께 노화를 열거한 뒤 그것들이 건축과 유사하다고 말한다. 그러나 이런 설명은 납득하기 어렵다. 노화가 건축처럼 주체의 능동적 행위의 완수인가? 여기서 그리스 철학은 비틀거린다. 노화는 목적이 아니라 끝없는 변화의 과정이자 결과일 뿐이다. 노화야말로 '고요한 변화'로 설명해야 할 사태다.

중국 사유는 음과 양의 상관성이라는 틀로 이 이행 과정을 살피고 그 결과를 가늠한다. 음 속에 양이 있고 양 속에 음이 있어서 그 상관관계 속에서 변화는 지속적으로 일어난다. 젊음 속에 이미 늙음이 잠재해 있는 것이다. 아리스토텔레스를 이어받은 유럽 사유는 시작이 있으면 반드시 끝이 있고 그 끝은 목적이자 완성이어야 한다고 믿는다. 그러나 중국 사유는 끝을 목적이나 완성으로 보지 않는다. 유럽 사유가 '시작과 끝'의 사유라면, 중국 사유는 '끝과 시작'의 사유다. 끝은 새로운 시작일 뿐이다. 《주역》 64괘 중 마지막 두 괘가 '기제'와 '미제'인 것이 그 사태를 명징하게 보여준다. 기제는 '이미 건넜다', 곧 '끝났다'는 뜻이다. 그러나 그다음에 미제 곧 '아직 건너지 않았다'가 나온다. 끝이 시작으로 이어지는 것이다. 이 끝없는, 주체 없는, 고요한 변화를 읽어내는 것이 중국 사유의 특징이다.

줄리앙은 중국 사유와 유럽 사유를 맞대면시킴으로써 거기서 '간극'(벌어진 틈)을 찾아낸다. 이 간극은 두 문화 사이의 단순한 차이가 아니다. 차이의 사유는 다름을 확인함으로써 정체성을 확보하려는 사유다. '너의 다름'을 통해 '나의 나임' 곧 나의 자기동일성을 확인하는 것이 차이의 사유다. 반면에 간극의 사유는 다른 문화를 통해 내 문화의 허점과 빈틈을 발견하는 사유다. 바로 그런 발견을 통해서 우리가 자명하게 생각했던 것이 자명한 것이 아님을 깨닫게 되고 자기동일성의 완고한 틀에서 벗어나게 된다. 이 간극의 사유로써 줄리앙은 문화 보편주의에 반대함과 동시에 문화 상대주의에도 반대한다. 문화 보편주의가 다른 문화의 다름을 흡수하는 패권적 사유라면, 문화 상대주의는 각각의 문화가 고유한 본질을 지녔다고 주장하는 자폐적 사유다. 그러나 어떤 문화도 본질이 고정돼 있지 않다. 보편주의의 패권도 상대주의의 고립도 바른 길이 아니다. 여기서 줄리앙이 대안으로 제시하는 것이 '공통'(common)의 사유다. 다른 문화와 만나 내 문화의 변화를 일으키는 기반이 '공통'이다. 닫힌 보편성을 넘어 간극을 통해 열리는 더 높은 보편성이 공통성인 셈이다.

"현대 전쟁은 모방적 인간의
극단적 경쟁 행위"

《클라우제비츠 전쟁론 완성하기》_르네 지라르 · 브누아 샹트르

르네 지라르(René Girard, 1923~2015)는 《낭만적 거짓과 소설적 진실》《폭력과 성스러움》 같은 저작으로 널리 알려진 프랑스 문학비평가이자 사회인류학자다. 지라르의 작업은 대개 문학 작품 분석을 통해 폭력과 구원에 관한 주제를 탐사하는 데 집중한다. 첫 저작 《낭만적 거짓과 소설적 진실》에서 지라르는 인간의 욕망을 '모방'이라는 관점에서 해부했으며, 이후 모방 이론은 다른 모든 저술의 출발점이 됐다. 《클라우제비츠 전쟁론 완성하기》는 지라르가 노년에 이르러 프랑스 문학평론가 브누아 샹트르와 한 긴 대담을 엮은 지라르의 마지막 저작이다. 2007년에 초판이 출간됐고 2022년 샹트르의 '머리말'이 추가돼 재판이 나왔다.

《클라우제비츠 전쟁론 완성하기》는 모방 이론을 독일 군사학자 카를 폰 클라우제비츠(Carl Phillip von Clausewitz, 1780~1831)의 《전쟁론》을 분석하는 데 적용한 저작이다. 클라우제비츠는 프로이센

장교로 1806년 나폴레옹의 예나 전투에 참전했다가 붙잡혀 파리에서 포로 생활을 하기도 했고, 나폴레옹의 러시아 원정에 동맹군 일원으로 참전했다가 탈출한 뒤 러시아 군대에 들어가 나폴레옹 군대와 맞서 싸우기도 했다. 이 경험을 바탕에 깔고 생의 마지막 12년을 바쳐 쓴 것이 《전쟁론》이다. 지라르는 이 《전쟁론》을 텍스트로 삼아 클라우제비츠와 나폴레옹의 내적 관계를 해부하고, 더 나아가 제2차 세계대전 종결 이후 현대 전쟁의 성격을 해석한다.

《전쟁론》을 읽는 지라르의 관점은 "클라우제비츠가 전쟁에 대한 고유한 통찰을 밀고 나가다 중도에 돌아서고 말았다"는 것으로 요약할 수 있다. 그렇게 돌아선 탓에 이 저작은 미완성으로 남을 수밖에 없었다. 그러니 클라우제비츠의 애초의 통찰을 끝까지 밀어붙여 《전쟁론》을 완성해야 한다. 여기서 이 책의 제목('클라우제비츠 전쟁론 완성하기')이 나왔다.

지라르는 《전쟁론》 속의 클라우제비츠의 태도를 자신의 모방 이론으로 설명한다. 지라르가 보기에 클라우제비츠와 나폴레옹은 일종의 '짝패'다. 짝패란 서로 적대하면서 모방하는 관계에 있는 둘을 말한다. 클라우제비츠는 나폴레옹에게 매혹된 사람이자 나폴레옹을 증오한 사람이다. "모방적 욕망에 사로잡힌 사람들이 그러하듯이, 클라우제비츠는 때로는 나폴레옹이라는 모델에 사로잡히지만 또 때로는 정반대로 나폴레옹을 증오하게 됩니다." 나폴레옹을 증오하면서 모방하는 사람이 클라우제비츠다.

지라르는 이런 짝패 관계가 모든 전쟁의 본질적 속성이라고

프랑스 문학비평가이자 사회인류학자인 르네 지라르.
지라르는 전쟁이라는 짝패 경쟁은 시기·선망·질투·원한을 동력으로 삼아 한쪽이 끝장날 때까지 계속되기에 '극단으로 치달을' 수밖에 없다고 보았다.

말한다. 전쟁은 서로 적대하는 짝패의 대결처럼 '극단으로 치닫는' 경향을 지닌다. 전쟁에 관한 이런 인식은 클라우제비츠 자신이 《전쟁론》에서 밝힌 것이기도 하다. "교전국들은 모두 상대방을 자신의 법으로 삼는다. 여기서 상호 행위가 나오는데, 개념상으로 이 상호 행위는 극단에까지 이르게 된다." 거듭 주목할 것은 지라르가 전쟁을 두 짝패 사이의 '결투'로 본다는 사실이다. 교전국들이 겉으로 내세우는 명분은 그저 명분일 뿐이고, 두 세력 사이에서 벌어지는 짝패 경쟁이야말로 전쟁의 본질이다. 짝패 경쟁은 시기·선망·질투·원한을 동력으로 삼아 한쪽이 끝장날 때까지 계속되기에 '극단으로 치달을' 수밖에 없다.

바로 이것이 클라우제비츠가 《전쟁론》에서 밝힌 전쟁의 진실이다. 그러나 클라우제비츠는 이 통찰을 밀어붙이지 못하고 뒤에 가서 철회하고 말았다. 그 철회를 보여주는 것이 바로 클라우제비츠라는 이름과 거의 동일시되는 "전쟁은 다른 수단으로 하는 정치의 연속이다"라는 명제다. 전쟁이 일종의 정치라는 것은 전쟁 안에 협상과 타협의 요소가 있다는 것인데, 클레우제비츠가 이 명제로 돌아선 것은 당대를 지배하던 계몽 이성의 압박을 받은 결과라고 이 책은 해석한다. 계몽 이성에 휘둘리지 않았다면 클라우제비츠는 '극단으로 치닫기'라는 자신의 통찰을 밀고 나갔을 것이다. 전쟁은 합리적 인간의 계산적 정치 행위가 아니라 모방적 인간의 가속적 경쟁 행위다. 짝패 관계의 경쟁과 모방의 동역학은 둘의 대결이 끝장을 볼 때까지 계속된다.

지라르는 이 새로운 명제를 전쟁 일반, 특히 1945년 이후 현대 전쟁에 적용한다. 과거의 전쟁에는 중세 시대에 만들어진 전쟁법이 규범적 구실을 함으로써 전쟁의 양상을 어느 정도 제어했다. 전쟁은 군인들의 일이었고 포로의 권리도 존중했다. 그러나 현대 전쟁에서는 그런 전쟁법이 무력화해 '극단으로 치닫기'가 아무런 제어장치 없이 벌어진다. 지라르는 말한다. "세계화 시대, 다시 말해 전쟁의 가속화 시대에 접어든 1945년 이래로 모방이 영역을 넓혀 가면서 지구를 뒤덮고 있다고 해서 놀랄 일은 아닙니다. 예컨대 오늘날 진행되고 있는 중국과 미국 사이의 갈등은 9·11사태 때 우리를 오도하려 했던 '문명의 충돌'과는 아무런 관련이 없다는 것을 오늘날 사람들은 다 알고 있습니다. (…) 사실 점점 더 닮아 가는 두 자본주의 사이의 대립이 진짜 문제입니다."

극단으로 치닫기라는 전쟁의 속성이 제어 없이 그대로 관철될 경우 거의 묵시록적인 파국을 가져올 수밖에 없다. 여기서 지라르는 '거리두기'와 '물러섬'을 이야기한다. 그런 태도의 모범으로 지라르가 거론하는 것이 '예수 그리스도의 자기희생'이다. 합리주의가 지배하는 오늘날의 사람들은 희생 제도를 부정한다. 하지만 희생 제도가 사라진 현대 문명이야말로 짝패 경쟁의 극단화로 과거 어느 때보다 자멸할 위험이 큰 문명이다. 시인 횔덜린이 노래한 대로 "위험 속에서 구원이 자라나게" 하려면 예수의 희생에서 볼 수 있는 물러섬의 태도가 필요하다고 지라르는 말한다. 오늘의 국제 관계에 적용할 만한 지침이다.

시간의 안개를 뚫고
붓다의 첫 가르침으로 가다

《인생의 괴로움과 깨달음》_강성용

　종교 연구기관 마인드랩에서 '종교문해력 총서'(전 5권)를 내놓았다. 마인드랩은 종교 간 경계를 넘어 인문적 영성을 탐구하고 알린다는 목적으로 2023년 벽두에 출범했다. 이 총서는 마인드랩에 참여하고 있는 종교 연구자들이 종교문해력을 키우자는 목표를 내걸고 집필한 종교 입문서 모음이다. 종교를 '믿음'의 문제로만 보지 않고 이성적 '이해'의 문제로 볼 줄 아는 능력이 종교문해력이다. 종교문해력이 커질 때 종교와 종교 사이, 종교인과 비종교인 사이 대화의 길이 넓어진다는 것이 집필자들의 생각이다.

　성해영(서울대 종교학과 교수)의 종교학 안내서 《내 안의 엑스터시를 찾아서》, 강성용(서울대 인문학연구원 교수)의 불교 안내서 《인생의 괴로움과 깨달음》, 정경일(성공회대 신학연구원 교수)의 기독교 안내서 《지금 우리에게 예수는 누구인가?》, 박현도

(서강대 유로메나연구소 교수)의 이슬람 안내서 《이슬람교를 위한 변명》, 장진영(원광대 마음인문학연구소 소장)의 원불교 안내서 《소태산이 밝힌 정신개벽의 길》이 총서를 이루는 책들이다. 이 책들 가운데 성해영의 책은 총서의 서론 격이라 할 수 있는데, 종교학의 역할을 소개함과 동시에 종교 현상의 핵심에 있는 '엑스터시'와 '신비주의' 세계로 독자를 안내한다.

인도 고전학 연구자 강성용의 《인생의 괴로움과 깨달음》은 입문서라고 하기에는 밀도가 높은 편이어서 따로 주목을 요한다. 이 책은 '불교란 무엇인가'라는 물음에 대한 답을 창시자 붓다의 고뇌와 체험을 되살려내는 방식으로 제시한다. 다시 말해, 불교가 막 탄생하던 시점으로 돌아가 그 창시자가 어떤 물음을 품고 출가했으며 어떤 경로로 그 물음에 대한 해답을 찾았는지를 살핌으로써 불교 사상의 벼리를 잡아낸다. 이 작업이 쉬운 일은 아니다. 불교 문헌이 너무도 방대하게 축적된 데다 그 역사적 변모도 커서 불교의 첫 모습을 파악하기가 극도로 어렵기 때문이다. 저자는 고대 인도 사상 연구자들이 그동안 쌓은 언어학·고전학·고고학의 성과를 활용해 시간의 더께를 헤치고 '탄생 시점의 불교'를 향해 나아간다.

붓다는 기원전 500~350년 사이에 인도 동북부 갠지스강 유역의 아리아계 선정착민의 후예로 태어난 것으로 추정된다. 붓다의 삶은 거의 모든 것이 안개에 싸여 있다. 붓다가 당시 어떤 고민을 안고 출가 수행자가 됐는지 이해하려면, 베다 전통 속에서 태어난 동시대 자이나교의 세계관을 살펴보는 것이 좋다고 저자는 말한다. 자이나교와 불교는 일란성 쌍생아로서 서로 경쟁하는 관계에 있었다.

자이나교의 세계관을 핵심만 추리면, '지바'(jiva, 생명)와 '카르마'(karma, 업)라는 낱말로 요약된다. 지바는 인간을 포함한 세상 모든 것의 생명 활동과 의식 활동을 일으키는 내적 실체다. 이 지바가 육체를 떠나는 것이 죽음이고 새로운 육체에 자리를 잡는 것이 다시 태어남이다. 생명과 의식을 지닌 지바는 끝없이 생사를 윤회한다. 자이나교는 이 지바가 윤회하는 이유를 '카르마'에서 찾았다. 사람은 사는 동안 좋은 카르마를 쌓기도 하지만, 행동과 말과 생각으로 나쁜 카르마를 쌓기도 한다.

이 나쁜 카르마가 지바에 달라붙으면 그 지바는 생사를 벗어나지 못하고 윤회를 거듭한다. 이 나쁜 카르마는 그 카르마에 상응하는 고통을 치러야만 지바에서 떨어져 나간다. 나쁜 카르마 가운데 가장 나쁜 것이 바로 '해침'이다. 그래서 자이나교는 '아힘사'(불살생)를 가장 중요한 계율로 삼는다. 이 나쁜 카르마를 철저히 제거하는 것은 일상생활에서는 불가능하다. 그러므로 윤회의 고리를 끊어내려면 출가 수행승이 되어 극단적 고행을 감내해야 한다. 극한의 고행을 통해 카르마를 모두 씻어내고 윤회의 고리에서 벗어나는 것이 열반이다.

탄생기 불교는 이 자이나교와 세계관을 공유하고 있었다. 이를테면, 붓다는 자이나교의 '지바'에 해당하는 것을 '의식'

(vijnana, 식, 識)이라고 불렀다. 그런데 후대에 불교가 '무아'(anatman, 제 아님)를 교리의 근본으로 삼게 되면서 이 최초의 가르침을 멀리하게 됐다고 이 책은 말한다. 붓다가 이야기한 '의식'이 '자아'(아트만)를 떠올리게 한다는 것이 이유였다. 동시에 붓다의 가르침은 자이나교와 다른 점도 있었는데, 핵심은 '극단적 고행'을 거부했다는 것이다. 붓다는 일상적 쾌락에도 빠지지 않고, 극단적 고행에도 몰두하지 않는 자신의 길을 '쏠림 없는 중간 길'(중도)이라고 불렀다.

더 주목할 것은 붓다가 해탈의 방법으로 제시한 것이 이중적이라는 사실이다. 요약하자면 '디아나'(dhyana, 선, 선정)와 '꿰뚫어 알아차림'(prajna, 반야, 지혜)이 그것이다. 붓다의 첫 가르침을 '초전법륜'(가르침의 바퀴를 처음 돌림)이라고 하는데, 그 가르침의 내용 가운데 하나가 '고귀한 네 진리'(사성제) 곧 '고집멸도'(苦集滅道)다. 인간이 경험하는 모든 일은 '고생'(괴로움)인데, 이 괴로움에는 원인이 있으며, 그 원인을 해소할 수 있고, 그 원인을 해소할 방법도 있다는 것이다. 그 방법을 이야기하는 것이 팔정도(여덟 단계 고귀한 길)다. 팔정도 가운데 핵심은 마지막 '정정'(바른 선정)이다. 이렇게 하여 선정 곧 '디아나'가 해탈의 방법으로 드러난다.

그러나 불교는 동시에 다른 말을 하는데, '12연기'가 그것이다. '의지하여 생겨남'(연기, 緣起)이라는 인과관계를 통해 괴로움의 근본 원인을 이야기하는 것이 12연기다. 그 연기의 출발점이 '본디 모름'(무명)이라는 근원적 무지이고 그 끝이 '태어나 늙어 죽음'이다. 근원적 무지가 삶과 죽음의 윤회를 낳는 것이다. 그러므로 이 근원적 무지를 꿰뚫어보는 지혜를 얻으면 해탈에 이를 수 있다. 이렇게 12연기는 디아나(선정)가 아니라 반야(지혜)가 수행의 목표임을 알려준다. 근원적 무지에 대한 통찰이 우리를 해탈로 이끄는 것이다.

이렇게 초기 불교는 한편으로는 선정을 통해서 해탈에 이르는 길을 가르치고, 다른 한편으로는 반야를 통해서 해탈에 이르는 길을 가르쳤다. 바로 이 두 가지 해법이 빚어내는 긴장이 이후 수많은 불교를 만들어냈다고 저자는 말한다. 한국 불교에서 일찍이 설파된 '정혜쌍수' 곧 선정과 지혜를 모두 닦는다는 수행론이 두 해법 사이의 긴장을 여실히 보여준다.

계사전, 장엄하고 심오한 동북아 우주론

《도올 주역 계사전》_김용옥

　동아시아 유교 문명의 기축을 이루는 경서 가운데 하나가《주역》이다.《주역》은 '역경'과 '역전'으로 이루어져 있는데, 역전 가운데 가장 중요하게 꼽히는 책이 '계사전'이다. 도올 김용옥 전 고려대 교수가 쓴《도올 주역 계사전》은 이 계사전의 우주론을 치열하게 논구한 책이다. 저자의 석사 논문과 박사 논문이 모두《주역》에 관한 것이었으니, 50년이 넘는 세월 동안 주역을 붙들고 탐구한 결과물이 여기에 담긴 셈이다.
　주나라 시대에 성립한 역경은 64개의 괘와 384개의 효, 그리고 각 괘·효마다 붙어 있는 말씀(사, 辭)으로 이루어져 있다. 이 괘와 효, 괘사와 효사가 모여 역경의 텍스트를 이룬다. 그러나 역경의 언어는 극도로 압축적이고 상징적이어서 후대에 역경을 풀이하는 여러 해설서가 나왔는데 그것이 바로 역전이다. 역경이 몸통이라면 역전은 날개에 해당하기에, 흔히 '십익'

(十翼)이라고 부른다. 그 십익(단전·상전·계사전·문언전·설괘전·서괘전·잡괘전)의 중심을 이루는 것이 '계사전'이다.

계사전은 기원전 4세기 이전 춘추전국시대의 사유와 교양이 집약된 '천하제일의 명문'이자 장엄하고도 심오한 우주론(코스몰로지, cosmology)이 펼쳐진 저술이다. 단순한 점서에 지나지 않았던 역경을 유학의 성경으로 일으켜 세운 것이 바로 이 계사전이다. "계사전이 없었다면 유학은 철학으로 발전하지 못했을지도 모른다." 그러나 계사전은 역경만큼이나 난해한 텍스트여서 그 해석을 놓고 2000여 년 동안 무수한 주장이 쏟아져 나왔다. 저자는 고대 동북아 사상 지형을 시야에 넣은 채로, 위진 시대 왕필에서부터 명말청초의 왕부지까지 주요한 학설들을 두루 검토해 일관성 있는 해석의 틀을 제시한다. 특히 송대 신유학의 계사전 해석을 논박하는 데서 저자의 고유한 관점이 두드러진다.

계사전은 상하 두 편으로 이루어져 있다. 그 상편 제1장 첫머리에 등장하는 말이 '천존지비'(天尊地卑)다. '하늘은 높고 땅은 낮다'는 뜻이다. 여기서 '존'이나 '비'는 가치론적 의미로 쓰인 것이 아니라 사실을 기술하는 말이라고 저자는 강조한다. 이 첫 문장에 담긴 우주론을 저자는 '천지 코스몰로지'라고 부른다. 천지, 곧 하늘과 땅은 분리된 두 세계가 아니다. 천지는 서로 동등하게 교섭하면서 인간 삶의 세계를 형성하는 하나의 세계, 하나의 우주다. 여기서 저자가 계사전의 우주론에 대립하는 것으로 거론하는 것이 인도유럽어권의 우주론이다. 플라톤의 이데아론으로 대표되는 서방의 우주론은 하늘을 이상화하고 지상의 삶을 부정하는 이원론적 성격이 강하다.

계사전의 핵심 어휘를 하나만 들라면 '역'(易)을 꼽을 수 있다. 역이란 생성하고 변화하는 천지의 운행 양상이자 그렇게 운행하는 우주 자체를 가리킨다. 천지의 모든 것이 끊임없이 바뀌어 가면서도 코스모스(우주적 조화)를 잃지 않는 것이 역의 세계다. 여기서 저자가 특히 주목하는 것이 초월적인 절대적 '신'이 없다는 역의 우주관이다. 계사전이 그려 보이는 세계에서는 신조차도 변화의 흐름 속에 있다. 그런 인식을 보여주는 문장이 '신무방 역무체'(神无方 易无體)다. 신 곧 하느님에게는 고정된 모습이 없고, 역의 우주에는 불변의 실체가 없다는 뜻이다. 신은 하늘 저 너머의 이데아 세계에 따로 있는 존재가 아니다.

천지의 모든 것은 변화와 이행의 상태에 있다는 이런 세계 인식은 '일음일양지위도'(一陰一陽之謂道)라는 문장에서 또렷이 나타난다. "한번은 음이 되고 한번은 양이 되는 것을 가리켜 도라고 한다"는 뜻이다. 음과 양은 자기 동일적 실체가 아니어서, 음이 양이 되고 양이 음이 되는 바뀜이 끝없이 되풀이된다. 저자는 이 음양의 세계관이 송대 신유학에 이르러 어떻게 곡해됐는지 상술한다. 신유학은 불교를 통해 유입된 인도유럽어권 사유의 깊은 영향 속에서 유학을 재구성했다. 그 영향의 결과가 세상 모든 것을 이(理)와 기(氣)로 나누어 보는 '이기론'이다. 이기론을 인식의 틀로 삼아 신유학은 '일음일양'과 '도'를 분리한 뒤, 일음일양을 '기'의 세계로, 도를 '이'의 세계로 해석했다. 신유학의 이런 해석은 역의 우주론의 근원적 왜곡이라고 할 수밖에 없다. 계사전이 말하는 것은 음양의 변화가 곧 도라는 것이지, 도가 음양과 떨어져 따로 있다는 얘기가 아니다. 저자는 계사전에 등장하는 '태극'이라는 말도 이런 곡해를 겪었다고 말한다. 신유학은 이기론의 틀 속에서 태극을 '기'의 세계에서 분리된 순수한 '이'의 세계로 보았다. 태극이 플라톤의 이데아와 유사한 것이 되고 만 것이다.

계사전에 등장하는 말 가운데 또 하나 눈길을 끄는 것이 '형이상자위지도, 형이하자위지기'(形而上者謂之道, 形而下者謂之器)라는 문장이다. 에도 말기의 일본 학자들이 이 문장 속 '형이상'을 끌어와 서양의 '메타피직스'(metaphysics)를 번역하는 데 적용했다. '형이상학'이라는 번역어가 그렇게 탄생했다. 그러나 서양의 메타피직스와 계사전의 '형이상'은 함의가 아주 다르다. 메타피직스는 현상 세계 너머의 본질 세계에 대한 탐구라는 의미가 강하지만, 계사전의 형이상에는 현상과 본질의 이원론이 들어 있지 않다. 형(形), 곧 형체가 있고 나서 그것이 위로 향하면 하늘의 도가 되고, 아래로 향하면 땅 위의 구체적 사물(기, 器)이 된다는 뜻일 뿐이다. 도가 하늘을 향하는 것은 분명하지만 그 도는 천지라는 큰 하나 안에서 나타나는 것이지 초월적 세계의 이데아는 아니라는 얘기다.

계사전의 우주 안에서 모든 것은 일음일양으로 바뀌어 가고,

그 결과로 '길흉'이 있게 된다. 그러나 길과 흉도 때가 되면 바뀐다. 이를테면 '건괘'의 여섯 번째 효사 '항룡유회'는 하늘 꼭대기에 올라간 용에 관한 이야기다. 권세가 극에 달한 용에게 남는 것은 후회뿐이다. 높이 나는 용의 오만이 그 원인이다. "인생의 가장 큰 병폐는 오(午), 이 한 글자에 있다."(왕양명) 저자는 유교의 바탕을 이루는 것이 '우환의식', 곧 세상을 걱정하는 마음이라고 말한다. 계사전 상편 11장의 '길흉여민동환'(吉凶與民同患)은 점을 쳐 나온 '길흉'을 놓고 백성과 더불어 걱정한다는 뜻이다. 걱정하는 마음은 세상이 바르게 되기를 염원하는 마음이다. 여기에 '역'의 핵심이 있다고 저자는 말한다.

동서의 만남이 빚어낸
다산의 독창적 논어 읽기

《다산 논어 1·2》_김홍경

　다산 정약용(1762~1836)은 조선 후기 최고의 유학자로 꼽힌다. '여유당전서'라는 이름으로 묶인 다산의 거대한 학문적 성취는 18년에 이르는 기나긴 유배의 세월이 있었기에 가능한 일이었다. 다산의 저작 가운데 가장 널리 알려진 것은 《목민심서》이지만, 그 바탕에 놓인 철학 사상을 알려면 《논어고금주》를 보아야 한다. 《논어고금주》는 다산이 오랜 세월 연마한 웅대한 사상이 담긴 《논어》 주해서다. 미국에서 활동하는 동양철학 연구자 김홍경 뉴욕주립대 스토니브룩 아시아학과 교수가 쓴 《다산 논어》는 《논어고금주》에 입각해 《논어》를 옮기고 다산의 독창적인 《논어》 해석을 선명하게 부각한 책이다. 《논어고금주》 전체를 영어로 번역해 출간한 바 있는 저자는 1200여 쪽에 이르는 이 대작에서 다산 철학 사상의 면모를 섬세하고도 장대하게 드러낸다.

다산의 《논어고금주》는 이 땅에 유교가 들어온 이래 처음으로 나온 '완결된 논어 해설서'다. 다산이 이 저작을 완성한 것은 강진 유배 생활이 13년째가 되던 1813년이었다. 《논어고금주》는 《논어》에 대한 '옛날의 주석'(고주)과 '오늘날의 주석'(금주)이라는 뜻이다. 그러나 다산은 고주와 금주를 소개하는 데 그치지 않고 이 주석들을 비판적으로 종합해 새로운 차원의 논어 읽기를 시도한다.

이때 '고주'는 한당 시대의 논어 주석을 말하는데, 하안(何晏, 195~249)이 앞 시대의 주석을 모두 모아 집대성한 《논어집해》가 그 대표 저작이다. 또 '금주'는 송명 시대의 논어 주석을 가리키는데, 유학을 성리학으로 재편한 주희(朱熹, 1130~1200)의 《논어집주》가 이 시대 주석을 대표한다. 다산은 여기에 그치지 않고 17세기 이후 최근래 주석들도 참고했는데, 청대 고증학의 선구자 모기령(毛奇齡, 1623~1716)과 에도 시대 유학자 오규 소라이의 제자 다자이 슌다이(太宰春臺, 1680~1747)의 주석서가 다산의 주요 참고문헌으로 등장한다.

고주는 논어에 대한 실사구시적 해석의 경향이 강해 '실학'으로 불리는 데 반해, 금주는 성리학의 이기론에 입각한 형이상학적 해석이 중심을 이루기에 '이학'으로 불린다. 또 모기령이나 다자이의 해석은 주희에 대한 비판으로 일관하고 있어 다시 '실학'의 성격이 두드러진다. 다산의 논어 해석은 이학에도 실학에도 치우치지 않고 두 학풍을 모두 아우른다. '비판을 통한 극복'

이 다산의 근본 자세다. 저자는 다산 논어 해석의 이런 특성에 주목해 다산 학문을 '실리학'이라고 부른다. 형이상학과 실사구시를 겸비했다는 얘기다.

다산 사유의 이런 특징은 논어 제1편(학이)의 첫 문장 "학이시습지"를 해석하는 데서부터 분명히 드러난다. 고주는 '학'을 "암송하여 익힘"이라고 해석했고, 금주는 "깨달음을 본받는다"고 해석했다. 다산은 이 둘을 모두 배척하고 "배운다는 것은 가르침을 받는다는 것"이라고 담백하게 풀이했다. 고주대로 '배움'이 '암송'을 뜻한다면 그것은 '시'나 '서' 같은 경서에나 해당할 뿐이다. 세상에는 예법·음악·궁술·산수를 비롯해 배워야 할 것이 너무나 많다. "배움이 어찌 문자를 암송하는 것만이겠는가?" 다산은 주희가 '학'(學)을 '각'(覺, 깨달음)으로 해석한 것도 물리쳤다. 배움은 구체적인 데서 시작하는 것이지 처음부터 깨달음을 목표로 삼으면 길을 잃어버린다는 것이다. "이제 막 배우기 시작하는 사람에게 네가 배울 것은 세상의 이치이고 너의 본성이고 우주를 관통하는 도라고 말한다면 그것이 과연 배움을 장려하는 말이겠는가?" 여기서도 다산의 현실주의적 안목이 빛난다.

동시에 다산에게는 치열한 형이상학적 구도자의 면모도 함께 있다. 다산의 형이상학적 사유가 가장 드높게 펼쳐지는 곳이 논어 제17편(양화) 2장에 대한 해석이다. 여기서 다산은 성리학의 본성론과 대결을 벌인다. 성리학은 하늘의 이법(理法)이 인간의 내면에 자리 잡은 것을 '성'(性)이라고 부르고, 그 성을 '본연지성'과 '기질지성'으로 나눈다. 본연지성은 인간에게 본디 있는 성 곧 본성이다. 본성은 이법으로서 불변의 본체다. 그러나 인간의 본성은 그대로 발현되지 않고 육체의 영향을 받아 기질지성으로 바뀌어 나타난다. 본연지성과 기질지성은 다르다. 다산은 여기서 성리학의 모순을 비판한다. 본연지성이 기질지성으로 달라진다면 결국 본성이 바뀐다는 것인데, 그것은 본성을 불변의 본체로 보는 성리학의 근본 관점과 어긋난다. 이렇게 성리학의 본성론을 비판한 다음 다산은 우리 안의 본성은 불변의 본체가 아니라 '선을 좋아하고 악을 싫어하는' 마음의 경향성일 뿐이라고 말한다. 다산은 그런 마음의 경향성을 '도심'이라고 부른다. 도심은 도를 향하는 본래의 마음이다. 이 도심이 육체의 욕망에 흐려지면 '인심'이 된다.

이 대목에서 저자는 성리학의 본성론이나 다산의 도심론이나 과학적 관찰로 입증될 수 없는 형이상학적 믿음의 체계임을 강조한다. 인간의 내부에 본성이 있는지 도심이 있는지는 알 수 없다. 둘 다 일종의 종교적 믿음일 뿐이다. 그런데 같은 믿음의 체계라 하더라도 다산과 성리학 사이에는 미묘하지만 분명한 차이가 있다. 그 차이는 다산의 '하늘'이 성리학적 이법의 '하늘'보다 더 인격적 성격이 두드러진다는 데서 발견된다. "다산의 천(天)은 이법의 근원이고, 만물을 창조한 것이며, 사람들의 일거수일투족을 굽어보는 권능이며, 선한 자에게 복을 주고 악한 자를 징

벌하는 심판자다." 다산의 하늘은 고대 동아시아 우주관의 하늘이자 서학 곧 천주교의 천주와 다를 바 없는 하늘이기도 하다.

인간이 악을 행하는 이유에 대한 다산의 설명도 천주교의 가르침을 떠올리게 한다. "하늘이 덕을 좋아하고 악을 부끄러워하는 본성을 주고서도, 선을 행하고 악을 행하는 문제에서는 사람이 하는 바에 맡겼다." 다산의 이 말은 기독교 신학의 '자유의지론'과 매우 유사한 주장이다. 다산은 젊어서 천주교에 빠졌다가 나중에 천주교와 단절했고 스스로 쓴 묘지명에서도 천주교 신자임을 부정했다. 하지만 천주교에서 멀어진 뒤에도 그 영향은 깊이 남아 다산이 형이상학적 체계를 세우는 데 이바지했음을 여기서 알아볼 수 있다. 다산의 철학이 펼쳐지는 '논어 읽기'의 마당은 동의 사상과 서의 사상이 만나 발효하는 장이기도 했던 것이다.

한반도 개벽 사상의 세계화를 향한 치열한 탐색

《개벽사상과 종교공부》_ 백낙청·김용옥·정지창·이은선 외

19세기 후반부터 20세기 초반 사이에 등장한 한반도 개벽 사상은 민중 주체의 종교 운동으로 전개됐다는 것이 큰 특징이다. 동학-증산교-원불교로 이어지는 이 개벽 사상·개벽 종교에 대한 연구 성과는 상당히 축적됐으나, 그 내용이 일반인들에게까지 널리 알려져 있지는 않다. 《개벽사상과 종교공부》는 이 한반도 개벽 사상에 대한 일반인의 이해를 심화하는 차원에서 기획된 작업의 결과물이다. 더 나아가 이 책은 부제('K사상의 세계화를 위하여')가 가리키는 대로 한반도 개벽 사상이 세계 곳곳의 변혁 운동에 도움이 되는 세계적 사상으로 도약하는 데 어떤 준비와 노력이 필요한지 논의하는 장이기도 하다.

이 책의 바탕이 된 것은 백낙청(서울대 명예교수)의 유튜브 방송 '백낙청TV'에서 2023년 한 해 동안 진행한 세 편의 '종교 공부'다. 백낙청이 사회를 맡고 관련 연구자들이 함께해 해당 종

교를 놓고 사회자와 더불어 깊은 대화를 나누었다. 먼저 '동학·천도교 편'에는 동학 연구자 김용휘(대구대 교수)와 정지창(전 영남대 교수)이 출연했고, '원불교 편'에는 원불교 연구자 방길튼(원불교 안산국제교당 교무)과 허석(원광대 교수)이 나왔다. 또 '기독교 편'에는 개벽 사상에 관심이 큰 신학자 이정배(감신대 은퇴 교수)–이은선(세종대 명예교수) 부부가 나왔다. 이 세 편의 '종교 공부'를 기획하는 데 계기가 된 것은 2021년 도올 김용옥(전 고려대 교수)의《동경대전》출간을 기념해〈창작과비평〉에서 백낙청·도올·박맹수(원광대 명예교수) 3인이 함께한 '특별 좌담'이다. 이 책은 그 특별 좌담을 서두에 배치했는데, 책 전체를 아우르는 서론이자 전체 논의의 핵심을 관통하는 벼리 구실을 한다.

이 책은 공통의 관심을 품은 사람들의 공동 작품이지만, 그 내용을 보면 참석자마다 생각의 차이가 뚜렷이 드러나는 대목이 적지 않다. '특별 좌담'에서 동학을 창도한 수운 최제우의 사상과 원불교를 창시한 소태산 박중빈의 사상을 비교하는 도올과 백낙청의 대화가 그런 경우다. 동학이나 원불교나 개벽 사상이었고 민중 중심 사상이었으며 남녀 평등 사상이었다는 공통점이 있는 것은 사실이다. 그러나 도올은 이런 공통점을 인정하면서도 사상의 독창성에서 수운을 소태산보다 훨씬 더 높게 평가한다. 수운은 조선 왕조 말기인 1860년 대각했고, 소태산은 일제강점기 초기인 1916년에 깨달음을 얻었다.

도올은 수운이 왕조 체제의 붕괴를 생생하게 목격하면서 보편적인 보국안민의 태세를 구상했으나, 소태산은 이미 무너진 나라에서 어떻게 살아갈 것인가, 삶의 진리가 무엇인가 하는 문제에 관심이 있었다고 본다. "수운은 민족 전체의 운명을 대상으로 하는 혁명적 사상가였다면, 소태산은 작은 규모에서 출발하는 로컬한 공동체 운동가였다."

반면에 백낙청은 "수운·증산·소태산이 각자 뚜렷한 특징과 성향의 사상가들이지만 크게 보아 한반도 후천개벽 사상이라는 하나의 흐름을 이루었고, 그 전통이 소태산에 이르러 한층 세계화된 'K사상'에 도달했다"고 말한다. 소태산에 와서 후천개벽이라는 한반도 특유의 흐름과 불교라는 세계 종교 반열에 오른 사상의 융합이 이루어짐으로써 세계사적으로 의미 있는 새 길이 열렸다는 것이다.

동학과 그 후신인 천도교의 사상에 대한 더 구체적인 논의는 '동학 편'에서 이루어진다. 이 대화에서 눈여겨볼 대목이 수운의 '불연기연'(不然其然) 사상에 대한 논의다. 〈불연기연〉은 수운이 1863년 잡혀가 참수당하기 전 지상에 마지막으로 남긴 글이다. 분량은 짧지만 내용이 극히 압축적이어서 연구자들마다 해석이 제각각인 문제적 논문이다. 도올은 《동경대전》에서 이 논문이 서학, 곧 마테오 리치의 《천주실의》에 실린 〈신 존재 증명〉과 맞대결한다는 의식 속에서 나온 것이라고 설명한다. 신을 초월적인 존재로 상정하는 기독교의 수직적 사유 구조를 혁파하는 것이 '불연기연'의 내용이라는 것이다. 이때 '불연'(不然, 그러하지 않음)은 초경험적 세계를 이야기하는 것이고 '기연'(其然, 그러함)은 반대로 상식적 세계를 가리킨다. 기독교가 말하는 초월적인 것(불연)은 결국 상식적인 것(기연)임을 수운이 갈파하고 있다는 것이 도올의 주장이다. 요컨대 "불연은 기연이다." 초합리적인 세계는 합리적인 상식적 세계를 통해 해명 가능하다는 것이 수운의 마지막 메시지라는 것이다.

동학 연구자 김용휘는 도올의 해석을 "아주 명쾌하고도 시원한 해석"이라고 인정하면서도, 다른 측면 곧 "불연이 기연일 수 있다면 기연도 불연일 수 있다"는 점에도 주목해보자고 말한다. "불연의 사유라는 도그마에 빠진 사람들도 있지만, 반대로 눈에 보이는 세계가 유일하다, 눈에 보이지 않는 세계는 없다고 하는 사람들도 있다." 김용휘는 오늘날의 '과학적 유물론'이나 '물리주의'를 그런 사례로 거론하면서 "불연기연이라는 말에는 눈에 보이는 것만 있고 불연의 세계는 없다는 사람들에 대한 경계의 뜻도 있다"고 말한다. '불연의 초월적 세계'가 모두 '기연의 상식적 세계'로 해소될 수 있는 것이 아니기에 수운은 상식과 함께 초월, 곧 "하늘에 대한 경외지심"도 함께 말하려 했다는 것이다. 이런 주장에 대해 백낙청은 '불연=기연'이라는 도올의 상식론을 지지하는 쪽에 선다.

이어 원불교 편에서는 소태산의 사상을 집중적으로 논의한다. 여기서 참석자들이 주목하는 것 가운데 하나가 원불교의 '사은'(四恩) 사상이다. 소태산은 '일원상(一圓相)'의 진리를 바탕으로 삼아 '네 가지 은혜'(사은)를 밝혔는데, 천지은·부모은·동포은·법률은이 그것이다. 이 사은 가운데 잘못 이해될 가능성이 큰 것이 '법률은'이다. 세상의 모든 법이 다 진리에서 나온 은혜라고 해석될 수 있기 때문이다. 방길튼은 소태산이 말한 '법률'은 "인도와 정의의 공정한 법칙"을 가리키는 것이며, "사람이 살아가는 데서 정의롭고 공정한 방향으로 나아가게 하는 문명의 길"을 뜻한다고 설명한다. 그러므로 "법률에 순응하라는 것은 인도·정의의 공정한 법칙을 따르라는 것이지 불공정한 불의에 복종하라는 것이 아니다." 이런 법률은의 가르침은 원불교의 수행 교리인 '삼학'(三學, 정신수양·사리연구·작업취사)의 작업취사, 곧 "정의는 취하고 불의는 버리라"는 가르침으로 이어진다.

마지막 기독교 편에서 서구 기독교 신학을 전공한 두 사람(이은선·이정배)은 서구 신학이 지닌 한계를 살핀 다음, 유영모와 함석헌을 비롯한 근현대 한국 기독교 사상가들의 창조적 사유를 소개한다. 특히 동학에서 원불교로 이어지는 개벽 사상에 주목하고 이 개벽 사상과 기독교 신학의 종합을 통해 지금껏 볼 수 없었던 '개벽 기독교'를 탄생시킬 수 있으리라고 전망한다.

민족과 역사에 자신을 묶는 것이
참된 해탈

《만해 한용운, 도올이 부른다 1·2》_김용옥

2025년은 만해 한용운(1879~1944)의 《님의 침묵》이 집필된 지 100년 되는 해다. 1925년 여름 만해는 강원도 백담사의 오세암에서 두 달 남짓 만에 《님의 침묵》 연작시 88편을 완성했다. 도올 김용옥 전 고려대 교수가 쓴 《만해 한용운, 도올이 부른다》(전 2권)는 한국 근대 문학의 일대 성취인 이 시집의 시들을 만해 사상의 지평에서 해설하는 책이다. 도올의 해설 속에서 만해의 시는 역사적 핍진함과 형이상학적 웅혼함의 날개를 펴고 날아오른다.

만해를 모르는 사람은 없지만 만해를 잘 아는 사람도 없다. 만해를 알려면 만해의 사상과 작품이 총괄된 《한용운 전집》(1973)을 읽어야 한다. 《한용운 전집》의 초석을 놓은 이는 〈승무〉의 시인이자 《지조론》의 저자인 조지훈(1920~1968)이었다. 만해론에서 조지훈은 만해를 "혁명가와 선승과 시인의 일체화"라고 말했다. 또 만해의 올곧은 삶을 두고 이렇게 평했다. "포악한 일제의 발굽 아래 비틀어진 세상에 국내에서 끝까지 민족정신의 지조를 지킨 이는 그리 많지 않다. 그 많지 않음 속에서도 진실로 매운 향내의 면에서 능히 선생과 어깨를 겨룰 수 있는 분은 없다."

만해의 시 세계를 통관하려면 먼저 만해 정신의 성장 경로를 따라가 보아야 한다. 만해 사상의 바탕은 유학이라는 전통 사상을 빼놓고는 설명할 수 없다. 1879년 충남 홍성에서 태어난 만해는 어린 나이에 《자치통감》을 독파하고 《서경》에 통달하는 신동의 면모를 보였다. 19살 때인 1897년 만해는 무작정 집을 떠났다. "혼란스러운 세상에 인생이 무엇인지 알아야겠다"는 마음이었다. 이때부터 만해는 백담사와 오세암을 오가며 불교의 세계로 깊숙이 들어갔다. 1905년에는 승려로서 정식으로 계를 받았다. 눈길을 끄는 것은 만해가 이 시기에 중국의 근대 사상가 량치차오(양계초)가 쓴 《음빙실문집》(1902)과 청말 진보 사상가 서계여가 쓴 세계인문지리서 《영환지략》(1849) 같은 책을 읽고 근대 서구 사상을 흡수했다는 사실이다. 또 1908년에는 반년 남짓 일본 조동종대학에 유학하기도 했다. 이런 공부는 만해의 시야를 세계 차원으로 넓혀주었다.

불교 사상가로서 만해의 첫 일성은 1910년에 집필한 《조선불교유신론》에서 터졌다. 정식 승려가 된 지 5년 만에 쓴 이 저서에서 만해는 낡은 불교를 파괴해야 새 불교를 세울 수 있다고 외쳤다. 이어 이 책을 쓰고 3년여 만에 《불교대전》(1914)을 완성했다. 이 저작은 해인사 '팔만대장경'(1511부 6802권)을 섭렵하고 거기서 핵심을 뽑아내 재편집한 책이었다. 다시 3년 뒤 만해는 오세암에서 동안거 수행을 하던 중 모든 의심이 한순간에 깨져 나가는 깨달음을 얻었다. 만해는 '오도송'을 지어 "드디어 한 소리로 삼천계를 할파하였으니/ 눈보라 속 흩날리는 복사꽃잎이 온 우주를 붉게 물들인다"고 포효했다. 눈보라 치는 세상과 복사꽃 피는 정토가 하나로 통했다.

불가에 머물던 만해에게 결정적 변화를 안긴 것은 1919년 3·1 만세 의거였다. 이때 만해는 불교계 대표로 연설하고 "최후의 일인까지, 최후의 일각까지" 민족의 정당한 뜻을 밝히라는 〈공약삼장〉을 낭독했다. 3·1의 주동자 만해는 경성감옥에서 3년 동안 옥고를 치렀다. 옥중에서도 만해의 활동은 쉬지 않았다. 만해는 〈조선독립의 서〉라는 장문의 글을 발표해 "침략적 자유는 평화를 무너뜨리는 야만적 자유"가 될 뿐이라고 일제를 규탄했다. 만해는 '변호사를 대지 않고, 사식을 받지 않고 보석을 요구하지 않는다'는 결의를 실천하며 선승의 자세로 고난을 견뎠다. 이 고난 중에 "지옥 속에서 천당을 구하라"는 경전의 말씀을 온몸으로 아는 새로운 깨달음이 찾아왔다. 오세암에서 얻은 형이상학적 진리가 구체화해 쇠창살 안에서 민족과 역사의 진리로 얼굴을 드러냈다.

이 체험을 안고 출옥 후 3년이 지나 한달음에 써낸 것이 《님의 침묵》이다. 이 시집의 사상은 만해가 '군말'이라고 이름 붙인

〈서시〉에 집약돼 있다. 이 〈서시〉에서 만해는 "님만이 님이 아니라 그리운 것은 다 님이다"라고 선언한 뒤 "칸트에게는 철학이 님이고 마치니에게는 이태리가 님"이라고 말한다. 칸트는 인간 주체의 고귀함을 선포한 근대성의 철학적 완성자이며 마치니는 이탈리아 통일 운동가로서 그 주체의 고귀성을 민족이라는 틀로 구현하는 데 몸 바친 사람이다. 만해의 역사적 깨달음이 칸트와 마치니로 드러난 것이다.

더 주목할 것은 "님은 내가 사랑할 뿐만 아니라 나를 사랑하느니라"라고 노래하며 "부처의 님은 중생"이라고 하는 대목이다. 중생만 부처를 님으로서 그리워하는 것이 아니라 부처도 중생을 님으로서 그리워한다. 이 님의 상호성이라는 통찰이 시집 전체의 긴장을 높이며 역사적 지평과 형이상학적 차원을 편다. 도올은 그 님이 수운 최제우가 60여 년 전 선포한 '천주'(하늘님)의 님과 다르지 않다고 강조한다. 이어 만해는 "나는 해 저문 들판에서 돌아가는 길을 잃고 헤매는 어린 양이 그리워 이 시를 쓴다"고 노래한다. 여기서 어린 양은 신약성서 마태복음에 나오는 그 어린 양이다. 도올은 만해가 동서의 경전을 관통해 '석가다, 예수다' 하는 분별을 넘어섰다고 말한다. "만해는 오직 님만을 생각한다."

만해의 시집이 나왔을 때 인도 시인 타고르의 시와 유사하다느니 하는 평들이 있었다. 그러나 만해의 시와 타고르의 시는 사상의 차원이 전혀 다르다. 이 시집 안에 만해 자신이 '타고르의 시'에 대해 이야기하는 시가 있다. '시로 쓴 평론'이라 할 만한데, 거기서 만해는 "죽음의 향기가 아무리 좋다 해도, 백골의 입술에 입 맞출 수 없다"고 한다. 타고르의 '주님'은 이 세상을 초월한 절대자여서 그 절대자에게는 사회도 역사도 혁명도 없다. 만해의 님은 역사 속에서 고난받는 민족, 핍박받는 민중으로 나타나 나와 함께하는 님이다.

그 함께함을 만해는 〈선사의 설법〉이라는 시에서 역설의 언어로 이야기한다. 먼저 선사가 말한다. "너는 사랑의 쇠사슬에 묶여서 고통을 받지 말고 사랑의 줄을 끊어라. 그러면 너의 마음이 즐거우리라." 만해가 답한다. "그 선사의 말은 어리석습니다. 사랑의 줄에 묶인 것이 아프기는 아프지만, 사랑의 줄을 끊으면 죽는 것보다 더 아픈 줄을 모르는 말입니다." 만해는 다시 말한다. "사랑의 속박은 단단히 얽어매는 것이 풀어주는 것입니다." 민족과 역사에 자신을 묶는 것이야말로 참된 해탈의 길임을 만해의 시는 웅변한다.

반시대적 교리에 갇힌 '철학자 예수' 구출하기

《철학자 예수》_강남순

강남순(미국 텍사스크리스천대학교 브라이트신학대학원 교수)은 한국 교회의 성차별주의 벽에 부닥쳐 한국을 떠난 뒤 2006년부터 미국에서 "펜을 저항과 변혁의 무기로 삼아" 활동하고 있는 여성 신학자다. 《철학자 예수》는 기독교, 특히 한국 기독교의 반시대적 교리가 예수를 배반했다고 비판하고, 사랑·용서·환대·정의라는 예수의 가르침을 새로운 눈으로 읽어냄으로써 낡은 교리의 감옥에서 예수를 구출하려는 작업이다.

이 책에서 먼저 눈에 띄는 것은 '낯설게 하기' 기법이다. 예수를 철학자라고 부르는 것부터가 구세주·메시아라는 고정된 이미지를 깨고 예수를 새로이 발견하려는 의도를 품고 있다. 그런 차원에서 이 책은 예수를 소크라테스와 비교하는데, 저자가 특히 주목하는 것이 그 두 사람이 '묻는 사람'이었다는 사실이다. 소크라테스가 물음을 던져 무지를 일깨웠듯이 예수도 지치지 않고 질문했다. 신학자 마틴 코펜하버가 계산한 바로는 복음서의 예수는 모두 307번의 질문을 했고, 183번의 질문을 받았으며, 이 183번의 질문 가운데 답변한 것은 3번뿐이었다. 기독교인들은 흔히 예수가 '답'이라고 말하는데, 저자가 보기에는 예수야말로 '질문'이다. 예수는 무수한 질문으로 지혜를 찾은 사람, 그래서 철학자 곧 '지혜를 사랑하는 사람'이라고 불러 마땅하다. 예수는 소크라테스처럼 '거리의 철학자'였다.

이 거리의 철학자가 벌인 운동을 간략히 '복음 운동'이라고 부를 수 있다. 복음 곧 '좋은 소식'이란 '신의 나라'가 오리라는 소식이다. 이때의 신의 나라는 모든 사람이 출신·인종·성별·종교·계층·장애·국적과 무관하게 온전한 사람으로 대우받는 정의의 세계다. 예수가 말한 신의 나라는 '아직 오지 않은 세계', 그래서 '도래할 세계'에 대한 메타포다. 저자는 자크 데리다, 존 카푸토, 한나 아렌트를 사유의 동반자로 삼아 그 메타포를 해석해 나간다.

예수의 가르침을 한마디로 줄이면 '사랑'이다. 예수는 말한다. "나는 여러분에게 새로운 계명을 전하고자 합니다. 서로 사랑하십시오." 여기에 나타난 대로 예수는 '서로 사랑하는 것', 다시 말해 이웃 사랑을 '새로운 계명'이라고 부른다. 그런데 이웃 사랑의 계명은 구약성서 '레위기'에도 나온다. "당신 자신을 사랑하듯 당신의 이웃을 사랑하십시오." 그렇다면 어떤 이유로 예수의 이웃 사랑을 '새로운 계명'이라고 부를 수 있는가? 저자는

'이웃'의 범주가 달라졌음에 주목한다. 구약은 유대인 안에 머물러 있지만, 예수는 유대인이라는 울타리를 치워버렸다. 그 사태를 보여주는 극명한 사례가 '선한 사마리아인'이다. 유대인들이 적대시한 사마리아인을 등장시켜 참된 사랑의 표본으로 삼은 데서 예수의 사랑이 경계를 넘어선 사랑이었음을 알아볼 수 있다.

그런가 하면 예수의 사랑은 '이웃'도 넘어선다. 예수는 "만약 당신이 당신을 사랑하는 사람들만 사랑한다면 그것이 무슨 의미가 있습니까?" 반문하며 원수까지도 사랑하라고 가르친다. 원수까지 사랑한다는 것은 인간으로서는 도달하기 힘든 경지다. 예수는 원수 사랑을 새 계명으로 제시함으로써 우리에게 '당신의 사랑은 얼마나 충실한 것인가'를 묻는다. 여기서 저자는 아우구스티누스가 "나는 신을 사랑하는가"라는 물음을 "내가 나의 신을 사랑할 때 무엇을 사랑하는가"라는 물음으로 바꾸었음을 상기시킨다. 기독교인은 신을 사랑한다고 쉽게 말하지만, 그 사랑은 우리가 품은 사랑의 크기를 넘어서지 못한다. 그러므로 신을 사랑한다는 말이 빈말이 되지 않으려면 아우구스티누스처럼 구체적이고 절실하게 물어야 한다. 더 나아가 신학자 카푸토는 아우구스티누스의 물음을 바꾸어 "신을 사랑할 때 나는 어떻게 사랑하는가"라고 묻는데, 카푸토의 물음은 아우구스티누스의 물음을 더 구체화함으로써 내 사랑의 한계를 더 명확히 보게 해준다.

예수의 또 다른 가르침은 '용서'다. 사랑은 용서에서 출발한다. 예수는 복음서에서 용서를 여러 차례 이야기하는데, 그때마다 "당신의 죄가 용서받았습니다"라고 수동태로 이야기한다. 왜 "나는 당신의 죄를 용서합니다"라고 능동태로 말하지 않고 수동태로 말하는가? 저자는 능동태로 말하는 순간, 용서하는 사람과 용서받는 사람 사이에 윤리적 위계가 정해지기 때문이라고 말한다. 예수는 용서하는 사람이 높아지고 용서받는 사람이 낮아지는 그런 위계를 거부했다.

이 대목에서 저자는 아렌트와 데리다의 용서관을 비교한다. 아렌트는 나사렛 예수야말로 "인간사의 영역에서 용서의 역할을 발견한 사람"이었다고 말한다. 아렌트가 주목하는 것은 예수가 말한 '새로 태어남'(거듭남)이다. 인간은 새로 태어날 수 있기에 과거와 결별하고 미래로 나아갈 수 있다. 용서는 새로운 관계를 만들어내는 인간의 능력이다. 그러나 아렌트의 용서에는 가해자가 잘못을 인정하고 참회해야 한다는 전제 조건이 있다. 아렌트가 주목하는 용서는 사회정치적 영역의 용서다.

반면에 데리다에게 용서는 전제 조건이 달리지 않는다. 데리다는 "용서란 용서할 수 없는 것을 용서하는 것"이라는 모순어법으로 용서의 패러독스를 이야기한다. 그 패러독스는 데리다가 '자기 용서'를 이야기할 때 더 분명해진다. "한편으로 나는 언제나 나를 용서할 수 있다. 그러나 다른 한편으로 나는 나를 결코 용서할 수 없다." 데리다의 용서는 인간의 유한성을 바탕에 깔고 있다. 유한자인 인간은 자기를 용서할 수밖에 없지만, 근원적으로 보면 그 용서는 완전한 것이 될 수 없다. 마찬가지로 데리다는 타인의 잘못에 대한 조건 없는 용서를 강조하면서도 동시에 그 용서가 불가능한 것임을 이야기한다. 인간은 언제까지나 절대적 용서를 향해 나아가는 도상에 있을 뿐이다. 인간으로서 우리의 용서는 아렌트의 용서와 데리다의 용서를 아우르는 곳에 있을 것이라고 저자는 말한다.

　분명한 것은 예수가 가르친 용서가 자기를 죽이는 자들까지 용서하는 무조건적 용서라는 사실이다. 예수와 만날 때 우리가 상기해야 하는 것이 이 무조건성의 명령이다. 신앙은 가능한 것을 따르는 평온이 아니라 불가능한 것을 갈망하는 열정이라고 저자는 말한다. 그 열정 속에서 우리는 우리를 가두는 편견의 울타리를 넘어 멀리 갈 수 있다.

"영성 없는 진보 정치가
민주주의 위기 불렀다"

《영성 없는 진보》_김상봉

한국 민주주의가 죽어 간다는 소리가 나온 지 오래다. 나라 밖 기관(스웨덴 민주주의다양성연구소)조차 한국에서 독재화가 진행되고 있다는 진단을 내렸다. 어쩌다가 우리 민주주의는 이렇게 된 것일까? 철학자 김상봉 전남대 교수가 쓴 《영성 없는 진보》는 우리 진보 정치 진영의 '정신적 상황', 특히 '영성의 상실'을 민주주의 위기의 주요 원인 가운데 하나로 지목한다. 2023년 10월 경남대 K-민주주의연구소 학술 심포지엄에서 발표한 논문(〈한국 민주주의의 위기〉)을 대폭 보강한 책이다.

저자가 한국 민주주의 위기를 '진보 진영'에서 찾는 이유는 먼저 이 책이 평생 진보 진영에서 활동해 온 저자 자신의 반성과 성찰을 담은 책이기 때문이다. 저자는 과거 민주노동당에서 분화한 진보신당에 합류해 강령 기초 작업을 한 바 있다. 그런 경험을 포함해 지난 수십 년 동안 한국 진보 정치를 겪으며 '영성의 부재'가 진보 정치를 실패로 이끌었다는 결론에 이르렀다. 둘째로 저자가 진보 정치에 위기의 원인을 묻는 것은 "이 나라의 보수 정치에는 전체의 선을 위해 자기를 희생한다는 정신 자체가 없으므로 믿음이나 영성을 거론한다는 것 자체가 아무런 의미가 없는 일"이라고 보기 때문이다. 지금 정부를 탄생시킨 이른바 '보수 세력'은 극복의 대상이기에 아예 논외로 하겠다는 것이다.

그렇다면 왜 '영성'이 문제인가? 한국의 민주주의 역사는 영성, 좁혀서 말하면 '종교적 영성'이 이끌어 온 역사이기 때문이다. 이때의 영성은 "나와 전체, 나와 역사가 하나라는 믿음"을 뜻한다. 19세기 말의 동학농민혁명은 동학이라는 종교적 영성을 중심으로 한 대규모 항쟁이었고, 3·1운동도 믿음 깊은 종교인들이 대표로 참여해 이끈 거족적 항쟁이었다. "19세기 이래 다른 나라에서는 진보적 정치 행위가 세속주의에 의거하고 있었던 데 반해, 이 나라에서는 종교적 신앙이 혁명적 진보 운동의 토양이 됐던 것"이야말로 한국 근현대 민중 운동사의 고유한 특성이다.

저자는 이마누엘 칸트의 구도를 빌려 지성과 이성과 영성을 구분함으로써 영성이 무엇을 의미하는지 이야기한다. 지성이 개별적인 사태를 이해하는 능력이라면, 이성은 전체를 사유하는 능력이다. 다시 말해 지성이 이해한 개별적 사태를 총괄해 전체를 모순 없이 일관성 있게 이해하는 능력이 이성이다. 그러나 이성은 그렇게 이해한 세계를 대상으로 앞에 세워놓는 관찰자일 뿐이어서, 그 자체로 '세계를 바꾸겠다'는 의지를 불러일으키지는 않는다. 의지는 내 안의 강렬한 욕구와 열망이 있어야만 발동한다.

관찰자로서 이성은 의지의 활동을 돕는 도구적 능력에 지나지 않는다. 그러므로 의지의 방향이 잘못되면 이성은 악의 도구가 될 수도 있다. 아도르노와 호르크하이머가 《계몽의 변증법》에서 근대 이성이 도구적인 것이 됐다고 비판했지만, 이성은 애초부터 도구성을 벗어날 수 없다. 그러므로 중요한 것은 이성으로 파악한 세계 전체에 어떤 믿음을 싣느냐. 그 믿음은 이성으로 규명될 수 있는 문제가 아니라 영성으로 받아들여야 하는 문제다. 전체가 나와 하나라는 믿음, 그리고 그 전체의 역사가 뜻과 의미를 지녔다는 믿음은 오직 영성에서 얻을 수 있다.

저자는 개인이 느끼는 고통에서부터 영성을 설명하기도 한다. 나의 한계는 고통의 한계다. 내가 고통을 느끼는 내 육체가 내 존재의 한계다. 그러나 나는 내 한계를 넘어 타인의 고통을 나의 고통으로 느낄 수 있다. 그 타인의 고통에 내가 열리는 만큼 나의 존재는 확장되고, 마침내 세계의 고통이 나의 고통이 될 때 나와 세계는 하나가 된다. 영성이란 세계의 고통을 나의 고통으로 받아들이는 정신의 능력이다. 그러므로 영성은 고통받는 타인과 세계를 향한 응답이며, 이 응답의 다른 말이 사랑이다. 세계의 고통이 곧 나의 고통이라는 믿음에서 사랑이 피어난다.

이 영성을 한국 진보 운동의 중심에 세운 것이 바로 1970년 전태일의 죽음이었다고 저자는 말한다. 전태일은 어린 여공들의 고통을 보다 못해 자신의 한쪽 눈을 팔아 착취 없는 사업장을 세우려 했고, 그 꿈이 좌절당하자 자신을 불사르는 희생으로써 그 고통을 세상에 알렸다. 기독교 신앙인으로서 전태일을 이끈 것은 고통받는 타인이 "나의 전체의 일부"이자 "나의 또 다른 나"라는 믿음이었다. 1970년대의 민주화 운동, 진보 운동은 전태일의 영성적 자기희생을 동력으로 삼은 것이었다.

저자가 주목하는 또 다른 사례는 1971년 재일교포유학생간첩단 사건으로 구속돼 17년 동안 감옥 생활을 한 서준식이다. 서준식의 《옥중서한》은 영성이 종교의 테두리에 갇히지 않는다는 사실을 생생히 보여주는 텍스트다. 유물론자이자 무신론자였던 서준식은 옥중에서 기독교 성서를 읽으면서 예수를 "소외되고 신음하는 세상 사람들의 해방을 바라는 자"의 모범으로 발견한다. 서준식에게 예수는 '사랑 없이 증오에 몰입하는 속류 혁명가'의 대척점에 선 인간이었다. "영원히 약자 편에 설 수 있는 한 가지 길"을 보여준 예수를 받아들임으로써 서준식은 '유물론적 영성'의 전범이 됐다.

그러나 전태일과 서준식이 걸은 이 영성의 길은 1980년대 이후 혁명 사상의 도래와 함께 "목적이 선하다는 확신이 그 목적을 위한 수단을 무차별하게 정당화하는" 가치 전도의 늪에 빠졌다고 저자는 말한다. "전체에 대한 믿음이 없는 이 치우침으로 말미암아 우리는 더 높은 하나를 이루지 못하는 차이 속에서 적대적으로 분열한다." 1980년대 이후의 진보 정치는 그렇게 영성을 잃어버리고 권력 투쟁에 함몰되고 말았다.

저자는 "역사에 대한 믿음, 전체에 대한 믿음 그리고 전체와 내가 하나라는 믿음"에 뿌리를 둔 "새로운 영성의 도래"를 열망한다. "오직 이 믿음 속에서만 우리는 세상의 고통 속에 자신을 던져넣을 수 있다." 그러나 그 믿음이 공허한 영성이 되지 않으려면 언제나 이성이 함께해야 한다. "역사의 의미를 묻고 생각하는 것은 이성에 반대해서 비이성적인 생각을 하는 것이 아니라, 이성이 멈추는 곳에서 더 멀리 나아가는 것, 아니 더 높이 올라가는 것이다." 수난과 저항과 투쟁 속에서 형성해 온 우리 자신의 역사에 대한 믿음이야말로 우리 영성의 알맹이다.

미국이 떠받든 지정학 바이블

《강대국 지정학》_ 니컬러스 존 스파이크먼

 니컬러스 스파이크먼(Nicholas Spykman, 1893~1943)은 20세기 영미 지정학(geopolitics)을 대표하는 학자 가운데 한 사람이다. 《강대국 지정학》(원제 '미국의 세계정치 전략')은 제2차 세계대전이 한창이던 때에 스파이크먼이 자신의 지정학에 입각해 미국의 세계 전략을 그린 책이다. 이 책은 전후 미국이 국제 전략의 틀을 짜는 데 바이블과도 같은 구실을 했다는 평가를 받는다. 냉혹한 현실주의 전략을 조언하는 이 고전적 저작이 우리말로 처음 번역돼 나왔다.
 네덜란드에서 태어난 스파이크먼은 젊은 날 중동과 극동에서 특파원으로 활동하다 1920년 미국으로 이주했다. 버클리대학에서 박사학위를 받은 뒤 예일대학으로 옮겨 국제문제연구소를 설립했다. 1930년대 이래 스파이크먼의 연구는 지정학에 입각한 국제 정치에 집중됐는데 그 결과물이 1942년에 나온 《강대국 지정학》이다. 이 책을 발간하고 이듬해 스파이크먼은 세상을 떠났고, 또 다른 저작 《평화의 지정학》이 1944년 유고로 출간됐다. 스파이크먼의 지정학은 현대 지정학 창시자 해퍼드 존 매킨더(1861~1947)의 이론을 계승했다. 그러나 매킨더가 유라시아 복판인(러시아·중앙아시아 지역) 하트랜드(심장 지대)를 지정학의 중심으로 삼은 것과 달리, 스파이크먼은 그 하트랜드를 둘러싼 (서유럽·중동·남아시아·동아시아) 림랜드(연안 지대)를 핵심으로 삼았다. 그 림랜드에 관한 논의는 《평화의 지정학》에 집약돼 있지만, 《강대국 지정학》도 림랜드론을 바탕에 깔고 있다.

이 책에서 스파이크먼이 펼치는 가장 기본적인 논의 구도는 '고립주의 대 개입주의'다. 19세기 이래 미국의 대외 전략은 이 두 노선을 양대 산맥으로 하여 전개됐다. 미국에서 줄곧 우세했던 것은 '고립주의'였다. 고립주의는 1823년 제임스 먼로 대통령이 밝힌 '먼로 독트린'에서 처음 천명됐다. 미국이 유럽에 개입하지 않을 터이니 유럽도 아메리카대륙에 개입하지 말라는 선언이었다. 이 고립주의를 깨뜨린 것이 제1차 세계대전이었다. 미국은 전쟁 후기에 참전해 연합국을 승리로 이끌었다. 그러나 종전과 함께 미국은 다시 고립주의로 돌아갔다. 우드로 윌슨 대통령이 제안해 창설한 국제연맹에도 미국은 가입하지 않았다. 제2차 세계대전이 일어난 뒤에도 미국은 한동안 고립주의를 고집하다가 1941년 12월 일본이 진주만을 공격하고서야 전쟁에 직접 뛰어들었다.

스파이크먼은 '고립주의 대 개입주의'를 둘러싼 미국 내 논쟁이 미국의 지정학적 조건과 직접 관련돼 있다고 말한다. 미국은 대서양과 태평양이라는 거대한 대양으로 보호받고 있기에 외부의 침략을 크게 걱정할 이유가 없고, 첫 번째 방어선을 미국의 동서 해안으로 설정하면 된다는 것이 고립주의자들의 주장이다. 반면에 개입주의자들은 대서양이나 태평양은 방어벽이 아니라 일종의 해상 고속도로여서 적국의 해군력에 언제든 뚫릴 수 있으므로 첫 번째 방어선을 미국의 해안이 아니라 유라시아의 해안으로 설정해야 한다고 주장한다. 이 두 노선 가운데 어느 쪽에 서느냐가 다른 모든 하위 전략을 결정한다. 스파이크먼은 단호하게 개입주의 전략을 옹호한다.

스파이크먼이 이 책에서 내놓는 또 다른 핵심 주장은 국제 관계에서 언제나 '힘의 정치'(power politics)가 지배한다는 원칙이다. 국제 사회를 지배하는 것은 도덕이나 정의가 아니라 힘이다. "정의·공정·관용의 가치는 힘의 추구를 위한 도덕적 정당화 도구로 사용될 수 있지만, 그것들의 적용이 약점이 되는 순간 폐기해야 한다." 도덕적 가치는 수단일 뿐이지 목적이 될 수 없다. 이런 냉정한 현실주의 원칙에 입각해 스파이크먼은 세계대전이 끝난 뒤에도 미국이 개입주의 노선을 관철해야 한다고 말한다. 과거처럼 고립주의로 돌아가면 미국의 안전이 다시 위협받을 것이라는 주장이다.

그러면 어떤 방식으로 개입해야 하는가. 여기서 스파이크먼은

'건국의 아버지들'이 국내 정치에 적용한 처방을 끌어들인다. 국부들이 '견제와 균형'이 작동하는 정부를 만들어 힘이 한곳으로 쏠리지 않게 했듯이, 국제 정치에서도 견제와 균형의 원리를 구현해야 한다는 것이다. 다시 말해, 유럽이든 아시아든 특정 국가 또는 특정 세력이 압도적인 힘을 휘두르지 못하도록 그 힘을 나누어 서로 견제하게 해야 한다. 그 방안의 하나로 스파이크먼이 제안하는 것이 독일을 분할하되 그 분할된 독일을 포함한 서유럽이 소련을 제어하도록 하는 것이다.

더 눈여겨볼 것은 전후 극동(동아시아) 정책에 대한 제안이다. 스파이크먼이 보기에 전후의 동아시아에서 강국으로 떠오를 곳이 중국이다. 그러므로 중국의 힘을 어떻게 억누르느냐가 관건이 된다. "과거 천자의 왕국이 지녔던 잠재력은 벚꽃의 나라에 비해 무한히 크다." 이런 관점 위에서 스파이크먼은 일본을 미국의 전략적 파트너로 삼아야 한다고 말한다. 스파이크먼이 이 책을 쓰던 시점에 일본은 독일과 함께 미국의 주적이었다. 그러나 미래를 보는 스파이크먼은 중국의 힘을 억제하려면 일본을 이용해야 하며, 그러려면 일본의 군사력을 파괴해서는 안 된다고 강조한다. 유럽에서 서유럽 지역이 미국의 첫 번째 방어선 구실을 하듯 극동에서 일본이 미국을 지키는 첫 번째 방어선 노릇을 하는 것, 그것이 미국에 최대 이익이 된다는 것이다.

스파이크먼은 처음부터 끝까지 미국의 안보와 국익을 최우선에 놓고 논의를 이어 간다. 스파이크먼이 제안하는 국제 전략은 고전적인 '분할 지배 전략'이라고 할 수 있다. 이 책은 영국의 사례를 거론한다. 영국은 해양력만으로 세계를 제패한 것이 아니다. 배후의 유럽 국가들이 힘의 균형 속에서 서로 견제하느라 여념이 없었기에 영국이 마음 놓고 세계를 지배할 수 있었다. 미국도 유라시아 전체를 세력 균형 상태로 묶어 두어야만 패권을 지킬 수 있다는 얘기다.

눈길을 끄는 것은 스파이크먼의 안중에 한반도는 없다는 사실이다. 전후에 동아시아에서 여러 독립국이 나올 것이라며 영국·네덜란드 식민지까지 거론하면서도 한반도는 전혀 언급하지 않는다. 중국을 견제하려면 일본을 보호해야 한다는 주장만 두드러진다. 이런 맹목의 관점이 전후 미국의 국제 전략 설계에 지침이 돼 한반도의 분단과 전쟁의 근본 원인을 제공했을 것이다. 미국의 국익과 한국의 국익이 일치하지 않음을 여기서도 엿볼 수 있다.

"한반도를 분단시킨 건 내 조국 미국이었다"

《한국전쟁의 기원 1·2》_브루스 커밍스

한국전쟁은 여전히 진행 중이다. 1953년 7월 27일 조인된 협정은 전쟁을 일시 중단한다는 정전협정이었다. 종전은 이루어지지 않았다. 제주도에서 신의주까지 한반도 전역을 폐허로 만들고 한반도 민중에게 지울 수 없는 상처를 안긴 한국전쟁은 언제 어디에서 기원했는가? 브루스 커밍스(Bruce Cumings, 미국 시카고대학 석좌교수)가 쓴 《한국전쟁의 기원》은 이 문제에 관한 가장 심층적이고 발본적이며 선도적인 저작으로 꼽힌다. 1981년 출간된 이 저작의 제1권은 1980년대에 한국어로 번역된 바 있으나, 1990년에 나온 제2권은 오랫동안 우리말 번역본을 얻지 못했다. 국내외를 통틀어 가장 탁월한 한국전쟁 연구서로 평가받는 이 기념비적 저작이 완간 후 33년 만에 한국어로 전모를 내보였다. 한국어판은 전체 3권(제1권, 제2-1권, 제2-2권)에 모두 2000쪽에 이르는 방대한 분량이다. 커밍스는 완역판에 이 책을 쓰게 된 계기와 소회를 밝히는 긴 서문을 달았다.

'기원'은 '시작'과 다르다. 커밍스 이전의 연구서들은 누가 전쟁을 시작했는지를 밝히는 데 초점이 맞춰져 있었다. 커밍스는 "누가 먼저 쏘았나"를 묻기 전에 "왜 쏠 수밖에 없었는지"를 물어야 한다고 말한다. 그래야 한국전쟁의 성격을 제대로 규명할 수 있다. 전면전이 터지기 2년 전부터 남한에서 벌어진 유격전과 38선에서 일어난 국지전으로 이미 10만여 명의 사상자가 났다. 이런 사실을 고려하면 1950년 6월 25일의 총성이 어디서 먼저 울렸는지를 따지는 것은 이차적인 문제일 수밖에 없다. 중요한 것은 전쟁의 기원을 밝히는 일이다. 커밍스는 그 기원이 1945년 8월 15일 해방 이후 1년여 사이에, 더 좁히면 해방 직후 몇 달 사이에 형성됐다고 말한다. 이 책의 제1권은 바로 이 시기를 한반도 내부와 외부의 역학 관계 속에서 추적한다.

커밍스가 주목하는 것은 한반도 내부의 상황, 특히 수십 년 일제 강점이 빚어낸 민족 문제와 계급 문제를 둘러싼 상황이다. 해방 직후 한반도는 크게 보아 두 진영으로 나뉘어 있었다. 식민지 억압·수탈에 시달린 소작농·노동자 중심의 민중과 일제에 맞서 싸운 항일 투사들이 혁명적 민족주의 세력을 이루었고, 일제의 강압 정책의 수족이 된 관료·경찰·군인과 총독부에 협력한 자본가·지주가 그 반대편을 이루었다. 해방 직후에 압도적 우세를 보인 것은 항일 세력이었다. 그런 사정을 보여주는 것이 중도좌파 지도자 여운형이 중심이 돼 8월 17일 결성한 조선건국준

비위원회(건준)다. 건준은 하룻밤 새 퍼져 나가 한반도 전역에 걸쳐 145개 지부를 거느렸다. 이어 9월 6일 건준 활동가 수백 명이 서울에서 모여 조선인민공화국(인공) 수립을 선포하고 과도정부를 구성할 지도자 87명을 선출했다. 절대다수가 식민지 감옥에서 출소한 항일 투사들이었다.

이틀 뒤 인공은 이승만(주석), 김구(내무부장), 김규식(외무부장)을 앞세운 내각 명단을 발표해 좌익과 우익의 연합을 향해 나아갔다. 인공이 9월 14일 발표한 선언문에는 인공의 지향점이 분명히 드러나 있다. "일본 제국주의 잔재 세력을 완전히 축출하는 동시에 우리의 자주독립을 방해하는 외국 세력과 모든 반민주적 반동 세력에 철저히 투쟁해 완전한 독립 국가를 건설하고 진정한 민주주의 사회를 실현할 것을 기약한다." 이 시기에 전국의 도·군·면에 인민위원회가 결성됐다. 인민위원회는 민중의 혁명적 열망을 표출하는 통로였다. 커밍스는 "1945년 외국군의 점령이 없었더라면 인공과 인민위원회는 몇 달 만에 한반도를 장악할 수 있었을 것"이라고 단언한다. 그러나 9월 8일부터 군정을 시작한 미군은 좌파 세력이 포진한 인공을 인정하지 않은 채 보수·친일 세력과 손을 잡았다. 더 나아가 일제의 경찰 기구를 그대로 재활용하고 항일 유격대를 토벌하던 일제 군인들을 모아 국방경비대를 창설했다.

주목할 것은 서울의 미군정과 워싱턴의 국무부가 항상 의견이 일치한 건 아니었다는 사실이다. 미군정은 처음부터 38선을 공산주의에 대한 봉쇄선으로 설정하고 남한의 혁명적 세력을 멀리 했다. 특히 1946년 가을 민중 봉기를 제압한 뒤로 좌익 세력 탄압을 본격화했다. 워싱턴의 국무부는 애초 국제 협력주의 원칙에 따라 미국·소련·중국·영국의 4대국이 참여하는 신탁통치를 통해 한반도 문제를 해결하려고 했지만, 내부 갈등 속에 미군정의 반공·봉쇄 방침을 추인하고 말았다. 한반도 정책을 주도한 것은 미군정이었다. 미군정의 지휘 아래 한반도는 1947년 트루먼 독트린이 소련 봉쇄를 공식화하기 한참 전인 1945년 말에 냉전을 처음 시작한 곳이 됐다.

이 책의 제2권은 1947년부터 1950년까지 상황을 추적하고, 특히 이 시기 미국의 대외 정책 변화를 면밀히 살핀다. 제2권이 출간된 뒤 공개된 소련 시절 기밀 문서를 통해 스탈린이 김일성의 전쟁 계획에 관여했음이 드러났다. 이 기밀 문서를 근거로 삼아 한국전쟁 연구자들 사이에서 "커밍스가 스탈린의 역할을 너무 낮게 평가했다"는 비판이 나왔다. 커밍스는 "내가 북한의 독립성을 지나치게 강조한 것은 잘못이었다"고 한국어판 서문에서 고백하면서도 전체 논지를 철회할 뜻이 없음을 명확히 한다. "소련이 이 전쟁에 참전하려 하지 않았다는 내 주장은 옳았다. (…) 1950년 후반 (미군의 북진으로) 북한이 가장 큰 위기에 빠졌을 때도 스탈린은 어떤 행동도 하지 않았다."

커밍스는 한국전쟁이 내전으로 출발했다는 점을 강조한다. 다시 말해 한국전쟁은 한 나라 안에서 "혁명이냐, 반동이냐"를 놓고 두 세력이 벌인 시민 전쟁이자 혁명 전쟁이었다는 것이다. 이 내전이 미국을 포함한 외세의 개입으로 국제전으로 비화했다. 미군정과 워싱턴이 미국의 패권 전략에 따라 남한에서 한쪽 편을 드는 과도한 내정 개입을 하지 않았다면 남북 분단이라는 비극은 일어나지 않았을 것이라고 이 책은 말한다. 바로 그런 이유로 커밍스는 한국어판 서문에서 "1945년 이후 이 유서 깊은 나라를 경솔하고 분별없이 분단시킨 미국의 고위 지도자들"의 잘못을 추궁하면서 "한국을 분단시킨 것이 내 조국이었기 때문에 나는 늘 책임감을 느꼈다"고 고백한다. 그렇다면 한국전쟁을 종결할 책임도 미국에 있을 것이다.

민주주의를 키운 '피'와 '혼'

《전환시대의 논리》_리영희

시인 김지하는 '1974년 1월'이라는 시를 이렇게 시작했다.

"1974년 1월을 죽음이라고 부르자/ 오후의 거리, 방송을 듣고 사라지던/ 네 눈 속의 빛을 죽음이라 부르자."

왜 1974년 1월은 죽음이었던가. 그 두 해 전 10월, 박정희는 보통선거로 대통령을 뽑는 헌법을 폐지하고 영구 집권을 보장하는 '유신헌법'을 만들어 민주주의의 숨통을 끊었다. 이듬해 8월 국외에서 반유신 투쟁을 하던 야당 정치인 김대중이 중앙정보부 요원들에게 납치돼 수장될 뻔했다가 구사일생으로 돌아왔다. 김대중 납치 사건은 대학생과 지식인의 반유신 저항 운동에 불을 질렀다.

유신 정권은 1974년 1월 8일 긴급조치 1호, 2호를 공포해 유신헌법을 비판하는 이들을 처벌할 근거를 만들고 비상군법회의를 설치했다. 유신이라는 어둠에 들던 작은 빛마저 막아 없앤 꼴이었다. '빛의 죽음'이었다. 그해 4월 3일 유신 정권은 청년·학생들이 공산주의 혁명을 기도했다며 민청학련(전국민주청년학생총연맹) 사건을 발표했다. 구속자가 180여 명에 이르렀다. 정권은 이 사건의 배후로 '인혁당(인민혁명당) 재건위'라는 단체도 조작해 발표했다. 인혁당 관계자 8명은 이듬해 대법원 확정판결이 나자마자 모두 사형당했다. 긴급조치는 유신 체제라는 거대한 감옥 안의 감옥이었다.

그 암흑의 1974년 6월 창작과비평사(창비)에서 한 권의 책이 나왔다. 언론인 리영희의 첫 저서 《전환시대의 논리》였다. 이 책은 유신 체제의 한복판에서 터진 지적 다이너마이트였다. 책을 읽은 사람들은 오랫동안 정신을 가두었던 무지의 장벽이 큰 소리를 내며 무너지는 것을 느꼈다. 세계관의 코페르니쿠스적 전환이었다. 책이 일으킨 폭발력으로 유신이라는 감옥이 일거에 흔들렸다. 암흑 속에 다시 빛이 들기 시작했고 반유신 항거의 의지가 잠을 깨고 일어났다. 궁정동에서 유신을 끝내는 총성이 울리기 5년 전에 리영희의 첫 책은 천둥처럼 울리며 유신의 심장을 강타했다. 2024년은 시대를 깨워 세상을 바꾼 그 책이 태어난 지 50년 되는 해다.

이 저작은 왜 그토록 무섭게 폭발했는가? 폭발물의 성분을 살펴보면 그 이유가 나온다. 이 책의 제1부를 이루는 '강요된 권위와 언론 자유'는 1971년 6월 〈뉴욕타임스〉와 〈워싱턴포스트〉를 통해 폭로된 〈펜타곤 페이퍼〉(미국 국방부 극비 문서)를 분석한 글이다. 〈펜타곤 페이퍼〉는 미국 정부가 20년 가까이 감추어 온 베트남전쟁의 진실을 속속들이 담은 문서였다. 이 문서의 폭로로 거짓과 속임으로 쌓은 권위의 성채가 무너졌고, 문서 안에 적재된 미국의 음모와 흉계의 실상은 언론과 시민의 양심을 깨워 미국이 이끈 추악한 전쟁에 마지막 일격을 가했다. 그러나 한국 언론은 〈펜타곤 페이퍼〉 보도를 둘러싸고 닉슨 행정부와 〈뉴욕타임스〉가 벌인 법정 다툼만 건성으로 보도했지, 그 문서가 품은 진실 자체는 알려고도 하지 않았다.

리영희는 〈펜타곤 페이퍼〉가 폭로된 직후 4천 쪽에 이르는 그 방대한 문서 전체를 입수해 내용 하나하나를 철저히 파헤쳐 국내에 처음으로 알렸다. 이어 이듬해와 그다음 해에 연달아 '베트남전쟁'이라는 제목의 글을 계간 〈창작과비평〉에 발표했다. 이 글들을 채우는 역사적 사실들은 거의 모두가 미국 정부와 의회의 공식 문서에서 나온 것이었다. '적대 진영'의 선전물에서 가져온 것은 단 하나도 없었다. 이 세 편의 글은 허위와 기만의 장막을 찢어내고 베트남전쟁의 시작과 끝을 한눈에 보게 해주었다. 베트남전쟁을 '공산주의에 맞선 자유 진영의 성스러운 전쟁'으로만 알았던 사람들은 《전환시대의 논리》에 실린 베트남전쟁의 진실에 충격받아 한동안 정신을 차리지 못했다.

리영희가 알린 베트남전쟁 20년을 요약해보자. 비극의 서막은 19세기 후반 프랑스의 식민주의 침략이었다. 20세기에 들어와 베트남 민중은 호찌민을 중심으로 하여 프랑스 식민 지배를 거부하는 민족 해방 투쟁을 시작했다. 제2차 세계대전이 터지고 프랑스 본토가 독일군에 넘어간 뒤 독일과 손잡은 일본이 베트남 북부를 점령했다. 호찌민과 베트남 민중은 전민족적 항일 단체인 '베트남독립동맹'(베트민·월맹)을 결성해 무력 투쟁을 벌였다. 조선독립군의 투쟁과 다를 바 없는 항일 전쟁이었다.

1945년 전쟁이 연합국의 승리로 끝나자 베트남 민중은 민족이 해방되고 나라가 독립할 것이라는 기대에 부풀었다. 호찌민을 주석으로 한 베트남민주공화국이 선포됐다. 그러나 물러났던 프랑스가 가만히 있지 않았다. 프랑스는 옛 종주권을 주장하며 1946년 다시 베트남을 점령하고 남쪽에 괴뢰 정부를 세웠다. 북베트남(베트남민주공화국)은 프랑스 점령군에 맞서 처절한 해방 전쟁을 벌였다. 1954년 프랑스가 디엔비엔푸 결전에서 항복하고 그해 7월 제네바협정을 맺었다. 이 협정은 1956년까지 베트남 전역에서 총선거를 치러 통일 정부를 수립한다고 명시했다.

그러나 배신은 한 번으로 끝나지 않았다. 프랑스는 약속을 지키지 않고 철수했고, 프랑스의 뒤를 봐주던 미국이 전면에 등장했다. 당시 미국이 벌인 여론조사를 보면, 베트남 민중의 83퍼센트가 호찌민의 베트남민주공화국을 지지했다. 여론조사 결과에 놀란 아이젠하워 행정부는 제네바협정을 팽개치고 남베트남의 '사이공 정권'을 앞세워 군사적 개입을 본격화했다. 베트남을 '반공 군사 전초 기지'로 만드는 것이 미국의 목표였다. 베트남 민중의 통일 염원은 미국의 안중에 없었다.

베트남 민중은 남베트남에서 '민족해방전선'(베트콩)을 결성해 다시 봉기했다. 당시 민족해방전선 중앙위원 31명은 모두 프랑스나 일본에 맞서 싸운 독립 투사들이었고 제국주의 점령 시기에 하나같이 감옥살이를 한 사람들이었다. 반면에 미국이 지원하는 사이공 정권의 장교단에서 독립운동가 출신은 육군 중령 한 명뿐이었다. 베트남전쟁은 반제국주의 독립 투사들과 제국주의 하수인 출신들의 싸움이었다. 남베트남의 사이공 정권은 미국의 압도적 지원을 받았지만 끝없는 부패와 가혹한 탄압으로 민중의 지지를 완전히 잃었다.

이런 상황에서 1964년 8월 '통킹만 사건'이 터졌다. 미국 정부는 통킹만 공해상을 순찰하던 미국 구축함이 북베트남 어뢰정 3척의 공격을 받았다고 발표했다. 이 사건을 확전 명분으로 삼아 미국은 '북폭'(북베트남 폭격)을 시작했다. 남베트남 정권을 고무하고 민족해방 세력을 제압하려는 군사 공격이었다. 1966년 한 해에만 미국은 폭탄 64만 톤, 포탄 50만 톤을 북베트남에 쏟아부었다. 태평양전쟁에서 쓴 65만 톤의 두 배에 이르는 양이었다. 그러나 북폭의 빌미가 된 '통킹만 사건'은 실체가 없는 사기극이었다. 이 사건이 전면전을 감행하려고 미국이 사전에 계획한 조작 사건이었음이 훗날 〈펜타곤 페이퍼〉 폭로로 모조리 드러났다. 베트남전쟁은 큰 나라가 작은 나라를 멋대로 짓밟은 반인간적 전쟁이었다. 미국의 젊은이들 사이에서 반전 평화 운동의 격랑이 일었다. 미국 대학생 25퍼센트가 소집영장을 거부했고 27만 명에 이르는 청년들이 징집을 피해 잠적하거나 망명했다. 전쟁에 투입된 미군 가운데 30만 명이 죽거나 다쳤다. 닉슨 행정부에 이르러서야 미국은 베트남전쟁에서 발을 빼기로 결심하고 1973년 2월 북베트남과 협정을 맺어 철군을 시작했다.

베트남전쟁은 냉전 반공 이념에 사로잡힌 역대 미국 정부가 국민을 속여 가며 벌인 허위와 기만의 전쟁이자 수백만 베트남 민중을 죽음으로 몰아넣고 국토를 폐허로 만든 범죄적 침략 전쟁이었다. 그러나 미국의 파병 요구를 받은 박정희 정권은 상시 5만 명의 전투 부대를 보내 그 부도덕한 전쟁에 가담하고 '더러운 전쟁'을 '반공 성전'으로 미화했다. 미국의 압력에 못 이겨 군대를 파견한 나라는 한국 말고는 필리핀·타이·오스트레일리아밖에 없었다. 세 나라가 파견한 병력도 1천~3천 명 수준이었다. 영국이 보낸 병력은 의장대 6명뿐이었다. 사정이 이런데도 한국 언론은 반공에 눈이 멀어 진실을 보지 못했다. 베트남전쟁은 리영희의 글을 통해 처음으로 진상을 드러냈고 독자는 그제야 거짓을 거짓으로 알아보았다.

《전환시대의 논리》에서 리영희의 날카로운 눈이 두 번째로 향한 곳이 마오쩌둥이 이끄는 중국(중화인민공화국)이었다. 리영희는 이 책의 제2부를 현대 중국의 동향에 관한 다섯 편의 논문으로 꾸렸다. 중국에 관한 오래된 고정관념을 철거하고 이성 위에 군림하던 반공 우상을 깨부수는 망치와도 같은 논문들이었다. 그러면 리영희는 언제 현대 중국에 관심을 품게 됐는가. 후에 감옥에서 쓴 〈상고 이유서〉에서 리영희는 최전방에서 중공군과 전투하던 한국전쟁 경험이 중국 연구의 동기가 됐다고 밝혔다. 민족사의 비극이 한 젊은이를 전쟁의 한복판으로 밀어넣어 미래의 중국 문제 전문가를 키워낸 것이다.

1929년 평안북도 운산군에서 태어난 리영희는 14살 때 초등학교를 졸업하고 경성공립공업학교에 입학했다. 4학년 때 해방을 맞은 리영희는 이듬해 국립해양대학교에 들어갔다. 무일푼 리영희에게 해양대학교는 국비로 다닐 수 있는 배움의 터전이었다. 1950년 대학을 졸업한 리영희는 안동중학교 영어 교사가 됐으나 곧이어 한국전쟁이 터지자 대구로 피난 갔다. 거기서 '유엔군 연락장교' 선발 공고를 보고 지원한 것이 운명을 바꾸었다. 장교 리영희는 이때부터 1957년 예편할 때까지 미군과 국군 사이를 통역했다. 전쟁 중에 '거창 양민 학살' 같은 군사적 만행을 목격하고 이승만 군부의 부패와 타락에 몸서리를 쳤다. 또 밴 플리트 미8군 사령관을 비롯한 고위 장교 통역을 맡아 미국 군부를 속 깊게 관찰했다. 이 경험이 약소민족을 장기판의 말처럼 여기는 미국의 제국주의 속성과 한-미 관계의 예속적 성격을 꿰뚫어 보게 해주었다. 중공군과 총부리를 마주 겨눈 최전방 경험을 포함한 7년의 군대 생활은 리영희를 현대 중국 탐구로 이끌었다. 군인 리영희 안에서 학자 리영희가 자라기 시작했다.

1957년 예편과 동시에 합동통신사 기자가 된 리영희는 외신부에 배속돼 제3세계에서 벌어지던 피압박 민족의 반제국주의 투쟁을 샅샅이 추적했다. 리영희의 관심은 특히 베트남전쟁과 함께 마오쩌둥의 현대 중국에 집중됐고, 미국과 소련의 냉전 대결 속에서 중국이 열어 가던 제3의 길에 모였다. 탐구가 진척되면서 시야가 국제 관계 전반으로 넓어졌고 그 국제적 시야에서 리영희의 눈은 한반도의 남과 북이 만들어 가야 할 미래로 향했다. 또 그럴수록 이웃 나라 중국을 연구할 이유도 뚜렷해졌다.

1964년 〈조선일보〉로 특채된 리영희는 외신부장으로서 국제 문제의 진실을 가감 없이 보도하려고 분투했다. 하지만 날카로운 기사를 눈엣가시처럼 여긴 박정희 정권은 〈조선일보〉를 압박했고 리영희는 1969년 신문사에서 쫓겨났다. 이어 1970년 합동통신사로 돌아가 외신부장을 지냈지만 여기서도 1년 만에 다시 해직당했다. 그러는 중에도 중국을 알고자 하는 마음은 식지 않았다. 1972년 한양대 교수 자리가 나 둥지를 옮긴 뒤 중국 현대사를 더 깊숙이 파고들었다. 그 20여 년의 경험과 탐구가 맺은 결실이 《전환시대의 논리》속 중국 관련 논문들에 담겼다.

리영희는 1840년 아편전쟁과 그 전쟁의 충격으로 일어난 '태평천국의 난'에서 관찰을 시작해 평등 대동 세상을 향한 중국 근대화 운동을 추적했다. 이어 1911년의 신해혁명이 실패로 돌아간 뒤 마르크스주의에서 새 길을 찾은 중국 지식인들의 분투를 뒤따랐다. 중국 공산당의 투쟁과 승리가 중국 인민의 100년 소망이 이룬 결과임이 리영희 사유 지평에서 분명해졌다.

리영희는 중국 공화주의 혁명의 아버지 쑨원의 뒤를 이은 장제스의 국민당과 마르크스주의 사상으로 난국을 돌파하려 한 마오쩌둥의 공산당이 벌인 대결과 협력의 역사에도 주목했다. 1949년 미국 국무부가 펴낸 방대한 《중국백서》가 글을 뒷받침했다. 리영희는 미국에서 나온 공식 문서를 근거 자료로 삼아 마오쩌둥이 국공내전에서 승리할 수밖에 없었던 이유를 명료하게 서술했다. 장제스의 국민당 군대는 1930년대 이후 항일 전쟁 시기에 일본군을 물리치기보다는 공산당을 분쇄하는 데 더 큰 힘을 들였고, 1936년 이후의 국공합작 시기에도 걸핏하면 공산당을 적으로 몰았다. 국민당은 부패의 수렁에서 헤어나지 못했고 민중을 배반하는 정책과 노선을 고집했다. 국민당은 민심에 뿌리박은 공산당에 패배할 수밖에 없었다. 리영희는 1949년 건국 이후 중국 공산당이 이끄는 혁명 운동을 '인류사의 대실험'이라는 관점에서 집요하게 관찰했다.

미-중 관계의 변화도 리영희의 예민한 안테나를 비껴가지 않았다. 애초 국민당을 전폭적으로 지원한 미국은 장제스가 대만으로 쫓겨난 뒤에도 대륙 중국에 대한 적대 정책을 거두지 않았다. 그러나 제3세계에서 중국에 대한 지지가 늘고 1960년대 말에 중국과 소련의 이념 분쟁이 영토 분쟁으로까지 번지자 미국은 중국 정책의 대전환에 착수했다. 그것이 1969년 발표한 '닉슨 독트린'이다. 이 독트린과 함께 닉슨의 아시아 정책은 커다란 변곡점을 그렸다. 중국은 1971년 유엔 총회에서 대만(중화민국)을 제치고 안전보장이사회(안보리) 상임이사국이 됐다. 1972년 2월에는 미국 대통령 리처드 닉슨이 베이징을 방문해 마오쩌둥과 회담함으로써 미-중 관계 정상화의 문이 열렸다.

세상이 급변했다. 닉슨 독트린에 따라 미국은 미-중 관계를 바꾸는 데 나섰을 뿐 아니라, 주한미군을 대폭 감축하고 일본의 군사력을 강화해 동아시아에서 미국의 역할을 일본에 넘겨주는 쪽으로 나아갔다. 미국의 정책이 일본의 군사 대국화를 부추기는 꼴이었다. 《전환시대의 논리》가 말하는 '전환'은 바로 한반도를 둘러싼 국제 관계의 거대한 변화를 가리켰다. 그런 변화에 주체적으로 대응해 한반도의 긴장 완화와 평화 통일의 길을 찾으려면 그 전환에 걸맞은 올바른 '논리'가 필요하다는 것이 《전환시대의 논리》에 담긴 뜻이었다.

그러나 박정희 정권은 국제적 변화를 '유신 쿠데타'의 빌미로 삼아 영구 집권을 꿈꾸며 국민을 무지의 감옥 속에 가두어두려고만 했다. 언론은 국민의 눈과 귀를 가리는 우민화 정책을 지지하고 복창했다. 온 나라가 어둠이었다. 그런 암흑 한가운데서 리영희의 책이 솟아나 이성의 빛을 부르고 진실의 불을 밝혔다. 앎에 목마른 젊은이와 지식인 사이에 《전환시대의 논리》가 들불처럼 번져 나간 것은 당연한 일이다. 유신 정권은 탄압으로 답했다. 리영희는 이 저작이 나오고 2년 뒤 교수직에서 쫓겨났다.

그러나 탄압은 리영희를 꺾지 못했다. 1977년 《8억인과의 대화》와 《우상과 이성》이 잇따라 나왔다. 독자들의 반응은 함성과도 같았다. 박정희 정권은 그해 말에 《전환시대의 논리》《8억인과의 대화》《우상과 이성》을 엮어 저자를 반공법 위반 혐의로 구속했다. 정권의 수족이 된 검사는 문맥과는 아무 상관 없이 문장과 글자들을 따와 책의 내용과는 반대되는 결론을 짜맞추었다. 진실을 말하는 것 자체가 '이적 행위'가 되는 시대였다. 검사가 쓴 엉터리 기소장을 판사는 오자까지 그대로 베껴 판결문이라고 내놓았다. 리영희는 징역 2년을 선고받고 창살 안에 갇혔다. 독재 정권의 눈에 리영희는 그 두뇌를 어떻게든 사회와 격리해야 할 '의식화의 원흉'이었다.

그러나 리영희가 지핀 이성과 진실의 불씨는 감옥 안에 있는 동안에 오히려 더 크게 타올랐다. 1980년대 초에 중앙정보부가 만든 자료 중에 대학생들에게 사상적 영향을 준 책 30권의 목록이 있다. 그 첫 번째가 《전환시대의 논리》였고 두 번째가 《8억인과의 대화》였다. 세 번째가 송건호의 《한국 민족주의의 탐구》, 네 번째가 박현채의 《민족경제론》, 다섯 번째가 다시 리영희의 《우상과 이성》이었다.

한국 민주주의는 젊은이들의 피와 함께 리영희의 혼을 먹고 자랐다. 리영희는 청년·학생·민중의 눈을 뜨게 한 '사상의 은사'였다. 《전환시대의 논리》가 나온 지 50년, 저자가 세상과 작별한 지 14년이 됐지만, 리영희의 꿈과 뜻은 후배·후학의 가슴에 여전히 살아 있다. 거짓이 활보하고 추한 권력이 위세를 부리는 시대일수록 리영희의 비판 정신은 민주·평화의 세상을 열망하는 함성 속에서 더 푸르게 타오른다.

| 도서 목록 |

1장 동일성에도 차이에도 머무르지 마라
《예술의 이유》, 미셸 옹프레 지음, 변광배 옮김, 서광사, 2023
《쿠튀리에 신부에게 보내는 편지》, 시몬 베유 지음, 이종영 옮김, 리시올, 2024
《나르시시즘의 고통》, 이졸데 카림 지음, 신동화 옮김, 민음사, 2024
《단독성들의 사회》, 안드레아스 레크비츠 지음, 윤재왕 옮김, 새물결, 2023
《프랑스 현대 시 155편 깊이 읽기 1·2》, 오생근 지음, 문학과지성사, 2023
《지식의 기초》, 데이비드 니런버그·리카도 니런버그 지음, 이승희 옮김, arte(아르테), 2023
《자크 데리다》, 제임스 K. A. 스미스 지음, 윤동민 옮김, 책세상, 2024
《벌거벗은 진리》, 한스 블루멘베르크 지음, 임홍배 옮김, 길, 2023
《레비나스, 타자를 말하다》, 우치다 다쓰루 지음, 박동섭 옮김, 세창출판사, 2023
《칸트의 정치철학》, 한나 아렌트 지음, 김선욱 옮김, 한길사, 2023
《난간 없이 사유하기》, 한나 아렌트 지음, 신충식 옮김, 문예출판사, 2023
《아이스테시스》, 자크 랑시에르 지음, 박기순 옮김, 길, 2024
《생의 절반》, 프리드리히 횔덜린 지음, 박술 옮김, 인다, 2024
《역사는 의미가 있는가》, 테리 핀카드 지음, 서정혁 옮김, 그린비, 2024
《영성이란 무엇인가》, 필립 셸드레이크 지음, 한윤정 옮김, 불광출판사, 2023
《초월과 자기-초월》, 메롤드 웨스트폴 지음, 김동규 옮김, 갈무리, 2023

《사변적 은혜》, 애덤 S. 밀러 지음, 안호성 옮김, 갈무리, 2024
《이성의 오롯한 한계 안의 종교》, 임마누엘 칸트 지음, 김진 옮김, 한길사, 2023
《야코비와 독일 고전철학》, 남기호 지음, 길, 2023
《유일자와 그의 소유》, 막스 슈티르너 지음, 박종성 옮김·주석, 부북스, 2023

2장 우주는 생각하는 거대한 뇌일까

《화이트홀》, 카를로 로벨리 지음, 김정훈 옮김, 쌤앤파커스, 2024
《나 없이는 존재하지 않는 세상》, 카를로 로벨리 지음, 김정훈 옮김, 쌤앤파커스, 2023
《무한한 가능성들의 우주》, 로라 머시니-호턴 지음, 박초월 옮김, 동녘사이언스, 2024
《물리학은 어디까지 설명할 수 있는가》, 자비네 호젠펠더 지음, 배지은 옮김, 해나무, 2024
《세계 그 자체》, 울프 다니엘손 지음, 노승영 옮김, 동아시아, 2023
《기계 속의 악마》, 폴 데이비스 지음, 류운 옮김, 바다출판사, 2023
《경험은 어떻게 유전자에 새겨지는가》, 데이비드 무어 지음, 정지인 옮김, 아몬드, 2023
《자기생성과 인지》, 움베르또 R. 마뚜라나·프란시스코 J. 바렐라 지음, 정현주 옮김, 갈무리, 2023
《객체란 무엇인가》, 토머스 네일 지음, 김효진 옮김, 갈무리, 2024
《사이버네틱스》, 노버트 위너 지음, 김재영 옮김, 인다, 2023
《신&골렘 주식회사》, 노버트 위너 지음, 한상필·김용규 옮김, 지식의편집, 2024
《과학혁명과 세계관의 전환 1·2·3》, 야마모토 요시타카 지음, 김찬현·박철은 옮김, 동아시아, 2019·2022·2023

《포스트휴먼 페미니즘》, 로지 브라이도티 지음, 윤조원·이현재·박미선 옮김, 아카넷, 2024
《비판적 에코페미니즘》, 그레타 가드 지음, 김현미·노고운·박혜영·이윤숙·황선애 옮김, 창비, 2024
《영장류, 사이보그 그리고 여자》, 도나 J. 해러웨이 지음, 황희선·임옥희 옮김, arte(아르테), 2023
《신화와 정신분석》, 이창재 지음, 아를, 2023
《철학자가 본 우주의 역사》, 윤구병 지음, 보리, 2024

3장 영혼이 묻고 철학이 답하다
《자기 자신에 대한 진실 말하기》, 미셸 푸코 지음, 오트르망(심세광·전혜리) 옮김, 동녘, 2024
《영원한 현재의 철학》, 조대호 지음, EBS BOOKS, 2023
《자기 자신에게 이르는 것들》, 마르쿠스 아우렐리우스 지음, 김재홍 옮김, 그린비, 2023
《신 앞에 선 인간》, 박승찬 지음, 21세기북스, 2023
《위대한 수사학 고전들》, 한국수사학회 지음, 을유문화사, 2024
《세네카 비극 전집 1·2·3》, 루키우스 안나이우스 세네카 지음, 강대진 옮김, 나남출판, 2023
《운명론》, 마르쿠스 툴리우스 키케로 지음, 이상인 옮김, 아카넷, 2024
《아름다움에 관하여》, 플로티누스 지음, 송유레 옮김, 아카넷, 2024
《아리스토텔레스 선집》, 아리스토텔레스 지음, 김재홍·김헌·유재민·임성진·조대호 옮김, 길, 2023
《시학》, 아리스토텔레스 지음, 이상인 옮김, 길, 2023
《아리스토텔레스의 심리철학》, 유원기 지음, 아카넷, 2023
《아리스토텔레스의 분석론 전서》, 아리스토텔레스 지음, 김재홍 옮김, 서광사, 2024

《아리스토텔레스 가정경제학》, 김재홍 옮김·주석, 그린비, 2024
《토마스 아퀴나스》, 박승찬 지음, arte(아르테), 2024
《프로메테우스의 야망》, 윌리엄 뉴먼 지음, 박요한 옮김, 길, 2023
《나의 비밀》, 프란체스코 페트라르카 지음, 김효신 옮김, 나남출판, 2023
《미쉬나》(전 6권), 권성달·김성언·윤성덕·이영길·전재영·최영철 옮김, 한길사, 2024/《미쉬나 길라잡이》, 최중화 지음, 한길사, 2024
《최초의 소설 시누헤 이야기》, 유성환 옮김, 휴머니스트, 2024

4장 영성과 개벽의 정치를 찾아서
《사회 면역: 팬데믹 시대의 생명정치》, 로베르토 에스포지토 지음, 윤병언 옮김, Critica(크리티카), 2023
《자유주의의 잃어버린 역사》, 헬레나 로젠블랫 지음, 김승진 옮김, 니케북스, 2023
《국가이성론》, 조반니 보테로 지음, 곽차섭 옮김, 아카넷, 2023
《법의 기초》, 토마스 홉스 지음, 김용환 옮김, 아카넷, 2023
《페더럴리스트 페이퍼스》, 알렉산더 해밀턴·제임스 매디슨·존 제이 지음, 김동영 옮김, 한울, 2024
《카를 마르크스와 프리드리히 엥겔스의 저작·기고문·초안》, 카를 마르크스·프리드리히 엥겔스 지음, 이회진·최호영·서익진·강신준 옮김, 길, 2024
《직업으로서의 과학/직업으로서의 정치》, 막스 베버 지음, 김덕영 옮김, 길, 2024
《로마 가톨릭교와 정치적 형식》, 칼 슈미트 지음, 윤인로 옮김, 두 번째테제, 2024
《중국 사상의 기원》, 리쩌허우 지음, 이유진 옮김, 글항아리, 2024
《고요한 변화》, 프랑수아 줄리앙 지음, 이근세 옮김, 그린비, 2023
《클라우제비츠 전쟁론 완성하기》, 르네 지라르·브누아 샹트르 지음, 김진

식 옮김, 한길사, 2024
《인생의 괴로움과 깨달음》, 강성용 지음, 불광출판사, 2024
《도올 주역 계사전》, 김용옥 지음, 통나무, 2024
《다산 논어 1·2》, 김홍경 지음, 글항아리, 2024
《개벽사상과 종교공부》, 백낙청·김용옥·김용휘·박맹수·방길튼·이은선·이정배·정지창·허석 지음, 창비, 2024
《만해 한용운, 도올이 부른다 1·2》, 김용옥 지음, 통나무, 2024
《철학자 예수》, 강남순 지음, 행성B, 2024
《영성 없는 진보》, 김상봉 지음, 온뜰, 2024
《강대국 지정학》, 니컬러스 J. 스파이크먼 지음, 김연지·김태중·모준영·신영환 옮김, 글항아리, 2023
《한국전쟁의 기원 1·2-1·2-2》, 브루스 커밍스 지음, 김범 옮김, 글항아리, 2023
《전환시대의 논리》, 리영희 지음, 창작과비평사, 1974

필로소포스의 책 읽기

2025년 5월 2일 초판 1쇄 발행

- 지은이 ──────── 고명섭
- 펴낸이 ──────── 한예원
- 편집 ────── 이승희, 양경아
- 본문 조판 ────── 성인기획
- 펴낸곳   교양인
  우04015 서울 마포구 망원로6길 57 3층
  전화 : 02)2266-2776 팩스 : 02)2266-2771
  e-mail : gyoyangin@naver.com

ⓒ 고명섭, 2025
ISBN 979-11-93154-41-0   03100

* 잘못 만들어진 책은 바꾸어드립니다.
* 값은 뒤표지에 있습니다.